2019

江苏省社会科学院理论文丛
创新驱动与江苏作为

夏锦文 主编

南京大学出版社

图书在版编目(CIP)数据

江苏省社会科学院理论文丛. 创新驱动与江苏作为 / 夏锦文主编. — 南京：南京大学出版社，2023.8
ISBN 978-7-305-26043-8

Ⅰ. ①江… Ⅱ. ①夏… Ⅲ. ①社会科学-文集 Ⅳ. ①C53

中国版本图书馆 CIP 数据核字(2022)第 147636 号

出版发行　南京大学出版社
社　　址　南京市汉口路 22 号　　　邮　编　210093
出 版 人　王文军

书　　名　江苏省社会科学院理论文丛　创新驱动与江苏作为
主　　编　夏锦文
责任编辑　田　甜

照　　排　南京南琳图文制作有限公司
印　　刷　江苏凤凰通达印刷有限公司
开　　本　635 mm×965 mm　1/16　印张 26.5　字数 370 千
版　　次　2023 年 8 月第 1 版　2023 年 8 月第 1 次印刷
ISBN 978-7-305-26043-8
定　　价　150.00 元

网址：http://www.njupco.com
官方微博：http://weibo.com/njupco
官方微信号：njupress
销售咨询热线：(025) 83594756

＊版权所有，侵权必究
＊凡购买南大版图书，如有印装质量问题，请与所购
　图书销售部门联系调换

江苏省社会科学院 《社科文库》编委会

主　任：夏锦文
副主任：陈爱蓓　李　扬　王月清　孙功谦
委　员：（以姓氏笔画为序）
　　　　孙肖远　叶扬兵　毕素华　陈　朋
　　　　陈清华　张　卫　张远鹏　张春龙
　　　　张立冬　胡国良　赵　涛　徐志明
　　　　徐永斌　钱宁峰

江苏省社会科学院理论文丛
创新驱动与江苏作为

主　　编：夏锦文
副 主 编：陈爱蓓　李　扬　王月清　孙玏谦
执行编辑：陈　朋　唐永存　王树华　周志斌
　　　　　王　欣　梁　剑　魏岩岩　汤镕昊
　　　　　符明荣

总　序

习近平总书记多次强调,坚持和发展中国特色社会主义必须高度重视哲学社会科学,要加快构建具有继承性、民族性、原创性、时代性、系统性、专业性的中国特色哲学社会科学,加强中国特色新型智库建设。社会科学院作为哲学社会科学研究五路大军之一,肩负着重要的历史使命。地方社会科学院在构建中国特色哲学社会科学的过程中必须找准定位,才能发挥作用。

江苏省社会科学院作为地方社科院,成立于1980年,是江苏省人民政府直属事业单位,专门从事哲学社会科学研究和经济社会发展决策咨询服务,是江苏省委、省政府的思想库和智囊团。截至2017年年底,有在职人员209人,其中高级职称107人,包括长江学者、国家"万人计划"首批哲学社会科学领军人才、国家级教学名师、中宣部"四个一批"人才、新世纪"百千万"国家级人才等各类人才。内设12个研究所,6个职能处室,6个分院,8个研究基地。组建的区域现代化研究院和大运河文化带建设研究院获批江苏省重点高端智库。

自建院以来,江苏省社会科学院名家辈出,学术成果丰硕,科研事业取得了长足进步,在理论研究、学科发展、人才建设等方面取得了一系列成绩,产生了一大批具有较高学术水平和应用价值的研究成果,为推进江苏省经济社会高质量发展做出了应有的贡献。近几年来,江苏省社会科学院深入发掘整理和分析研究江苏丰富的历史文化遗产,积极打造"江苏文脉研究工程"等标志性文化工程,出版了《江苏通史》(十卷本)和《江苏历代名人传记》(已出版 20 卷)等重量级学术著作。我院学术著作出版、核心论文发表、国家社科基金项目立项、期刊建设水平以及智库综合影响力排名等发展指标在全国地方社科院系统中位居前列,在 2017 年全国智库排名中,江苏省社会科学院在全国社科院系统中列第四位,在全国各类智库中列第十八位。

在崭新的起点上,我院将以习近平新时代中国特色社会主义思想为指导,不断学习贯彻落实中共十九大精神,深入研究全国及江苏改革发展稳定重大理论和实践问题,全面提升学术研究、理论阐释和决策咨询"三支笔"的水平,聚焦推进"两聚一高"新实践、建设"强富美高"新江苏,努力建设中国特色新型智库。为充分展现江苏省社会科学院的哲学社会科学研究成果,更好地推动江苏省经济社会文化发展,江苏省社会科学院与南京大学出版社合作推出江苏省社会科学院《社科文库》系列丛书。文库分六大板块,分别为

名家文存:整理本院知名学者专家学术成果,突出权威性、经典性、文献性。主要是通过梳理名家学术研究脉络,展现名家学术精神、学术理念和学人风采,为本院未来发展奠定基础。

青年文论:鼓励本院青年学者推出个人专著,其优秀博士论文亦可入选。以激发青年科研人员潜力,承前启后,不断打造精品学术成果,助力青年人才成长发展。

智库文集:以遴选汇编本院各智库研究精品成果、每年召开的智库论坛论文以及本院专家学者参加国内外其他智库会议论文为主,进一步扩大社会影响力,彰显本院对社会发展的责任担当。

学术文萃:以本院各研究所、各学科优秀学术性基础研究成果为主,主要通过遴选汇编本院专家学者历年来发表在国内外顶级学术期刊的学术文章,提升本院学术形象,扩大学术影响。

理论文丛:以阐释和解读马列经典文献及中央路线、政策、方针的理论性和创新性论文成果为主,主要遴选汇编本院专家学者发表在中央三

报一刊(《人民日报》《光明日报》《经济日报》及《求是》杂志)等党报党刊上的优秀论文,提升理论宣传水平与效果。

资政文汇:以密切关注我省经济社会发展的研究报告成果为主,主要遴选汇编发表在本院江苏发展报告、决策咨询报告、大运河智库以及其他单位重要决策报告等载体上的成果,特别是得到省委、省政府领导关注和批示的成果,以体现本院对江苏经济社会发展的贡献。

学术精神和价值理念是科研机构的灵魂。通过江苏省社会科学院文库工程,我们推出本院具有文献价值和学术价值的精品学术成果,既可以充分展现本院学术精神、学术理念和学人风采,进一步提升我院在学术界、理论界、智库界的影响力;又可以深度梳理我院学术研究脉络,有效盘活本院学术资源,承前启后,为将来的发展打下基础。社会科学研究归根到底是为了人的发展和社会的进步,希望本文库的出版能够为江苏经济社会文化发展做出应有贡献。

江苏省社会科学院《社科文库》编委会
2018 年 10 月

目　录

高质量发展

1. "江苏作为"的重点突破方向 ………… 夏锦文　吴先满　吕永刚　3
2. 高度重视社会主义现代化进程的辩证统一性
　　……………………………………………… 夏锦文　章寿荣　6
3. 加快推动社会主义现代化建设试点 ………………… 章寿荣　9
4. 百姓富：脑袋口袋富　先富带后富 ………………… 章寿荣　13
5. 以创新升级为高质量发展赋能 ……………………… 章寿荣　20
6. 打造创新开放升级版 ………………………………… 章寿荣　22
7. 以"四个聚焦"冲刺高水平全面小康社会 …………… 章寿荣　25
8. 蓄积高质量发展的强劲势能 ………………………… 吕永刚　30
9. 激发并培育高质量发展动力源 ……………………… 徐　琴　33
10. 把高质量发展作为着力点 …………………………… 顾丽敏　36
11. "三链"联动助推制造业高质量发展 ………………… 黎　峰　38
12. 以创新驱动推动经济高质量发展 …………………… 杜宇玮　43

1

13. 抓住并用好我国发展的重要战略机遇期 ············· 孙肖远 48
14. 构建开放型经济高质量发展的新引擎 ············· 周　睿 51
15. 以国际视野推进廉洁丝绸之路建设 ············· 孙　灿 55

乡村振兴

16. 乡村振兴重在产业发展 ············· 夏锦文 61
17. 充分释放乡村生态优势 ············· 夏锦文 64
18. 以乡风文明引领乡村振兴 ············· 夏锦文 66
19. 在有效治理中实现乡村振兴 ············· 夏锦文 68
20. 让乡村在振兴中走向富裕 ············· 夏锦文 70
21. 新时代乡村有效治理的四个向度 ············· 章寿荣 72
22. 运用大数据实现扶贫脱贫"精准"性 ············· 孙肖远 77
23. 深化国家级农村综合改革试验 ····· 徐志明　高　珊　吕美晔 80
24. 村规民约里有大学问 ············· 束　锦 84
25. 绘出"内外兼修"的江苏美丽乡村 ········ 吕美晔　刘明轩 86
26. 以变应变，新农业需配新体系 ············· 孙运宏 90

产业经济

27. 为民营企业发展营造更加公平的融资环境 ············· 陈爱蓓 95
28. 着力提升长三角创新力 ············· 胡国良 97
29. 长三角一体化产业分工合作 ············· 胡国良 101
30. 打造创新生态经济体，推动高新区竞争力再造 ····· 胡国良 108
31. "六个一体化"：长三角一体化发展的江苏贡献 ····· 王树华 113
32. 走在前列　提供示范 ············· 吕永刚 118
33. 粤鲁浙产业转型的经验启示 ············· 吕永刚 120
34. 深化江苏自贸区金融领域开放创新 ············· 蒋昭乙 126

35. 新经济地理格局下的区域协调发展之路 …………… 杜宇玮 135
36. 围绕"四种形态"推动新经济加快发展 …………… 杜宇玮 142
37. 金融发展须避免走入新的误区 ……………………… 杜宇玮 148
38. 香农自贸区创新启示录 ……………………… 周 睿 砺 之 153
39. 围绕如何集聚全球创新要素展开先行先试 ………… 周 睿 159
40. 建立区域竞合新机制 ………………………………… 徐 琴 163
41. 加快推进和融入长三角一体化发展 ………………… 方 明 165

法治民生

42. 坚持系统思维 运用法治方式 保护好流动的大运河文化带
 …………………………………………………… 夏锦文 171
43. 以高水平法治推进大运河文化带江苏段建设 ……… 陈爱蓓 174
44. 法治是民营企业发展的最优营商环境 ……………… 方 明 179
45. 为民营经济发展营造良好法治环境 ………………… 方 明 182
46. 行政强制法规制下"加处罚款"当克制 ……………… 李小红 186
47. 领跑法治现代化建设工作 …………………………… 李小红 190
48. 多措并举 实现高质量稳就业 ……………… 张 卫 鲍 磊 191
49. 提优补短 不断增进民生福祉 ……………………… 徐 琴 193
50. 北欧国家高福利的背后支撑 ………………………… 张春龙 196
51. "智慧养老"如何更具智慧更有温度 ………… 马 岚 张 卫 200

国家治理

52. 国家治理体系和治理能力现代化的中国探索 ……… 夏锦文 209
53. 以系统性思维推进改革 ……………………………… 夏锦文 215
54. 减负也是赋能 ………………………………………… 陈 朋 217
55. 社会治理顶层设计的三个关键词 …………………… 陈 朋 220

56. 社会治理重在"社会"	陈 朋 224
57. 健全问责机制　激励担当作为	陈 朋 229
58. 警惕痕迹管理变成"痕迹主义"	陈 朋 232
59. 用好"三项机制"，激励担当作为	陈 朋 234
60. 社会治理重心下移与社会组织协同参与	张 卫 鲍 磊 237
61. 坚持培育与监管并重　提升社会组织自身效能	
	张 卫 后梦婷 241
62. 城乡融合背景下的乡村治理机制创新	徐志明 244
63. 完善"政区合一"体制　激发开发区创新动能	
	徐 琴 孟 静 宋颖弘 248
64. 因地制宜推进农村垃圾分类治理	王 婷 252
65. 构建一体化的长三角公共安全防控体系	王树华 宋颖弘 255
66. 准确把握乡村治理新要求	刘明轩 260
67. 推动乡村治理有效运转	刘明轩 263
68. 加强和创新社会治理	孟 静 267
69. 依靠人民推进国家治理现代化	曹晗蓉 269
70. 重构公共空间的公共性	何 雨 271
71. 把握党和国家机构改革的"立"与"破"	王 婷 273

初心使命

72. 身心齐入练脚力	夏锦文 279
73. 在伟大改革开放精神引领下谱写改革开放新篇章	夏锦文 281
74. 涵养坚守初心的自我革命精神	夏锦文 286
75. 在理论坚定中坚守初心	夏锦文 290
76. 初心呼唤实干　实干才能兴邦	夏锦文 293
77. 赋予"四千四万"精神新内涵	章寿荣 295

78. 着力提高机关党的建设质量 …… 章寿荣 张和安 王 婷 297
79. 守住廉洁自律这个关口 …………………………… 陈 朋 301
80. 事者,生于虑,成于务,失于傲 …………………… 陈 朋 303
81. 走深走心走实,理论学习才能有收获 …………… 陈 朋 306
82. 肩负实现中华民族伟大复兴的历史使命 …… 陈 朋 黄 科 308
83. 用坚实的理论武装固守初心 …………………… 陈 朋 312
84. 全面提升城乡基层党组织的组织力 …………… 孙肖远 314
85. 大力推进江苏廉洁社会建设 …………… 张春龙 鲍 雨 319
86. 把爱国奉献作为知识分子的精神标识 ………… 曹晗蓉 323

历史文化

87. 古老运河,如何一展文化新姿 ………………… 夏锦文 329
88. 如何认识和理解大运河文化 …………………… 夏锦文 336
89. 文化为魂 提升大运河江苏段城市发展品质 … 陈爱蓓 338
90. 为时代立言立信立命 用明德引领社会风尚 … 樊和平 343
91. 由"尚武"向"崇文"吴文化千年流变 ……………… 王 健 347
92. 大运河与长三角一体化的空间创新 …………… 王 健 352
93. 推动大运河国家文化公园江苏段建设
   ……………………………… 王 健 王明德 孙 煜 354
94. 大运河让徽商"从边缘走向中心" ……… 王 健 瞿凌锋 359
95. 千里大运河,激活多元一体中华血脉 …… 王 健 金 华 362
96. 长三角新支点在哪里 …………………………… 王 健 366
97. 《晋察冀画报》:记录抗战生活 激发战斗意志 … 赵 伟 370
98. 什么是江南:从观念区域到江南共识 ………… 姚 乐 375
99. 突出文化现代化引领作用 ……………………… 岳少华 380

话语创新

100. 为谁立言是哲学社会科学研究的根本问题 ………… 夏锦文 383
101. 为改革开放再出发用好社科理论研究"三支笔" …… 夏锦文 386
102. 用"三支笔"书写大文章 ………………………… 夏锦文 390
103. 建构原创的哲学社会科学话语体系 …………… 韩璞庚 392
104. 强化为人民做学问的责任担当 ………………… 胡国良 395
105. 专家眼中的 2018 年度理论热词
　　——社会主要矛盾转变 ………………………… 徐　琴 398
106. 做"有担当的学问家" …………………………… 徐　琴 399

高质量发展

"江苏作为"的重点突破方向

夏锦文　吴先满　吕永刚[*]

《长江三角洲区域一体化发展规划纲要》公布在即,作为长三角核心成员,江苏打什么牌、出什么招,备受关注也备受期待。面对乱云飞渡的世界变局、百舸争流的全国大局,江苏既要不折不扣落实中央决策部署,也要自加压力、勇挑重担,面向国家战略谋划重点突破,以攻坚性战略突破赋能长三角高质量一体化发展,构筑"强富美高"新江苏建设的新优势和新引擎。

锻造大国重器,为我国参与大国博弈贡献力量。长三角地区科技、产业综合水平全国领先,是我国打造"大国重器"的核心区。在长三角一体化进程中,江苏要进一步推动与长三角两省一市共同打造"大国重器"。江苏的重点突破方向为:积极参与上海全球科技创新中心建设并更主动迎接其服务辐射,推动"上海创新+江苏创新""上海创新+江苏制造"向"大国重器"聚焦。深度参与长三角在手的"大国重器"研发制造,在C919客机燃油系统、液压系统南京"江宁造",C919复合材料"镇江造"等基础上,力争在"大国重器"长三角造中融入更多江苏元素。面向江苏世界级

---

[*] 夏锦文,江苏省社会科学院党委书记、院长、教授。
　吴先满,江苏省金融研究院院长、研究员。
　吕永刚,江苏省社会科学院经济研究所副所长、副研究员。

先进制造业集群建设新造一批"大国重器",组织力量梳理13个重点产业集群和4个世界一流产业集群的成长路线图,瞄准有潜力的领域重点突破,打造一批富有江苏特色的"大国重器",拓展国家"大国重器"谱系。

突破重大外资项目,做强新时代中美经贸"压舱石"。长期以来,经贸关系被视为中美关系的"压舱石",但这一地位正在受到冲击。长三角是中美经贸人文交往最为频繁的地区之一,必须主动作为、有所担当,争当中美经贸矛盾化解的重要力量,这是长三角履行国家使命的重要体现。江苏的重点突破方向为:一是着力推进重大外资项目特别是美资项目突破,延续上海整体引进特斯拉的态势,强化江苏吸引外资基础好、配套能力强、发展空间大等优势,塑造江苏开放新优势。二是为中美理性竞争合作提供示范。江苏经济深度嵌入全球产业分工体系,推进产业转型升级,一方面与美国企业会形成正面竞争,另一方面也在更高平台上开辟了中美深入合作空间,江苏企业可在与美国企业理性竞争、合作共赢上探索更多成功范例。

做强核心城市,建设世界级城市群,参与全球竞合。纵观全球,世界级城市群牢牢占据全球资源要素枢纽中心、控制中心的核心地位,是大国博弈的主战场。在长三角共建世界级城市群中,江苏的重点突破方向为:在更高站位推进苏锡常一体化,推动苏锡常城市连绵带向更有内聚力的巨型城市转变,以此打造长三角一体化的新极核。面向世界级城市群提升南京"首位度",按照世界级城市群副中心的功能定位来提升南京创新、产业、枢纽、服务、国际化等综合功能。以宁镇扬同城化为引领,进一步加快苏南苏中跨江实质性融合步伐,加速扬子江城市群一体化发展步伐。面向世界级城市群探索"飞地经济"新模式,重点推动与上海的"飞地经济"合作,不仅要在产业对接、利益分成等方面进行合作,而且要注重在观念、制度等层面全方位对标学习上海,从根本上超越地理空间的限制,锻造独特竞争优势。面向世界级城市群构筑多样化特色空间,强化江苏城市体系完整的特色优势,高起点培育大中小城市、特色乡镇、田园乡村等生产、生活、生态、人文、创新等各类空间,锻造基于城市群的高质量发展、高品质生活、高颜值生态、高水平人文的城乡空间格局。

引领绿色转型，打造全国贯彻新发展理念引领示范区。绿色发展与创新驱动是高质量发展的"一体两面"，其实质是在创新和绿色化之上实现城市发展的根本转型。江苏在世界级城市群中的"生态担当"，不仅体现为成为长三角世界级城市群的优质生态区，也要以优质生态涵养创新要素，成为长三角世界级城市群的高质量发展区。江苏的重点突破方向在于：打造生态1.0版——好生态。采取切实举措弥补部分地区较为严重的生态赤字，强化江苏产业的生态底色。打造生态2.0版——丰富的"生态+"。江苏要把生态作为本底和撬动因素，大力发展"生态+"，形成丰富的生态型产业和业态。打造生态3.0版——富有活力的区域生态系统。通过构建"物种"丰富、竞争充分、共生进化、新奇涌现的创新生态系统，促进创新经济的充分涌流，真正成为贯彻新发展理念的标杆区。

释放人文与治理价值，增强国家软实力。长三角一体化进程与加强人文及治理相结合，必将释放独特的软性价值。江苏的重点突破方向为：注重涵养创新文化，挖掘、激活蕴藏在江苏悠久文脉中的创新特质，提炼、升华江苏新时期蓬勃兴起的创新实践。同时，辩证看待江苏表面上呈现出偏于安稳或保守的地域文化的两面性，既赋予其开放性、进取性，也葆有其严于自律、高端高雅的价值。主动参与区域治理，在区域协作中提升长三角社会治理社会化、法治化、智能化、专业化整体水平，推动形成长三角构建"共建共治共享"新格局。强化区域合作"可置信度"。一方面以"信用长三角"建设为主抓手，通过柔性承诺，即基于声誉的承诺建立信任、实现合作；另一方面，运用法治思维和法治方式推动区域一体化发展，增强区域合作机制的制度约束力，为江苏融入长三角提供更加稳定的制度预期。

原文刊载于《新华日报》2019年6月11日。

高度重视社会主义现代化进程的辩证统一性

夏锦文　章寿荣[*]

党的十九大作出了分两个阶段建设社会主义现代化强国的战略部署,这是中国特色社会主义现代化理论与实践的创新成果。为全国发展探路是中央对江苏的一贯要求,江苏社会主义现代化试点工作是江苏为全国发展探路的具体实践。省委十三届六次全会明确提出,既要跑好全面建成小康社会"最后一公里",还要向基本实现现代化发力,积极开展社会主义现代化建设试点,为全国现代化发展先行探路。

那么,什么是现代化呢？现代化的经典定义为:现代化是由农业文明走向工业文明、从农业社会走向工业社会的历史过程。更一般意义上讲,现代化就是从传统社会向现代社会转换的历史过程。现代化的实质表现在两个方面:一是现代化是不同国家追赶、达到和保持世界先进水平的国际竞赛。二战以后,现代化是世界性的进步潮流。世界各国都在竞相走向现代化,先发的现代化国家要保持世界先进水平,发展中国家正在迎头赶上。二是现代化涵盖了人类经济生活、社会结构、社会制度和思想文化观念等各个方面从传统向现代的提升与进步。现代化不仅是经济生活的进步,而且包括政治、社会、文化等进步。

---

[*] 夏锦文,江苏省社会科学院党委书记、院长、教授。
　章寿荣,江苏省社会科学院副院长、研究员。

创新是提高一个国家或地区竞争力的基础和源泉。没有创新,就难以突破发达国家的知识产权壁垒,从根本上获取本国经济社会发展的内在动力。科学技术是第一生产力,创新是第一竞争力。推进现代化的创新是全面的创新,包括科技创新、制度创新、文化创新,以促进经济、政治、社会、文化、生态五大文明均衡发展。

江苏社会主义现代化建设试点应高度重视其进程中的四个辩证统一性。一是阶段性和连续性的统一。习近平总书记在党的十九大报告中向全党全国人民描绘了在2020年全面建成小康社会后向第二个百年奋斗目标进军的宏伟蓝图,明确提出分两个阶段全面建设社会主义现代化国家:第一个阶段,从2020年到2035年,基本实现社会主义现代化;第二个阶段,从2035年到本世纪中叶,把我国建成富强民主文明和谐美丽的社会主义现代化强国。因此,社会主义现代化建设试点既要着眼于满足2020年全面建成小康社会后为全面开启社会主义现代化建设新征程提供发展路径、体制机制创新借鉴的现实要求,也要兼顾2035年基本实现现代化和2050年全面建成现代化强国的愿景引领,实现现代化试点探索的阶段性与连续性的有机统一。

二是过程性和目标性的统一。社会主义现代化是一个以建设现代经济、社会、民主政治、文化、生态为目标的发展过程,即现代化具有目标属性;另一方面,现代化又是一个与时俱进的动态历史进程,是一个从制定目标、实现目标到制定新目标、实现新目标的前后继起的进程,从而推动人类文明不断进步与提升。江苏现代化试点方案提出了经济发展现代化、民主法治现代化、文化发展现代化、社会发展现代化、生态文明现代化、人的现代化等"六个现代化"的目标和任务,要强化对六个现代化的目标设置,更科学地对接党的十九大提出的现代化目标要求。与此同时,还应该强调现代化试点的过程控制,探索出适合试点地区发展实际的创新性思路和政策举措,鲜明体现现代化试点探索的过程性与目标性的有机统一。

三是总量性扩张和结构性升级的统一。一方面,在江苏的社会主义现代化发展进程中,不仅要看表征现代化的各种经济、政治、社会、文化、生态的指标表现出来的量变,即总量性扩张;更要看江苏社会主义现代化进程中,随总量性扩张,内部比例提升差别,引起的结构性升级,如产业结构升级、城乡结构进步等,结构性升级表现出来的质变,才是完成经济社会进步的标志。

四是共性和个性的统一。从全省角度看,选择六个不同类型的县(市、区)进行现代化试点,目的是要尽可能全面地体现现代化的主要内容,并尽快提炼总结可复制、可推广的经验,以为全省乃至全国其他地区开启社会主义现代化建设新征程提供样本示范和经验借鉴。但是,如果从单个试点地区来看,则应当充分尊重当地发展特色,试点方案不用刻意追求全面推进,可以从现代化的一两个方面"单兵突进",强化特色并塑造发展新优势。比如,苏州工业园区可以从进一步提升开发区竞争力的角度,探索以开发区发展促进经济现代化发展的具体路径与机制;溧阳市可以从生态现代化的角度探索"生态优先、绿色发展"的现代化新路子。

习近平总书记指出:"现代化的本质是人的现代化。"在现代化的辩证统一过程中要以人为目的与动力。离开了人的现代化,就不可能有真正的现代化。江苏开展社会主义现代化建设,要坚持发展以人民为中心、发展依靠人民,才能持续获得现代化发展的内生动力。

原文刊载于《新华日报》2019年10月29日。

加快推动社会主义现代化建设试点

章寿荣[*]

为全国发展探路是中央对江苏的一贯要求。习近平总书记在党的十九大报告中明确提出,在十九大到二十大这个"两个一百年"奋斗目标的历史交汇期,"既要全面建成小康社会","又要乘势而上开启全面建设社会主义现代化国家新征程"。江苏省委、省政府积极落实中央要求,省委办公厅、省政府办公厅联合印发了《关于在苏南部分县(市、区)开展社会主义现代化建设试点工作的实施方案》,明确提出选择南京市江宁区、南京江北新区、昆山市、苏州工业园区、江阴市、溧阳市作为试点地区,并于5月23日召开了全省开展社会主义现代化建设试点工作布置会。在现代化建设试点已经进入实际操作阶段的关键时期,有必要针对经济发展现代化、民主法治现代化、文化发展现代化、社会发展现代化、生态文明现代化和人的现代化等重点任务提出相应的对策措施,为我省社会主义现代化建设试点工作的顺利开展提供坚强的政策保障。

坚持创新引领,推动经济高质量发展。一是深入推动创新驱动发展。以科技与产业融合为抓手,依托优势产业和重点产业,培育全球布局的开放式创新链条。二是加快构建现代产业体系。紧扣战略性新兴产业培育

---

[*] 章寿荣,江苏省社会科学院副院长、研究员。

高质量先进制造业集群,围绕产业链部署创新链和服务链,顺应制造服务化趋势,提高研发设计、工业设计等服务性要素在制造业中的投入比重。三是扩大对内对外开放。搭建国际经济技术交流与合作平台,以产学研的全球化协同创新整合国际创新要素,积极融入国家和省市战略,构建跨区域联动发展格局。四是激发市场主体活力。优化营商环境,盘活要素资源,降低企业经营性和制度性成本,培育一批隐形冠军企业和品牌企业。五是深化农业农村现代化改革。加快推进农村房地一体的农村宅基地确权试点,全面完成新一轮农村集体产权股份制改革,探索农村集体资产股份有偿退出途径。

坚持全面推进,提升民主法治现代化水平。一是建设参政议政工作互联平台,特别是虚拟交互平台。在建立平台的同时,开展大数据搜集、分析工作。二是充实民主法治文化建设内涵。综合推进法治宣传教育和法律服务,将法律服务情况纳入法治文化建设各项考核指标内。三是完善行政工作人员监督保护体系。推进公职人员职业发展合法合理,确保法律服务保障到位。四是提优司法工作人员职业素养。提高司法工作信息化水平,加强司法人员职业素养、技能更新,以适应当前"人与人""人与机""机与机"等多元协作工作模式。

坚持人民导向,创新公共文化服务体制机制。一是建立以需求为导向的文化产品供给机制,变"大水漫灌"为"精准滴灌"。深入研究新时期人民群众文化需求特点,畅通群众需求反馈渠道,注重以供给激活需求、引导需求。准确把握不同地域、不同收入居民的文化需求动态,实行差别化服务。二是扩大公共文化服务体系的覆盖面。全面提高各类公共文化设施对农民工、老年人、残疾人等群体的可达性。针对老年人、残疾人、特殊困难家庭、外来务工人员及其子女、农村留守儿童等开展文化关爱服务,促进文化供给有效覆盖不同群体与个体。三是创新服务机制和模式。坚持公共文化服务主体多元化,在坚持政府主导的同时引入市场机制,激发社会主体参与公共文化服务的积极性。坚持公共文化基础设施运营社会化,建立健全社会力量准入、监督和考核体系,引导和鼓励社会力量以各种形式参与公共文化设施建设。坚持公共文化服务群众参与制度化,使群众真正成为公共文化的建设主体和服务主体。

坚持多元共治,推动社会治理专业化法治化。一是健全基层党建责任体系。区县级党委履行第一责任,街道(乡镇)党工委履行直接责任,社区(村)党组织履行具体责任,落实党的组织建制和工作力量。二是坚持社会组织广泛参与。推行政社分开、政社互动,改革创新社会组织管理制度,降低服务型社会组织设立门槛,扶持和培育一批体制外服务组织和社会工作专业人才,大力培育"枢纽型"社会组织。三是强化社会治理中的政府责任。深化街道(乡镇)职能转变和机构改革,建立完善街道(乡镇)办事处工作职责清单,推动街道(乡镇)工作重心转到公共管理、公共服务、公共安全上来。四是加快社会领域立法进程。及时把社会治理创新的成功经验上升为制度和地方性法规,制定完善与社会治安综合治理、人口服务和管理、突发事件应急管理、社会稳定风险评估、社会组织管理、社区居民自治等配套的规章制度。五是着力提升社会治理的智能化和信息化水平。建立全面覆盖、动态跟踪的大数据社会治理基础信息平台,培育社会组织和专业人才,在资金、场地、项目、培训等方面为社会组织发展提供全方位支持。

坚持防治并举,推进生态文明现代化。一方面,构建绿色发展方式和绿色生活方式。一是优化国土开发空间。实施主体功能区战略,健全空间规划体系,坚守生态、土地、水资源三条红线,构建资源集约、人地和谐、生态良好、永续利用的国土空间开发格局。二是调整产业结构、能源结构,大力发展绿色环保产业。调整能源结构,降低煤炭利用总量,提高清洁能源、可再生能源的利用率。三是推进资源全面节约和循环利用,倡导简约适度、绿色低碳的生活方式。推行节能建筑标准,鼓励研发、生产和使用节能器具;推广新能源应用,加强交通换乘衔接,提倡绿色出行新风尚;提倡节能、节电、无纸化办公模式,贯彻简约适度的生活消费理念,拒绝过度消费和浪费。另一方面,完善生态环境保护制度体系,提高环境治理和生态修复能力。一是完善自然资源资产产权制度、国土空间开发保护制度、空间规划体系、资源总量管理和全面节约制度；建立资源有偿使用和生态补偿制度、环境治理体系、环境治理和生态保护市场体系；完善生态文明绩效评价考核和责任追究制度。二是加强大气污染、水污染和土壤污染治理力度。完善垃圾分类收集、分类运输和分类处理体系，提高生活垃圾分类覆盖率、回收利用率，确保生活垃圾无害化处理率。三是加强生态修复。推进生态保护引领区、生态保护特区、江淮生态经济区和京杭大运河生态长廊建设。

坚持"两个强化"，促进人的全面发展。一方面，强化改善和保障民生。一是把稳就业放在更加突出的位置。完善就业培训和服务体系，积极帮扶各类小微群体创业；充分发挥数字经济、共享经济、现代供应链等新经济领域的作用，培育就业新潜能，在促进新产业、新模式、新业态加快成长过程中拓展就业空间；加快建立健全以社会保障卡持卡人基础信息库、用人单位基础信息库为基础的就业信息资源库。二是稳步推进各类社会保障建设。把准适当降低社保费率、减轻企业负担和提高群众社保水平的政策平衡点，做好社会保险扩面征缴工作，落实好医保惠民政策，逐步提高低保、残疾人补助、特困人员供养等救助标准。加快完善多层次的住房保障体系，坚持"房子是用来住的，不是用来炒的"，保持房地产市场健康稳定发展。另一方面，强化新时代文明实践中心建设。按照理论、科技、体育、文化、教育一体整合的总体思路，在县（市、区）设立新时代文明实践中心，在镇（街、园、区）设立新时代文明实践所，在村（社区）设立新时代文明实践站，通过健康促进和体育服务、科技与科普服务、理论宣讲、教育服务、文化服务、融媒体信息发布等一批服务平台，打通宣传群众、教育群众、关心群众、服务群众的"最后一公里"。

原文刊载于《群众》2019年8月12日。

百姓富:脑袋口袋富　先富带后富

章寿荣[*]

嘉　宾　江苏区域现代化研究院院长　章寿荣
　　　　　苏州大学东吴智库院长　段进军
主持人　新华日报社全媒体评论理论部记者　袁媛

江苏省哲学社会科学规划办公室、"学习强国"江苏学习平台、新华日报社全媒体评论理论部共同主办的"强富美高"五年答卷系列访谈,今天推出第二期。本期主题聚焦"百姓富",相关内容同步在"学习强国"江苏学习平台、中国江苏网、交汇点客户端、"理论之光"网站、"理论之光"微信公众号等新媒体上呈现,敬请关注。

江苏百姓进入相对富裕阶段

主持人:"百姓富"是人民群众最关心的目标之一,它包括哪些内涵?
章寿荣:第一,"百姓"是"百姓富"的主体。"百姓富"是习近平总书记"以人民为中心"思想的现实注解。"百姓"是实现生活富裕的主人翁,既

---

[*] 章寿荣,江苏省社会科学院副院长、研究员。

是生活富裕的直接创造者,也是生活富裕的直接受益者。"百姓富"不是上天赐予的,也不是外人赠予的。实现"百姓富"还是要靠老百姓自己,要靠他们自己奋斗、自己创造。

第二,"富"是"百姓富"的客体。这里的"富"具有鲜明的新时代特点,既包括物质财富,也包括精神财富;既强调"富"的社会物质基础,也强调"富"引发的社会治理效果,即由"百姓大富",达到"天下大治"。正如我国古代政治家、思想家管子所言:"凡治国之道,必先富民"。用今天的话来说,就是百姓富了,国家治理现代化就有了可能。

第三,"百姓富"是"全面小康"的内在要求。以人民群众的理解来说,"小康"是殷实满足的生活,"富裕"则是宽裕富足的生活。"百姓富"是"全面小康"具有内在统一性的目标,就是要让人民群众享受比小康更好的生活。吃不讲饥饱,而讲营养;穿不说冷暖,而说时尚;住不看大小,而看气派,要让老百姓活出中国时尚、中国气派。今天,人民群众活得滋润不滋润,和全面小康什么时候实现来得同样重要。

主持人:过去五年来,江苏人生活越来越幸福。"百姓富"的江苏成就有哪些?

段进军:2014年江苏地区总产值6.51万亿元,2018年达9.26万亿元。全省上下践行"先富带后富",致力于缩小南北差距、提高人民生活水平,2018年江苏公共财政用于民生领域支出占比达75%。

居民收入稳定增长。2018年江苏居民人均可支配收入38 096元,同比2017年增长8.8%,是2014年27 173元的1.4倍。

城乡收入差距继续缩小。城镇居民人均可支配收入,2014年34 346元,2016年突破4万元,2018年达到47 200元。农村居民人均可支配收入,2014年14 958元,2018年突破2万元,达20 845元。城乡收入比,从2015年的2.287∶1,降至2018年的2.264∶1,城乡差距一定程度减小。

城乡居民生活水平大幅提高,进入相对富裕阶段。城镇常住居民人均生活消费支出,从2014年的23 476元提高到2018年的29 462元,增长了25.50%。恩格尔系数由28.5%降至26.1%。农村居民人均生活消费支出,从2014年的11 820元提高到2018年的16 567元,增长了40.16%,恩格尔系数由31.4%降至26.2%。2018年城乡居民恩格尔系数基本趋同,标志着城乡居民生活均进入相对富裕阶段。

人民生活水平的提高,不仅表现在收入和消费水平的提升,更表现在消费结构的变化,也就是说基本的物质型消费,比如吃、穿、行在总收入中占比越来越小,而发展型消费占比越来越高。百姓在教育、培训、旅游、休闲、娱乐等方面的消费和时间越来越多,越来越注重精神型消费。消费结构的变化是反映"百姓富"的最重要的成就之一,说明人们不但物质富了,而且精神也富了。消费结构的变化客观上要求我们必须要进行供给侧结构性改革,不断提升我们的产业结构和产品的品质,从供给端满足人们对美好生活的向往。

先富带后富　最终共同富

主持人:"百姓富"的富,应是共同富裕的富。江苏是如何让人民群众更多更公平地分享改革发展成果的?

章寿荣:第一,注重"人"的作用,调动各级各类创富主体的积极性。人民群众分享改革发展成果,最重要也最有效的是直接参与社会财富创造。江苏是科教大省、人力资源大省,近年来,江苏先后出台"科技改革30条""双创新政34条"等一系列政策举措,既注重激发和保护企业家、科技工作者等重点群体的积极性,也注重走"大众创业、万众创新"的道路,把蕴藏在广大劳动者身上的创富潜力激发出来。在脱贫攻坚战中,江苏也注重"人"的作用,坚持"扶贫先扶志",鼓励引导有劳动能力的贫困人口靠自己勤劳的双手创造美好生活。着手增强自身的造血功能,从而使致富之路走得更宽、更长、更远。

第二,注重产业的力量,夯实"百姓富"的经济基础。人民群众分享改革发展成果,最主要的是分享产业发展成果。江苏高度重视通过做强做大产业,夯实共同富裕的产业基础。比如,在第一产业,江苏结合乡村振兴,打造引领农民致富的千亿级农业产业。在第二产业,江苏围绕打造世界级先进制造业集群,重点发展13个优势产业集群,形成江苏最鲜明的产业优势。"百姓富"离不开"经济强",特别是离不开以制造业为主体的"实体经济强"。江苏是制造业大省,制造业强了,创造的实体经济财富多了,江苏"百姓富"才会有源源不断的发展动能。在第三产业,构建以服务业为主体的产业结构,发挥服务业在吸纳就业、改善民生方面的独特作用。把发展传统服务业与现代服务业结合起来,传统的如商贸服务、文化旅游等,现代的如观光休闲、养生养老等。

第三,注重协调的重要性,全方位促进"百姓富"的均衡发展。注重区域均衡发展,早在1984年,"积极提高苏南,加快发展苏北"的战略方针就已被提出。南北共建园区加快了苏北地区的工业化进程,带动了苏北群众致富。当前,全省区域差距逐步缩小,全省所有地级市全部跻身全国百强,苏中苏北地区涌现出一大批百强县、百强区、千强镇,区域协调发展有效拓展了江苏的共富空间。注重城乡协调发展,江苏最早实施"以工补农、以工建农",后来发展为以工促农、以城带乡,再到城乡统筹、城乡一体化发展,使得农民分享更多发展成果。注重不同社会群体的协调发展,积极扩大中等收入群体,积极拓展低收入群体的收入渠道,为生活困难群体提供兜底保障。倡导"先富帮后富,实现共同富",江苏正在逐步形成比较均富的"橄榄型"的社会结构,即中间收入人群占大多数的均富社会,让社会主义制度的优越性得到充分展示。

精神物质"双富裕"

主持人:人民群众对美好生活的向往,既包括物质生活的富足,也包括精神生活的丰富。精神生活的"富"应怎么理解?又应如何实现?

章寿荣:精神生活的"富"是"百姓富"的目标内涵之一,是人民群众对美好生活向往的重要体现。实现"百姓富",就是要同步实现人民群众物质生活、精神生活"双富裕",其中,精神生活富裕是决定共同富裕实现程度的难点和关键点。精神富裕不会在实现物质富裕之后自动实现,丰富人民群众精神生活必须及早动手、长期坚持,做到久久为功。

江苏在推进精神共富上,形成一些特色做法。比如,始终坚持"两手抓、两手都要硬",以经济为中心,促进物质文明与精神文明协调发展。善于总结在创富过程中形成的江苏创业精神,如"四千四万精神""张家港精神""园区精神",以精神力量进一步推进物质文明建设。推进精神文化的"三强两高地"建设,根据习近平总书记视察讲话要求,把江苏建设成"文化凝聚力和引领力强、文化事业和产业强、文化人才队伍强"的文化强省,努力构筑思想文化建设高地、道德风尚建设高地。特别是江苏坚持以弘扬社会主义核心价值观作为精神文明建设的灵魂工程来抓,从最能形成共识的"爱、敬、诚、善"入手,引导人民自觉追求讲道德、尊道德、守道德的生活,在全社会形成崇德向善的浓厚氛围。重抓新时代文明实践中心建设,通过学习实践科学理论、宣讲党的政策、培育践行主流价值观等做法,打通宣传群众、教育群众、关心群众、服务群众"最后一公里",全方位提升人的思想文化、道德水准、文明素养与社会文明程度。

办好每件民生实事

主持人:"百姓富",要靠一件件看得见、摸得着的民生工程实现。江苏在这方面有哪些成功的经验做法?

段进军:就业是富民之本,创业是富民之源。2018年江苏城镇新增就业153万人,扶持30.1万人成功创业。积极培育战略性新兴产业和先进制造业,创造更多高端就业岗位。2019年上半年江苏战略性新兴产业、高新技术产业产值占规上工业总产值比重分别达到32.5%和44.7%。大力促进农民创业,因地制宜打造富民产业。农村一二三产业融合发展,整合建设了一批具有区域特色的创业创新园区。截至2018年年底,江苏全省累计有199.4万的年收入6 000元以下建档立卡低收入人口实现脱贫,724个省定经济薄弱村实现达标,均超过了序时进度,经济薄弱地区面貌发生显著变化。

教育事业的进步是精神富足的基础。江苏的教育事业很发达,我们的基础教育做得很扎实,高等教育也接近了大众化水平,职业教育也在高质量发展,以满足市场需求。2018年5月14日,《省政府关于加快推进职业教育现代化的若干意见》出台。6月25日,《省政府办公厅关于深化产教融合的实施意见》出台,进一步深化我省产教融合发展,促进教育链、人才链与产业链、创新链有机衔接,全面提升教育质量和人力资源质量,不断增强教育服务产业的高质量发展能力。同时,我省实施高职教育创新发展卓越计划,立项建设22所省高水平高职院校,实现全国职业院校技能大赛"十连冠"。

提升公共服务体系惠民水平。2018年全省基本医疗参保率保持在98%以上。职工医保和居民医保政策范围内住院补偿水平稳步提高,基金支付比例分别达到85%以上和70%左右。基本医疗保险实现了一站式结算,所有参保人员均已纳入异地就医跨省直接结算范围。2018年全省各类养老床位达到67.5万张,每千名老年人拥有床位37.4张;截至2018年年底,全省建成街道老年人日间照料中心507家、社区老年人助餐点8094家、居家养老服务中心1.94万家。

主持人:我们应如何进一步提升江苏人民的获得感和幸福感?

段进军:据省社情民意调查中心数据显示:江苏百姓认为个人生活非常满意和比较满意的比例年年上升,2016年为63.8%,2018年上升到75.8%,比2016年提高了12个百分点。这说明江苏经济社会发展和改革开放成果,越来越多地惠及普通百姓,人民群众有了更多的获得感和幸福感。

进一步提升老百姓的获得感和幸福感,还是要坚持"发展是硬道理",我们要不断地发展,才能为江苏的"百姓富"提供重要的物质基础。政府要做一个"贝壳",提供良好的发展环境,这样的贝壳里哪怕一粒"微尘",都有可能变成"珍珠"。回顾这些年我们之所以在"百姓富"方面取得了巨大的成就,最根本的一条就是坚持了改革开放,形象地讲就是"开放"和

"放开"。改革就是"放开",让微观的个体充分发挥自身的创造力。坚持"开放"和"放开",老百姓自然会产生追求一种美好生活的内生"激励机制"和内生的动力,正如习近平总书记所言,"幸福都是奋斗出来的",人们在奋斗的过程中既可以得到一种"物质富",也可以享受到一种价值实现的"精神富"。因此,要在未来发展中进一步提升老百姓的获得感和幸福感,就必须通过改革开放释放经济的活力,让微观个体充分发挥自身的创造力。

为了进一步提高人们的获得感和幸福感,我们必须改变传统发展的理念,要树立一种均衡的发展观。"发展是硬道理",但是"硬发展是没道理"。我们不能只为GDP,而必须按照习近平总书记的要求,一切发展都要以人民为中心,都要满足人们对美好生活的向往,即不但满足人们的物质生活需要,也要不断地满足人们精神生活的需要;不但满足人们的生存需要,也要满足人们的发展需要。因此,在发展过程中要突破传统单一维度的经济发展,要高度重视社会发展和生态文明建设,要在经济发展、社会发展和生态文明建设方面取得一种平衡。

原文刊载于《新华日报》2019年11月12日。

以创新升级为高质量发展赋能

章寿荣[*]

如何深入实施创新驱动战略,加快培育壮大发展新动能,推动江苏高质量发展走在前列?记者就此专访省社会科学院副院长、研究员章寿荣。

记者:创新与经济高质量发展有何内在逻辑关系?

章寿荣:过去40年,抢得创新先机的江苏,通过创新,提高土地、劳动力等低级生产要素的产出效率,从而实现数量型扩张。从数量型扩张转向高质量发展,创新是基本动力源,是内源动力。在江苏决胜高水平全面建成小康社会的关键之年,创新本身也要转型升级,即由过去"对标总量扩张创新"转向"对标质量效益创新",打造"创新升级版"推进经济高质量发展,这是创新与经济高质量发展的当代逻辑。

记者:对正转向经济高质量发展的江苏来说,创新发展面临哪些挑战?

章寿荣:当前江苏与全国一样,经济高质量发展面临三大挑战:

第一,原有创新的动力正在转弱。原有的技术创新是以引进消化吸收为主的跟随创新和集成创新,核心技术掌握在外国资方手中。

第二,转型压力正在转强。美国学者罗斯特里尔曾提醒,对于中国的转型来说,当前最需警惕的是,原有支撑经济发展的有利因素耗尽而形成

---

[*] 章寿荣,江苏省社会科学院副院长、研究员。

经济停滞。原有的有利因素,如劳动力与土地的红利、前期改革所释放的制度红利等,支撑数量经济增长将近40年。转向高质量发展,需要解放思想,深化改革,创新升级,扩大开放,形成新的有利因素。

第三,国际挑战严峻。中美之间贸易摩擦,不仅是数量对比的问题,而是质量竞争的问题。质量竞争的关键在于创新能力特别是原始创新能力的竞争。这些挑战,如果应对适当,就可以转变为发展的机遇。

记者:江苏深入实施创新驱动战略,高水平建设创新型省份,应从哪些方面发力?

章寿荣:围绕经济高质量发展,江苏要树立新的创新目标,进一步健全创新机制、优化创新环境,努力提高自主创新能力。

创新要从"跟跑"向"并跑"直至"领跑"转变。江苏围绕"创新升级版"的时代要求,着眼于转换发展动力,升级创新策略,推动科技创新从技术引进为主向自主创新为主转变。瞄准新一代信息技术、生物医药、纳米技术应用和人工智能,努力打造现代先导产业,开始在这些领域中占据现代经济和未来发展制高点。只有在科技创新上实现"并跑""领跑",才能打造具有全球影响力的产业科技创新高地,形成具有国际竞争力的产业集群。

吸引高端人才、集聚创新要素、激发创新活力。人才是创新的主体,离开人才就不可能实现创新。要积极引进国内外高水平科研院所来江苏落户,合作建立研发机构,吸引外部创新资源在江苏集聚;充分利用江苏工业园区和高新技术园区多的优势,集聚高端创新创业人才。只有敢于、善于延揽外部人才、外部科技资源为我所用,甚至内化为自身优势,才能克服不足、超越自我,开辟一片片新天地,登上一个个新台阶。

优化营商环境,打造创新生态,为开放聚集创新资源创造良好条件。营商环境是良好创新生态的重要体现,也是增强开放吸引力的重要基础。要根据变化的形势,及时转变招商策略,由过去以优惠政策招商为主转变为着力优化营商环境,为开放聚集创新资源、整合国际高端创新要素创造良好条件。

原文刊载于《新华日报》2019年1月16日。

打造创新开放升级版

章寿荣[*]

在国家赋予长三角"一极三区一高地"的新定位中,最重要、最关键的是打造高质量发展样板区。一方面,长三角企业数量可观,但质量有待提高。长三角急需在科技创新带动下,打造一批真正有科技实力、在世界领先的高科技企业,作为高质量的支撑与起点。另一方面,长三角能否实现区域现代化,取决于能否转向高质量发展。现代化不仅仅是从农业社会向工业社会转换的历史过程这么现象级的转变,更表现在两大实质变化上:一是各个国家与地区之间为达到世界先进水平的国际竞争;二是通过全面的创新,包括科技创新、制度创新、文化创新,达到世界领先地位。真正实现现代化的国家已经证明,只有实行高质量发展才能实现现代化。

长三角高质量发展存在几个优势:第一,长三角区域市场巨大,长三角上海头部地区加上江苏、浙江与安徽的广阔腹地,具有很大的战略纵深。第二,长三角创新能力在全国首屈一指,经济新常态下"创新转型+新动能渐成规模",形成新旧动能有序衔接的示范区。第三,"一带一路"深度推进与对外开放新突破,共同塑造富有张力的新开放优势。基于这些优势,"一体化的长三角"必将成为中国最富竞争力、最具高质量发展底

---

[*] 章寿荣,江苏省社会科学院副院长、研究员。

色的活力之区。

过去40年，取得创新与开放先机的长三角所在的东部地区，通过创新与开放，把本地的土地、劳动力等低级生产要素，甚至其他地区的低成本生产要素如劳动力吸收到当地，实现了数量型扩张，从而创造了中国经济发展的"东部奇迹"。

改革开放40年的创新与开放促进经济发展，主要是依靠跟随创新与集成创新、出口导向型的单向开放实现了经济的数量型扩张。转向高质量发展，创新与开放作为过去40年推动经济高速增长的两大动力或者路径，必须转型升级，打造"创新开放升级版"，由"对标总量扩张的创新与开放"转向"对标结构优化的创新与开放"。要实现"再创新"与"再开放"，再创新是高质量发展的内源动力，再开放是高质量发展的外源动力。具体而言，再创新、再开放所对标的结构优化有以下几个着力点：

动力结构转换，向内需拉动型转化。经济增长三大动力分别是投资、消费与出口，当前环境下出口带动经济增长正在削弱，最终消费对我国经济增长的贡献已经达到76.2%，今后经济发展要从外需带动型向内需拉动型转化，把扩大内需作为长三角区域中长期经济发展压舱石。

产业结构升级，强化原始创新，形成自主可控的产业体系。要有建设有全球影响力的先进科技创新高地的气魄，突破原创性动力不足这一瓶颈，从原有的跟踪、模仿达到与世界先进平行，甚至在某些领域领先的水平。

区域协调发展与城乡融合发展的空间结构。过去推进长三角一体化主要是推进基础设施一体化，包括环保联合检查等，今后的一体化应该转向经济合作的深层次上面，目标是区域空间经济利益最大化，通过市场机制，让区内要素充分流动。要把各地政府的行政能力转换为一体化发展的正能量，而不是行政壁垒。实施乡村振兴战略，以新型城镇化推进城乡一体化，注重城市化与逆城市化的相向发展。

消费结构升级。改善民生，大力发展教育、医疗卫生、文化娱乐、市政建设、环境保护。开放结构升级。要为集聚全球高端要素而开放，为产业走向高端化开放,为中国企业走出去开放,要向制度性开放转变。要注重经济与社会、文化、生态的均衡发展。分好蛋糕,促进社会公平正义,建立诚信、法治的社会,天人合一的社会。

原文刊载于《新华日报》2019年6月11日。

以"四个聚焦"冲刺高水平全面小康社会

章寿荣[*]

寄托着江苏人民对美好生活期望的高水平全面小康已经到了冲刺阶段。高水平不仅体现在在全面建成小康社会的质量上发挥示范作用,而且体现在着力做好补短板强弱项各项工作,从而真正做到高标准、高品质、高覆盖。越是到了江苏高水平全面小康冲刺的"最后一公里",越是要进一步清醒地认识到:江苏高水平全面小康建设社会是以高标准指标体系为衡量标杆的,是以高品质的人民生活水平为目的标识的,是以高覆盖的地区与人群为全面标志的。只有做好高标准、高品质、高覆盖这三个自变量,才能得到高水平这个因变量。当前,"补短板强弱项"是做好高质量、高标准、高覆盖的关键一着。具体来说,迫切需要聚焦以下四方面工作:

聚焦生活品质,提升民生福祉。按照美国著名经济学家罗斯托对人类经济社会的历史发展水平"六阶段"的划分标准,包括"传统社会阶段""起飞准备阶段""起飞进入自我持续增长的阶段""成熟阶段""高额群众消费阶段""追求生活质量阶段"。这六个阶段的演进历程实际上就是生活品质随经济发展而不断提升的过程,不再只以物质产量衡量发展成就,还以服

---

[*] 章寿荣,江苏省社会科学院副院长、研究员。

务质量、环境状况、人的自我价值实现程度反映"生活质量"的高低。

江苏现在正处于第五阶段向第六阶段迈进的过程中,迫切需要把公共服务、消费升级作为近两年发展的重大课题,只有服务高水平、消费上台阶,民生幸福才能落到实处。要把教育医疗放到各项民生工作的首位,教育要公平、高质量。要建设健康城乡,为城乡居民提供全方位全周期健康服务。在幼有所育、学有所教、劳有所得、病有所医、老有所养、住有所居、弱有所扶上,走在全国前列。

特别是要确保实现低收入人口"两不愁三保障"。建立起省市县镇"竖到底"的工作机制,确保最低生活保障制度落地到位,让低收入群体做到不愁吃、不愁穿。以更高标准完善城乡公共服务,真正让社会政策能托底,使人民群众在义务教育、基本医疗、住房安全上有保障。全面推进教育现代化,完善全省城乡中小学和幼儿园布局规划,促进优质教育资源均衡配置。深化公立医院改革,加快建立现代医院管理制度,完善基础医疗卫生机构运行机制。提高城镇居民基本社会保障水平,提高企业退休人员养老金、城乡居民基础养老金。完善社会救助体系,降低救助门槛,统筹推进助残济困等工作。

要尽最大努力改善苏北农民住房条件。省委、省政府关于改善苏北地区农民住房条件问题出台了相关工作意见,制定了"路线图"和"时间表",当前要加强推进力度,加紧实施进度。要注意到解决苏北农村住房问题,不仅仅是解决住房形态上的"散乱差"问题,还要做到"宜留则留,宜迁则迁",同时系统谋划翻建新建或集中搬迁后人民群众的生产与生活安排,统筹考虑农民安居与乐业的关系问题。要把农民改房与乡村振兴有机结合起来,通过深化农业招商引资、做强产业支撑、优化公共服务、强化社会治理,真正让农民群众在改房后住上好房子、过上好日子。

聚焦精准扶贫,注重脱贫绩效。习近平总书记指出,"不让一个人掉队"的小康才叫全面小康。当前,江苏要进一步实施精准扶贫战略:一是精准帮扶重点个体。比如,对因病致贫、因病返贫、残疾人、五保户等特殊人群,既要"向前看"——算算明年年底的收入账,离脱贫还有多少差距;

又要"向钱看",算算还要给多少资金,财政补助标准、城乡低保标准该提高的要提高。二是精准帮扶贫困集体。以经济薄弱村实现集体经济增收为目标,按照"缺什么、补什么"原则,确保增收有渠道。以扶贫项目建设为主体,坚持项目推动,实施"造血式"产业化扶贫,促进贫困村整体稳定增收脱贫。三是落实结对帮扶实效。各市县要坚持第一书记驻点制度,从派驻村实际出发,抓主要矛盾、解决突出问题。落实各挂钩帮扶单位责任,对各帮扶单位帮助经济薄弱村增收所取得绩效进行评估,以确保2019年最迟2020年年底村集体经济收入达标。

聚焦生态环境,建设宜居城乡。在高水平全面建成小康社会的冲刺阶段,高标准建设江苏宜居城乡应包含五项标准:一是高效率的能量与物质的循环利用;二是良好的城乡自然生态环境;三是安全舒适的生态居住社区;四是人民群众具有高度的生态环境意识;五是具有自循环的城乡居住空间的代谢体系。

按此标准,当前要着重做好几件事:一是营造优美的城乡环境。要保护好城乡居民区原有的生态,特别是原有河湖水系、生态体系,维持好建设开发前的自然水文特征,塑造绿水绕城的城市品质。力求低影响开发,即合理控制开发强度,减少居民区对原有水生态环境的影响,特别是要留足生态用地,合理保留水域面积。促进雨水污水分流排放,对雨水尽力积存净化,对污水达标排放。二是促进生态产业化。推进绿色低碳园区试点,加快全省各类经济技术开发区的循环化、低碳化改造。以污染减排促转型升级,以标准化生产引导绿色、低碳、循环发展,以生态红线区域管控推动生态空间保护。推进农业现代化试点县建设,健全以优质稻麦产业、生态水产业、规模畜禽、休闲观光农业、电子商务为依托的现代农业产业体系。确立发展绿色农业就是保护生态的理念,加强农业资源保护和环境治理,打好农业面源污染防治攻坚战,巩固生态循环农业发展成效。三是加强大气、水体污染专项整治行动。强化环境监管网格化三级体系,着力改善空气质量,确保$PM_{2.5}$浓度降幅、优良天数比例等达到国家和省考核标准。大力防治水污染,确保国、省考核断面达标。四是规范生活垃圾分类处理。按可回收垃圾、有害垃圾、其他垃圾进行分类收集,积极开展生活垃圾分类投放收集工作。从产生源头做好分类工作,强化运输过程管理,杜绝分类垃圾混装运输,加强对垃圾分类、收集、处理全过程的控制管理。

聚焦文明实践,建设人文江苏。习近平总书记高度重视新时代精神文明建设,从战略和全局上作出了建设"新时代文明实践中心"的重大决策。新时代文明实践中心是不断提升人民思想觉悟、道德水准、文明素养和全社会文明程度的一个重要平台。

在江苏高水平全面建成小康社会的冲刺阶段,要深刻把握物质文明和精神文明之间的辩证关系,深刻认识新时代文明实践中心建设在实施乡村振兴战略中的重要地位,更加积极主动地把精神文明建设抓在手上、扛在肩上,推动两个文明同频共振、协调发展,建设人文江苏。要推进全省县、乡(镇)、村文明实践中心的建设,让文明走进村村户户,促使人人学习实践科学理论、宣传宣讲党的政策、培育践行主流价值,持续深入推进移风易俗,用中国特色社会主义文化、社会主义核心价值观牢牢占领农村思想文化阵地,凝聚群众、引导群众,以文化人、成风化俗。要注重从丰富群众文化生活入手开展文明实践教育活动,以提升群众精神风貌,激发群众干事创业的精神动力。

努力跑好江苏高水平全面建成小康社会的"最后一公里",还应处理好几组关系:一是向前走与向后看的关系。到了冲刺阶段,向前走无疑是全省上下共同一致的行动,但还要不忘"回头看",不仅是为了记住走过的路,更重要的是看看是否有需要打补丁或强化的地方,比如,有没有脱贫人口的返贫问题、环境污染的治理与回潮问题等。二是可达标与可实现的关系。达标是一个数量范畴,实现是一个质量范畴,数量达标并不代表质量达标。因此,特别注意不光要用数据说话,还要让结构说话,结构优化才是质量提升的证据;特别是要让人民群众的感觉说话,让群众有更多的获得感、幸福感、安全感。三是高水平全面小康社会与高起点基本现代化的关系。江苏高水平全面建成小康社会,将为高起点开启基本实现现代化提供坚实基础,而高起点开启基本实现现代化能够确保江苏高质量发展走在全国前列。

原文刊载于《新华日报》2019年8月6日。

蓄积高质量发展的强劲势能

吕永刚 *

  当前,江苏发展转型进入船到中流、人到半山的重要关口。江苏锚定高质量发展走在前列的目标定位,以坚如磐石的高度定力推进转型升级,新旧动能转换加速,上半年地区生产总值增长 6.5%,交出了一份沉甸甸的经济答卷。尤为可贵的是,全省战略性新兴产业产值、服务业增加值、社会消费品零售总额、城乡居民收入等关键指标的增速跑赢 GDP 增速,反映出江苏经济增速的背后凝结着结构趋优、效益提升的积极信号。做好下半年工作,江苏将以四个"极大的定力"推动重点工作,用高质量发展的确定性应对未来的不确定性,为"强富美高"新江苏建设构筑更加强劲的高质量动能。

  改革向深处走,为高质量发展破壁清障。过去,江苏靠改革"先行一步"塑造的改革先发效应,在发展乡镇企业、园区经济、外向型经济中率先抓住机遇、率先破解难题、率先取得成效、率先形成经验,成就了江苏在高速增长时期的领先优势。在从经济高速增长转向高质量发展的新阶段,传统增长机制下的发展空间日益狭窄,需要聚焦高质量发展的"痛点""堵点",打破体制坚冰,破除深层次障碍,释放高质量发展内在动能。一是加

---

* 吕永刚,江苏省社会科学院经济研究所副所长、副研究员。

快推进已经启动的各项改革举措,尽快释放其改革效能,并围绕下一步自贸区建设、社会主义现代化建设试点等重大改革试验,抓好标志性、引领性、支柱性改革探索,塑造一批引领高质量发展的地标性改革品牌。二是在厘清政府、市场边界的前提下,以要素市场化改革为主抓手构建"有效市场",以"放管服"改革为主抓手打造"有为政府",形成推动高质量发展的"双强引擎"。三是把营造最优营商环境作为检验改革成效的"硬指标""金指标",更加着力保护知识产权,对标世界一流水平营造公平竞争环境,构建高质量发展的最优制度生态。

扩大双向开放,打开高质量发展新空间。高质量发展必然是开放型发展,只有充分开放才能获得高质量发展所需的各类要素,只有经受开放市场的严苛考验才能让高质量成果具备真正竞争力。面对当前逆全球化浪潮特别是中美战略博弈加深的挑战,江苏不可能置身其外,唯有以进制变、以进促稳,以更高层次开放为高质量发展拓空间、增动能。一是积极应对中美经贸摩擦的挑战,探索将其负面影响有效管控、降至最低的江苏之策。同时,积极谋划对美资重大项目突破,根据形势需要,可灵活选择正面突破、侧翼突破、联动突破、连锁突破等方式,关键看实际效果,为夯实中美经贸压舱石做出江苏新的贡献。二是更高质量推进"一带一路"交汇点建设,重点开拓欧盟、新兴经济体尤其是"一带一路"沿线国家和地区市场,全面融入世界经济大循环,提升江苏在全球新型分工体系中的位势和参与度。三是把实施好三大国家战略统筹谋划、一体推进,深度参与区域市场和国内统一大市场建设,在区域分工协作中拓展高质量发展新空间。

做强创新第一动力,壮大高质量核心动能。创新是高质量发展的根本动力。在传统后发追赶型发展路径中,既有发达国家的先进经验可以借鉴,也有业已成熟的技术路径可供学习,各地区发展的主要挑战在于能否强化低成本竞争优势,在大规模招商引资中形成产业规模,并通过嵌入全球分工体系获得出口市场。进入经济新常态以来,传统跟随型、模仿型发展模式难以为继,一些创新前沿领域进入"无人区",发展不确定性大大增强。面对更趋激烈的竞争态势,江苏必须以更大力度实施创新驱动发展战略,以创新的新成果、新优势塑造高质量发展的核心竞争力。一是着力把握全球基础研究、应用研究和技术创新边界日益模糊,基础研究成果转化周期缩短的趋势,强化科技资源丰富的优势,更加重视基础研究、原始创新,推进更多"从 0 到 1"的源头性突破。二是强化政策集成性、引导性和支撑力,积极培育、创建江苏版国家实验室,打造国家实验室江苏预备队,支持南京筹建综合性国家科学中心,持续提升江苏创新平台能级。三是充分发挥企业家在配置创新资源中的关键性作用,构建以公平竞争、优胜劣汰为主导的正向激励机制,保护好、激发好、服务好民营企业家、草根创业者的创新创业精神,夯实市场创新的主体结构和微观基础。

把握结构转换节奏,优化高质量动力结构。高质量发展不可能凭空产生,必然建立在传统动能的提质增效和新兴动能的生长扩展之上。江苏在全国较早推进经济结构调整,新旧动能衔接平稳有序,为经济转向高质量轨道创造了有利条件。随着结构调整深入推进,转型难度不断增加,江苏更要以极大的定力推动结构调整、转型升级。一是念好供给侧结构性改革"八字诀",统筹推进全省生产力布局调整优化,重点推进沿江、沿太湖与沿海地区之间重化工业的空间重组,切实破解"重化围江"难题,为高质量发展腾出空间、优化空间。二是持续做大做强实体经济"家底子",以世界级先进制造业集群建设为引领,建成一批在全球产业版图中拥有话语权、占据优势地位的主干产业和细分行业,形成江苏高质量发展的产业主引擎。三是以更大力度为新经济能量的集聚释放创造条件,促进新产业、新模式、新业态加快成长,涵养制胜未来的高质量发展新动能。

原文刊载于《新华日报》2019 年 7 月 30 日。

激发并培育高质量发展动力源

徐 琴[*]

决策眼

转型升级、创新发展,培育强劲的内生动力和持续的新发展动能,实现从高速度发展到高质量发展的形态升级和内涵升级,是党的十九大提出的重大时代命题。高质量发展,是对既有发展形态的系统化重构,更需要从产业、服务、区域等各个方位和多个层面实施转型升级,激发并培育高质量发展动力源。

产业转型升级需重视构建具有植根性的新兴产业链。产业转型升级既是高质量发展的基础,也是主体内容。目前,产业转型升级的主攻方向非常清晰,以新兴产业的布局、自主创新能力的提升和关键核心技术的自主可控为三大战略目标。与此同时,需高度重视构建具有植根性的新兴产业链。与传统产业相比,战略性新兴产业以强大的科技创新为基础,其产业链长且产业内涵丰富,产业关联紧密,产业链上的所有企业,与发挥领军作用和核心功能的链主企业共同构成完整的产业生态链,其上端连

---

[*] 徐琴,江苏省社会科学院社会政策研究所所长,江苏区域现代化研究院常务副院长。

接着基础制造环节和技术研发环节,下端能够延伸至市场环节。作为一种全新的产业生态链,战略性新兴产业需要关键核心技术的不断突破和自主可控、链主企业的打造,链主企业代表着国家的产业高度、经济体系的竞争力。基础制造环节,同样是战略性新兴产业不可或缺的基石部分,是知识经济和高新技术红利向全社会和各阶层劳动者普遍分享的重要载体,既具有经济领域的竞争力意义,又具有社会领域的社会结构优化的意义,还是与发达国家进行产业合作的重要前提。战略性新兴产业的布局,必须围绕链主培育和产业链构建同步推进。

服务转型升级应着力营造亲清与可预期的营商环境。亲清政商关系是国际化、法治化和便利化营商环境的基本内核。在特许经营、土地出让、工程项目、政策扶持、专项资金等各类审批或政策实施以及各类事项的落实过程和工作推进过程中,需严格规范、依法行政,使市场主体能够专注于创业和创新,做强企业和产业,充分发挥创新主体、实践高质量发展的关键作用。探索更为科学和常态化的治理方式也日益迫切。长期以来,对经济领域、社会领域、生态环境领域等各类突出问题的解决,主要手段是运动式治理色彩浓厚的专项治理行动。专项治理具有明确而刚性的指标和时间上的限期,易于测量考核、见效快,也确实促成了某些领域的显著改善。但其最大的问题在于,往往为社会带来极大的预期不确定,由此造成信心不足,短期行为盛行。因而应对其予以必要的调整,逐步改变对各类运动式治理的路径依赖。这既是稳定市场信心和社会预期、激发各主体活力的重要保证,也是高质量发展的基本前提。

区域关系转型升级需建立协同性的竞合模式。高质量发展是超越单一行政区的一体化要求,需要建立协同性的新型区域关系。这种区域关系,应为积极竞争、充分合作模式。积极竞争是指竞争的主要标的物从各类增长资源和数量指标,转向竞相为创新创业活动提供良好的环境和大力度的支持政策,转向竞相改善政府服务、改善公共产品品质,转向竞相改善生态环境、提升城市品质,等等。关于区域合作,由于流域治理问题所特有的系统性、地域广、跨政区的复杂性,客观上难度很大,但这正是必须面对的重点方面。未来的重点，是建立市场统一、服务互通、设施互联、环境共保共治为内容的全方位合作，依次保障和促进区域的高质量发展，进而带动全国的高质量发展。

原文刊载于《新华日报》2019年1月29日。

把高质量发展作为着力点

顾丽敏*

  高质量发展是当前经济发展的主旋律,也是实现经济现代化的必由之路。一是提升创新质量,加快新旧动能转换。以创新能力较强的地区为节点,加快构建全球创新网络。加强科研基础设施布局,完善科技成果转移转化体系和区域创新服务体系。完善科技中介服务,推动科技成果向现实生产力转化。二是提升供给质量,构建现代产业体系。坚持以智能制造为主攻方向,推进信息化与工业化深度融合。培育先进制造产业集群,对产业链进行补链、强链、扩链。顺应制造服务化趋势,提高服务性要素投入比重。三是提升开放质量,拓展经济发展新空间。推动产业链条的国际化延伸,提升本土企业在全球产业链中的影响力。以"一带一路"为重点优化产能布局,实现全球一体化的生产制造网络。以跨区域合作和市场主体公平竞争为重点,加快产业协同和资源优化配置。四是提升软环境质量,激发市场主体活力。继续深化集成改革试点工作,着力提高政府服务的能力和质量。加快探索建立适应新旧动能有序转换的政策制度体系,提升制度环境软实力。五是提升城乡融合质量,促进乡村振兴发展。通过城市和农村的"共建共享",补齐农村短板。充分发挥农村优

---

* 顾丽敏,江苏省社会科学院区域现代化研究院副研究员。

势,实现城乡之间要素的互补互通。

原文刊载于《新华日报》2019年10月29日。

"三链"联动助推制造业高质量发展

黎 峰[*]

改革开放尤其是20世纪90年代以来,江苏经济持续快速增长,特别是外向型经济发展迅猛,成为经济增长的重要引擎。积极承接发达国家产业梯度转移以嵌入全球价值链分工,充分利用国外(主要为东亚地区)中间品供应链与本地低成本要素相结合,江苏大力发展出口导向为特征的开放型经济,打造出根植于全球产业链的世界制造基地。然而,随着全球贸易格局深度调整,贸易摩擦不断升级,全球产业链、供应链、价值链或将重新布局。一方面,处于中低端的产业,正在向具有劳动力红利、人力资本红利和市场红利的国家或地区转移,另一方面,处于高端、顶端的产业和新材料、新技术、核心关键零部件等,正在向知识高地和创新高地转移。曾经大力拉动经济增长的制造业传统外向型经济发展模式已不可持续,江苏制造正构建高质量发展新优势,提升在全球供应链、产业链、价值链中的地位。

---

[*] 黎峰,江苏省社会科学院世界经济研究所研究员。

供应链、产业链和价值链的联系与互动

20世纪90年代以来,随着交通和通信成本不断下降,跨国公司把产品生产分解为研发设计、零部件生产、加工装配、物流运输、销售网络等价值链环节,在统筹利用各国资源要素基础上全球范围内布局产业链,各分工参与国按照其对生产价值链条的贡献程度共同分享资源整合带来的全球化红利。

一方面,全球价值链定位在很大程度上决定了全球供应链的控制权及全球产业链的布局特征。依靠资本、技术、知识等高级生产要素优势,发达国家占据了全球价值链的研发设计及营销网络两端,把生产环节以外包的形式向国外梯度转移与布局,由此形成"东亚国家从事关键零部件等中间品生产—中国大陆加工组装—欧美国家市场销售"的全球产业链,并通过控制全球供应链体系获取高额国际分工收益。以中国为代表的发展中国家则更多是依靠上游原材料、中间品供应链和下游营销网络,通过生产并出口最终制成品拉动国内经济增长。然而,由于高级生产要素相对稀缺及供应链网络受制于人,发展中国家在全球产业链布局中更多扮演的是"加工制造者"角色。

另一方面,供应链的自主构建、产业链的主动布局有助于全球价值链定位攀升。"亚洲四小龙"的经验表明,随着经济发展及国内要素禀赋提升,通过加速国内成本敏感型生产环节向低成本国家和地区转移与布局,在加强供应链自主控制的同时,集中高级生产要素从事高端制造、研发设计及营销网络环节,有利于向全球价值链两端攀升。

立足"三链"找准江苏制造定位

作为开放型经济大省和制造大省,江苏经济在相当长时间内表现出以外商投资企业为主导、加工贸易为形式的出口导向型特征,即以出口欧

美发达国家地区市场为目标，一边大力发展从日本、韩国、中国台湾地区的"进料"和"来料"加工制造，另一边积极吸引成本导向型外商直接投资，形成以外资龙头企业为核心，集聚内外资配套企业的出口型产业集群。在激发并形成巨大的生产及出口能力的同时，我们更需立足于全球供应链、产业链和价值链，看清自身定位、找准薄弱环节。

一，处于跨国公司全球产业链布局的加工制造环节，全球价值链攀升任重而道远。20世纪90年代中期以来，江苏充分发挥区位优势及低生产成本优势，通过积极承接跨国公司产业转移融入全球价值链分工，主要产业部门的国际专业化分工合作程度日益提高。然而，相对于韩国、中国台湾地区等新兴经济体，以及美国、日本、德国等发达国家，江苏主要制造部门的全球价值链定位则处于劣势，尤其以电气机械及电子通信设备、装备制造、交通运输设备等技术含量高的新兴制造部门更为明显，大多处于全球价值链的中下游。促进制造部门迈向全球价值链中高端，成为新时期江苏经济高质量发展的重中之重。

二，对出口市场及国外中间品供应链的依赖程度很高，内生增长动力相对不足。全球价值链条上的加工制造定位，决定了江苏制造存在着对上游供应链严重依赖的问题。表现为以下两类供应链特征：通过国际贸易以中间品进口为特征的进口输入型供应链，即以日本、韩国等为代表的东亚经济体为主，包括美国、德国等发达国家对江苏提供零部件、半成品等中间品，由江苏完成加工组装并出口；通过利用外商直接投资以国内供给形式实现的外资植入型供应链，即跨国公司直接在江苏投资生产，并吸引大量内外资配套企业，形成外资主导出口导向型产业集群。

三，面临着全球价值链中低端定位、供应链受制于人的风险。2018年以来，中美贸易摩擦不断升级，波及江苏制造。一方面，出口受限让江苏制造面临进口输入型供应链转移的风险；另一方面，投资转移让江苏制造面临外资植入型供应链转移的风险。环保标准、劳工标准、原产地原则等国际经贸新规则将在很大程度上挤压在华外资企业的利润空间，以中国生产配套企业为主要供应商的跨国公司开始寻求在中国以外的地区

(东盟国家为主)重建供应链。更为重要的是,一旦获取高质量中间品的供应链被切断,将严重危及企业的技术进步及产品质量提升,进而不利于企业在全球价值链上攀升。

推动江苏制造高质量发展路径

进一步加快制造转型升级,建设自主可控的先进制造体系,是江苏经济高质量发展和率先基本实现现代化的关键。其中,江苏制造实现高质量发展、增强经济增长的内生动力尤其是重中之重。这必然要求江苏制造以促进内外双向开放的有效联动构建自主可控的制造供应链体系,以扩大进口和对外直接投资为抓手加快全球产业链布局,推动江苏制造由加工制造的中低端环节向中间品供应、研发设计、市场渠道等价值链中高端环节升级。

首先,以加强标准及品牌建设为中心,大力推动企业技术创新。持续推进大众创业、万众创新,加快建设以企业为主体、市场为导向、产学研用相结合的技术创新体系,引导和支持创新资源向企业集聚,推动企业增强自主创新能力。大力弘扬精益求精的"工匠精神",重塑传统特色品牌,做强现有知名品牌,培育自主创新品牌,引导企业围绕提升技术标准和产品质量不断加大研发投入,突破关键核心技术,加速科技成果转化,打造更多具有国际影响力的江苏知名自主品牌和制造精品。

其次,以融入国内市场一体化为契机,积极扩大国内产业资源整合。以政府间合作为动力,进一步打破区域间市场和行政壁垒,按照市场化要求营造规则统一开放、标准互认、要素自由流动的市场环境,及时修改有碍市场统一的有关规定,加快探索建立统一的区域市场规则体系。在此基础上积极扩大对内开放合作,引导和鼓励江苏制造企业将加工制造环节向内陆地区转移,在中西部地区建立原料供应基地和加工生产基地。支持江苏制造企业与北京、上海、广东等沿海地区优势企业开展研发合作,建立产业创新联盟。

最后，以鼓励企业全球化运营为重点，加快全球产业链布局。通过进口贸易和对外直接投资等途径，整合国外原材料供应、加工装配、中间品配套、物流仓储运输甚至研发、品牌等上下游资源，打造由江苏企业主导的海外供应链体系。现阶段，江苏与"一带一路"沿线国家国际产能合作方式主要表现为开拓市场、工程承包和资源获取，而类似生产环节外包、产业转移等形式的价值链上下游分工占比相对较低，因而有必要进一步提升"一带一路"建设的合作层次，由市场开拓向产业转移转变，由资源获取向资源整合转变。

原文刊载于《群众》2019年10月18日。

以创新驱动推动经济高质量发展

杜宇玮[*]

习近平总书记强调,"实施创新驱动发展战略,是加快转变经济发展方式、提高我国综合国力和国际竞争力的必然要求和战略举措"。把创新驱动发展作为面向未来的一项重大战略实施好,才能推动以科技创新为核心的全面创新,形成新的增长动力源泉,推动经济持续健康发展。江苏人多地少,资源环境约束压力较大,经济增长的传统动力逐步衰减。建设"强富美高"新江苏,必须大力实施创新驱动发展战略,使创新驱动成为经济社会持续健康发展的主引擎。

实现创新驱动发展的关键在于,知识、技术、人才等创新要素资源的有效集聚和使用,以本土企业为主体、以市场为导向、产学研协同互动的科技创新体系形成,以及较高的资源要素配置效率。

创新资源要素集聚是根本问题。创新型经济从根本上离不开创新资源要素的支撑,集聚的重点不在于项目的集聚,而在于知识、技术、人才和信息等创新资源要素的集聚。然而,在传统选择性产业政策下,引进项目通常是大多数开发区乃至城市发展的大思路。这种思路往往注重产业项目集聚,而忽视创新要素集聚;注重产业规模和数量的扩张,而忽视产业

---

[*] 杜宇玮,江苏省社会科学院区域现代化研究院副研究员。

附加值和产出效率的提高，从而导致产业结构"颜值"高端而"内涵"低端。为此，应坚持以创新需求和企业成长壮大为导向，充分发挥市场对资源配置的决定性作用，促进各类创新要素向创新型经济领域和创新型企业流动集聚。在全球化条件下，可以采用开放式创新来虹吸和整合全球创新资源要素。一方面，注重"高水平引进来"，即通过国内平台环境的建设，不断优化金融、商务、法律等创新环境，积极引进和培育高新技术行业和新兴产业；另一方面，强调"大规模走出去"，即依托国内市场和出口导向发展战略中掌握的资源，学习跨国企业在全球化布局方面的先进经验，培育本土跨国公司，积极构建全球创新链和全球创新网络。

科技创新体系建设是基础问题。高效协同和开放包容的创新生态系统是创新驱动发展的基础条件。提升产业创新能力和竞争力，构建自主可控的现代产业体系，关键在于提高产业链和创新链的一体化程度，真正建立起以企业为主体、以市场为导向、以产学研用深度融合为支撑的科技创新体系，从而提高科技成果的产业化和市场化水平。主要包括三个方面：一是把企业自主创新能力建设真正置于创新驱动发展的首要位置，树立以企业为市场主体的发展思路，重新评估和优化新的政策体系，制订和实施科技创新专项行动计划，着力培养全球化、市场化的创新创业生态系统；二是利用高速增长的内需市场规模，以及市场的供求和竞争规律，用利益诱导、资源约束和市场约束下的"需求引致的创新"机制来引导和激励科技创新活动；三是积极推动产学研合作，共建产业技术创新战略联盟、技术研发平台、公共重点实验室和工程技术中心，建设若干具有国内影响力的制造业创新中心和创新集群。

要素配置效率提升是重点问题。创新驱动发展的本质在于全要素生产率提高，其除了来源于科技创新和技术进步之外，还来源于资源要素配置效率的提升。实践表明，区域一体化是提高资源要素配置效率的重要途径。在区域一体化条件下，产品和要素可以跨区域自由流动，按市场机制的资源配置可以降低产出损失和要素市场扭曲，同时可以促进不同区域之间的企业合作与交流、技术传播与扩散，从而形成产业结构升级的有利环境,有助于提高区域的整体技术水平和区域经济增长的有效性。区域一体化程度越高,区域间产业分工越合理,产业结构越优化,商品和要素的跨区域流动和配置越充分,商品市场和要素市场的供求矛盾就可以得到缓解,从而有助于减轻经济波动,提高区域经济增长的协调性和稳定性。

创新驱动发展战略在江苏深入实施,科技创新对经济社会发展的支撑引领作用不断增强。如何更好地推动实施创新驱动发展战略,可从以下几方面着手。

聚焦实体经济转型升级,培育经济增长新动能。实体经济是现代化经济体系的根基,也是经济增长的主要动力来源。创新驱动发展的主要目的和任务是推动实体经济提质增效,进而塑造经济增长新动能。新动能并不全是新产业、新业态,关键是要驱动因素的质量、效率和动力大小。对江苏来说,一方面,主动把握新一轮科技革命机遇,培育和发展高端装备制造、生物制药、新材料、新能源等一批战略性新兴产业,同时积极发展数字经济、智能经济、流量经济、创意经济、绿色经济和共享经济等新经济;另一方面,立足坚实的工业制造业基础,积极改造和提升传统产业。具体就是,充分利用互联网、大数据、人工智能,加快推进智能制造关键技术装备、核心支撑软件、工业互联网等系统的集成应用,提升重大成套装备集成能力和智能化水平,同时通过工艺流程、产品、功能和产业链的智能化,发展"江苏智造",提升制造业生产率。

加强枢纽经济、营商环境等方面建设,吸引创新资源要素集聚。充分利用丰富的科教资源、交通枢纽和区域创新能力优势,做大做强枢纽经济。重点培育以生产性服务业为主体的总部经济,集聚一批先进制造、创意研发、工程设计、科技咨询、知识产权服务等高新技术企业和高端服务业企业,推动生产性服务业的专业化和高端化发展。强化省内城市与上海、杭州等长三角城市的对接和交流,依托G60科创走廊、沪宁合杭甬发展带以及沿江城市群,推动区域协同创新,打造具有技术研发、技术服务、技术交易等核心功能的创业研发产业集群。发挥政府作用,在加大人才招引、规范市场竞争、加强知识产权保护、健全市场监管以及提供公共服务的制度安排上更加"有为",积极营造有利于创新创业的制度和文化环境。另外,制定和落实以环保、安全等标准实施负面清单管理的"中性"竞争政策,鼓励企业跨市跨省兼并重组,塑造和培育本土龙头企业,以增加对外资本的控制力和竞争力。

深化科技体制改革和完善创新政策,提升企业自主创新能力和创新产业化水平。一是鼓励支持企业研发创新和技术改造,加大对高新技术企业的扶持力度,培育企业自主创新意识,增强企业自主创新和研发能力。通过设立技术研发基金和产业投资基金、加强知识产权保护、鼓励高校和科研院所向企业派驻科技人才和专家等创新政策手段,激发和提升企业研发创新的积极性和能动性。二是利用国内的庞大市场,迅速实现研发成果的产业化,做大做强创新型产业特别是战略性新兴产业的市场,进而通过培育本土市场为其提供内生的动力机制、盈利机制和再投入保障机制。同时,广泛联系社会力量,如民间的、高校的以及各级各类的研究机构和实验室,通过构建产学研联合体来共同开发核心技术,形成资源互补、价值整合、开放创新和规模经济效应。三是根据各地的经济水平和产业特点,因地制宜地选择政府推进型、科研机构推动型、龙头企业带动型、金融机构拉动型等不同的创新集群建设模式,促成现有开发区从传统产业集群向创新集群转型升级,不断完善创新创业功能,通过创业将科研成果产业化。

加快区域一体化进程,提高要素配置效率。区域一体化包括基础设施一体化、公共服务一体化、市场一体化、产业一体化等方面。对江苏而言,首先要以宁镇扬、苏锡常一体化发展为抓手,着力实现省内区域一体化发展。一是加强各区域和各城市之间包括高铁、高速公路、信息通信等基础设施,以及科教文卫、就业、社会保障等公共服务的互联互通和共建共享。二是清理阻碍商品和要素合理流动的地方性政策法规,打破区域性市场壁垒,实施统一的市场准入制度和标准,加强区域间市场服务功能的完善与合作。三是根据各地资源禀赋和发展特点,选择性发展特色主导产业,实施产业协同和错位发展,提高江苏整体产业竞争力。此外,还要利用"一带一路"交汇点建设、长江经济带、长三角区域一体化等多重国家战略叠加实施的机遇,加强江苏与其他省市之间的产业链分工,实施"抱团"协同发展,合力打造世界级先进制造业集群和扬子江城市群,以跨区域的产业集群带动本地经济创新驱动发展。

原文刊载于《群众》2019年第16期。

抓住并用好我国发展的重要战略机遇期

孙肖远*

针对外部环境复杂严峻、国内经济面临下行压力的形势,中央提出要辩证看待国际环境和国内条件的变化,增强忧患意识,继续抓住并用好我国发展的重要战略机遇期,坚定信心,把握主动,坚定不移办好自己的事。党的十九大作出我国经济已由高速增长阶段转向高质量发展阶段的重大判断,推动我国经济高质量发展,就要积极应变、主动求变,在国际国内两个大局中始终把握发展主动权。

深刻认识国际国内形势"变与不变"的辩证关系,统筹好国际国内两个大局。中国的发展离不开世界,世界的繁荣也需要中国,经济全球化把人类社会前所未有地紧密联系在一起。当前经济全球化进入了阶段性调整期,但不会逆转经济全球化这一时代潮流。从国际看,当今世界面临百年未有之大变局,国际格局和国际体系正在发生深刻调整,全球治理体系正在发生深刻变革,国际力量对比正在发生深刻变化,维护我国核心利益和发展利益面临更加复杂的挑战。同时也要看到,世界多极化向前推进的态势不会改变,经济全球化进程不会改变,和平与发展的时代主题不会改变,国际体系变革方向不会改变,亚太地区总体繁荣稳定的态势不会改

---

* 孙肖远,江苏省社会科学院马克思主义研究所所长、研究员。

变。在世界经济格局重构过程中,新挑战新机遇层出不穷、相互交织,但总体上机遇大于挑战。从国内看,我国经济正处于转变发展方式、优化经济结构、转换增长动力的攻关期,增长速度从高速转向中高速,发展方式从规模速度型转向质量效率型,经济结构调整从增量扩能为主转向调整存量、做优增量并举,发展动力从主要依靠资源和低成本劳动力等要素投入转向创新驱动,在经济转型过程中防范化解重大风险、保持经济稳定增长面临严峻挑战。但要看到,经济发展长期向好的基本面没有变,经济韧性好、潜力足、回旋空间大的基本特质没有变,经济持续增长的良好支撑基础和条件没有变,经济结构调整优化的前进态势没有变。运用"变"与"不变"辩证法,理性看待当前国际环境和国内条件的变化,有助于我们坚定信心、保持战略定力,更好地统筹国际国内两个大局,为我国经济高质量发展开拓广阔的发展空间。

把握重要战略机遇期内涵和条件的变化趋向,创造新的发展机遇。改革开放 40 多年来,党和人民大踏步赶上时代,奋力谱写了社会主义现代化的壮丽篇章。我国已成为世界第二大经济体、制造业第一大国、货物贸易第一大国、商品消费第二大国、外资流入第二大国,外汇储备连续多年位居世界第一。从中国发展状况看,现正处在一个由大变强的发展进程中,既需要一定的发展时间,也需要有利的外部环境;从中国发展所处的国际地位看,今后的机遇更多取决于中国自己的发展,赢得战略机遇期主要靠自己的主动塑造。目前我国发展仍处于并将长期处于重要战略机遇期,但其内涵和条件已经发生变化,战略机遇期的内生性特征日益明显,呈现外生性机遇和内生性机遇相互融合的趋向。党的十九大对新时代中国特色社会主义发展目标作出战略安排,表明国际环境的变化既没有改变中国求发展促提升的历史进程,更没有削弱中国为拓展发展空间而争取战略机遇期的强烈意愿。发达国家推进高起点"再工业化",发展中国家加速工业化,我国参与经济全球化的传统比较优势发生深刻变化,加快经济结构优化升级,提升科技创新能力,深化改革开放,加快绿色发展,成为经济高质量发展的内生动力,是我国重塑国际竞争优势的难得机

49

遇。随着中国日益走近世界舞台中央,中国的世界影响力在不断增强,积极参与全球经济治理体系变革,为中国企业"走出去"创造互利共赢的外部环境,成为维护我国发展利益的内在要求。推动构建人类命运共同体,是中国将自身发展机遇外化为相关国家和地区的发展机遇,相关国家和地区发展机遇转化为中国的发展机遇,创造新的发展机遇、实现共同发展的重大战略选择。

贯彻新发展理念,增强经济高质量发展新动能。中国是一个人口众多的发展中社会主义大国,任何时候都要把独立自主、自力更生作为自己发展的根本基点,只有办好自己的事情,才能抓住并用好重要战略机遇期,把外部机遇转化为自己发展的机遇。2008年金融危机以来,世界经济增长持续低迷不振,对中国经济增长的带动力在减弱,而同期中国经济保持中高速增长,占世界经济比重现已达到16%,到这一发展阶段,我国经济高质量发展更多的要靠内生动力。发展是解决我国一切问题的基础和关键,抓住并用好我国发展的重要战略机遇期,增强经济高质量发展新动能,必须坚决贯彻创新、协调、绿色、开放、共享的发展理念。坚持创新发展,就要加快关键核心技术自主创新,推进先进制造业与现代服务业深度融合,为制造业高质量发展打造新引擎;坚持协调发展,就要推动农业农村优化发展,统筹推进区域协调发展,促进形成强大国内市场,提升国民经济整体性水平;坚持绿色发展,就要实行最严格的生态环境保护制度,打好污染防治攻坚战,推动绿色发展方式和生活方式的形成;坚持开放发展,就要实行积极主动的开放政策,构建全方位、多层次、宽领域的全面开放新格局,创造我国发展良好的国际环境;坚持共享发展,就要着力解决人民群众所需所急所盼,让人民共享经济、政治、文化、社会、生态等各方面发展成果,满足人民日益增长的美好生活需要。

原文刊载于《新华日报》2019年4月3日。

构建开放型经济高质量发展的新引擎

周 睿[*]

改革开放40多年来,江苏积极实施开放型经济发展战略,取得了巨大的成就。可以说,没有开放发展,就没有今天江苏的繁荣昌盛。然而,随着国内外经济环境的变化,江苏开放型经济也遇到了一些困难,主要表现在:一是开放型经济的政策红利渐失,传统的"外资+外贸"发展模式遇到"天花板";二是传统重化工业在经济中的比例仍重,污染排放逼近环境承载力的极限;三是产业创新能力不足,在新一轮的产业发展中,"有高原少高峰";四是现代服务业的发展相对滞后,对经济的贡献不足。化解这些发展中的难题,江苏在新发展理念的指导下,积极探索高质量发展实践路径,推进开放型经济高质量发展。2019年8月,经国务院批准,江苏自贸区正式挂牌,意味着江苏开放型经济高质量发展进入新的里程碑,必将在全面推进开放型经济高质量发展中发挥重要作用。

紧抓自贸区建设契机,发展高质量开放型经济

"来而不可失者,时也;蹈而不可失者,机也。"获批新设自贸区,对江

---

[*] 周睿,江苏省社会科学院区域现代化研究院副研究员,南京大学自贸区综合研究院特约研究员。

苏全面推进开放型经济高质量发展是一个十分难得的契机。应及时抓住并充分用好这一机遇,让自贸区建设成为撬动全省开放型经济高质量发展的有力杠杆,真正把自贸区的"含金量"转化成开放型经济发展的"高质量"。

拉动开放型经济持续增长的"火车头"。尽管当前国内经济正在进入高质量发展的新阶段,由过去围绕GDP指标而单方面追求经济增长转变为更加关注经济发展的质量,但是这一转换,并不是否认增长的重要性,稳增长仍是硬要求,所改变的是发展的内涵和重点。自贸区体制机制创新的本质是改变和调整制约生产力发展的生产关系,体制机制创新成功与否的标准在于是否能够发展和解放生产力,也就是能否促进经济增长,能否加快新旧动能转换的速度。江苏自贸区的三个片区中,苏州片区一直走在改革开放的前沿,未来肩负着继续发挥全省经济增长极的作用;南京片区立足国家级新区,发展势头迅猛,具备成长为辐射苏皖地区经济增长极的条件;连云港片区地处亚欧大陆桥的东端,区位优势明显,是苏北崛起和江苏沿海开发的重要依托,具备成为苏北和江苏沿海经济发展引擎的能力。

破解开放型经济高质量发展难题的"试验田"。与此前发布的中共江苏省委江苏省人民政府《关于推动开放型经济高质量发展若干政策措施意见》相比,《中国(江苏)自由贸易试验区总体方案》在措施内容上与前者存在着整体上的一致性,且进行了一定的深化和扩展,由此可见,江苏自贸区承担着破解江苏开放型经济高质量发展难题的任务。

推进开放型经济高质量发展,是江苏经济继改革开放之后又一轮新的拓荒创业,要切实转变过去的发展思路,转变传统的政策制定机制,转变政府对经济管理运营的模式,要求思想更加解放、政策制定更加精细、政府的服务更加到位。在自由贸易试验区,一方面借鉴吸收其他国家或者地区在推进开放型经济高质量发展中的经验,通过自贸区进行试点,总结经验,进而在全省推广;另一方面,可以将江苏开放型经济高质量发展中遇到的体制机制问题拿到自贸区进行试验,以点上的体制机制创新,破解全省面上的开放型经济高质量发展难题。

加快打造高水平自贸区,引领开放型经济高质量发展

随着国内外经济环境的变化,如今开放型经济的发展被赋予新的内涵、新的特征、新的发展模式,即从简单的促进增长和"出口创汇",转变为利用国内外两个市场、两种要素,推动江苏经济转型升级,提升经济发展质量,加强产业链的韧性和全球竞争力。自贸区作为江苏开放型经济高质量发展的重要载体,要立足江苏开放型经济发展的特色,发挥其可以推进体制机制"先行先试"的功能优势,着力试点和解决江苏开放型经济高质量发展中的制度"瓶颈"。

第一,加快体制机制试点工作的组织和领导,尽早形成可复制可推广的经验。江苏一直注重政府在经济发展中的主导作用,特别是作为上层建筑的体制机制的创新,在试点的过程中往往采取"由上向下"的推动。因此,需进一步发挥政府在自贸区体制机制试点中的组织和领导作用。首先,构建较为完善的自贸区建设和管理组织机构,加强其他职能部门与自贸区的对接;其次,健全自贸区体制机制创新试点的工作机制,做到体制机制创新的提前研究、跟踪落实、经验总结的及时衔接;再次,畅通自贸区试点出来的可复制可推广经验的传播渠道,早日落实自贸区体制机制创新成果。

第二,立足江苏开放型经济发展实际,打造具有江苏特色和优势的自贸区。目前,全国共设立18个自贸区,每个自贸区都被赋予了不同的使命和任务,致力于破解国家和地区发展中的体制机制障碍。江苏自贸区不仅要完成国家赋予的使命,保持自贸区的基本功能,为全国开放型经济发展探路,而且要立足江苏开放型经济的发展特色和自身的禀赋,力求在发展定位、要素配置、产业政策、城市化等方面形成明显的江苏特色与优势。在推进江苏自贸区建设过程中,要充分考虑江苏开放型经济和各自贸片区的发展基础,坚持实事求是的原则,增强试点政策措施的可行性。

第三,积极对接长三角一体化发展战略,参与打造长三角自贸区群。2018年11月,习近平总书记在首届中国国际进口博览会上提出,支持长江三角洲区域一体化发展并上升为国家战略。2019年5月,中央政治局会议审议通过了《长江三角洲区域一体化发展规划纲要》,涉及长三角一体化中的八条制度创新内容,完成了对长三角一体化发展的顶层设计,标志着长三角一体化发展进入全面加速时代。眼下,作为全国经济最具活力的地区之一,长三角地区分布着三大自贸区。在推进长三角一体化的背景下,江浙沪三个自贸区需相互合作,在不同的领域开展体制机制创新试点,提高体制机制创新的效率,实现自贸区建设的一体化格局。江苏自贸区在进行体制机制试点的过程中,要充分考虑江苏开放型经济如何融入长三角一体化发展,考虑将推进长三角一体化发展的政策内容纳入体制机制试点之中。

第四,积极探索在"三条红线"和"节能减排"双约束下的绿色发展之路。在江苏经济的发展进程中,如何在"三条红线"和"节能减排"双约束下实现开放型经济高质量发展已经成为一个亟须解决的问题。尽管在《中国(江苏)自由贸易试验区总体方案》中没有具体涉及"三条红线"和"节能减排",但是并不意味着它们不存在,恰恰相反,它们左右着自贸区的产业选择、项目改造与新建、城市发展规划。因此,江苏各自贸片区要根据自身的特点,化挑战为机遇,探索一条宜产、宜居、宜商的可持续发展之路。

原文刊载于《群众》2019年第20期。

以国际视野推进廉洁丝绸之路建设

孙 灿[*]

2019年4月26日,习近平主席在第二届"一带一路"国际合作高峰论坛开幕式的主旨演讲中强调,"一带一路"建设要坚持开放、绿色、廉洁理念,坚持一切合作都在阳光下运作,共同以零容忍态度打击腐败。《廉洁丝绸之路北京倡议》落地生根,作为"廉洁之路"的"一带一路"也由两年前的愿景理念转化为如今的现实行动。"廉洁丝绸之路"概念的提出既深入诠释了"一带一路"倡议的丰富内涵,也适应了"一带一路"倡议转向高质量发展的现实需求。我们在国际视野和新时代的背景下推进风清气正的廉洁丝绸之路建设,具有重要的实践价值和指导意义。

从宏观层面看,廉洁丝绸之路建设是中国政府将"一带一路"打造成文明之路的题中深义。2017年5月,习近平主席在首届"一带一路"国际合作高峰论坛开幕式的主旨演讲中指出,要将"一带一路"建成一条和平、繁荣、开放、创新和文明之路。文明之路既彰显了"一带一路"倡议的高屋建瓴和立意深远,也是和平合作、开放包容、互学互鉴、互利共赢的丝路精神的集中体现。信任是作为文明之路的"一带一路"倡议最本质的特征,唯有建立相互信任和相互尊重的关系,才能超越文明的冲突,实现文明的

---

[*] 孙灿,江苏省社会科学院马克思主义研究所助理研究员。

共荣。历史和现实都已证明,廉洁与信任具有天然的联系和互惠的关系。古希腊著名政治家伯里克利以其廉洁奉公、刚正不阿的品格,博得了雅典人民的信任和爱戴,从而缔造了不朽的"伯里克利时代";当代"透明国际"组织"全球清廉指数"排行中名列前茅的北欧诸国政府,也都普遍依靠廉洁反腐博得政治信任。不少学者研究发现,高度的社会信任感也是构成廉洁国度的重要元素之一。互联互通是"一带一路"倡议的关键支撑,其中的"民心相通"则是作为文明之路的"一带一路"倡议之社会根基。民心相通重在取信于民、凝聚人心,而腐败恰恰是流弊丛生、民心涣散的温床。坚持共商共建共享的原则促进"一带一路"倡议造福于沿线各国人民,就必须坚定不移地推进廉洁丝绸之路建设。只有激浊扬清、反腐倡廉,才能筑牢合作之桥、夯实民意之基。

从中观层面看,廉洁丝绸之路建设是中国政府内外联动参与国际社会反腐败合作的路径拓展。国际社会合作攻克腐败毒瘤的进程,大致始于20世纪70年代。中国政府于1984年加入了国际刑警组织,正式开启了抓捕外逃腐败疑犯的国际合作。2003年,中国批准加入《联合国打击跨国有组织犯罪公约》,这是该领域反腐的第一个全球性公约。2005年,中国批准加入了具有里程碑意义的《联合国反腐败公约》,这是第一份具有法律约束力的国际性反腐文件,为此中国成立了由24个机关和部门组成的部际协调小组,加强国内法和公约的衔接履责。党的十八大以来,以习近平同志为核心的党中央高度重视腐败问题,通过内外联动和统筹推进的方式向腐败问题"亮剑",中国参与国际社会反腐败合作迈上了新台阶。2014年,中央反腐败协调小组国际追逃追赃工作办公室成立。同年,亚太经济合作组织发布《北京反腐败宣言》,成立反腐败合作网络,加强亚太地区的跨境追赃追逃协作。2016年,G20杭州峰会批准通过了《二十国集团反腐败追逃追赃高级原则》,并决定在华设立G20反腐败追逃追赃研究中心,中国推动国际反腐败合作真正进入全球治理议程。廉洁丝绸之路是中国政府参与国际社会反腐败合作的最新路径拓展,《廉洁丝绸之路北京倡议》将根据《联合国反腐败公约》精神在求同存异的基础上依据现行国际规则和法律框架深化"一带一路"沿线的跨境反腐败治理,坚持以原则、机制和行动"三位一体"的组合拳方式构筑风清气正的"一带一路"治理新格局。

从微观层面看,廉洁丝绸之路建设是中国政府营造廉洁商业环境并倡导企业合规经营的护航之举。"一带一路"倡议实施6年来,相关国家贸易总额超过6万亿美元,投资超过800亿美元。然而,"一带一路"建设未能完全规避工业化进程中由外资所引发的跨国腐败现象,一些跨国企业的商业贿赂行为已经引起国际社会的广泛关注。面对"走出去"的腐败风险防控,已有学者呼吁中国政府应加快制定《对外投资反腐败法》,以遏制海外投资中贿赂行为的发生,而廉洁丝绸之路建设将有助于相关顶层法律设计的早日落实。借鉴已有的区域合作中的反腐败经验,未来廉洁丝绸之路建设或将倡议制定"一带一路"自身的反腐败公约,以进一步促进廉洁商业环境的构建。企业是"一带一路"建设的重要责任主体,呼吁加强企业自律意识合规经营,是推进廉洁丝绸之路发展的重要议题。这一方面要求企业加强自身的内控机制建设,特别是对市场和销售等关键部门进行重点腐败监控;另一方面要求企业加大廉洁文化建设,积极打造和共同维护"亲清"新型政商关系,坚决抵制商业贿赂行为。此外,廉洁丝绸之路建设未来还将着力推动中国企业融入沿线不同国家的法律机制和商业文化建设,助力企业更好地适应沿线不同国家的法律体系,做好相关法律服务和咨询工作的对接,保障企业在规范公平有序的环境中良性发展。

廉洁丝绸之路是构建"文明型"国际体系的内在要求,推进廉洁丝绸之路建设是"一带一路"走深走实、行稳致远的重要保障。廉洁丝绸之路既是中国外交参与国际社会机制建设的积极贡献,也是中国国内企业健康成长、创新驱动的环境依托。我们应当密切关注作为"廉洁之路"的"一带一路"的治理效果和实践价值,以更好推进廉洁丝绸之路建设在新的历史起点上顺利前行。

原文刊载于《中国社会科学报》2019年8月1日。

乡村振兴

乡村振兴重在产业发展

夏锦文[*]

编者按 党的十九大报告提出,实施乡村振兴战略,要坚持农业农村优先发展,加快推进农业农村现代化。2018年中央一号文件对实施乡村振兴战略作出全面部署,近日召开的中央经济工作会议又明确了推进乡村振兴战略四项重点任务。对于如何落实好中央推进乡村振兴战略的系列部署,开创社会主义新农村建设的新局面,本报特邀江苏省社会科学院党委书记、院长夏锦文就乡村振兴话题作出相关解读。

农业农村农民问题是关系国计民生的根本性问题,没有农业农村的现代化,就没有国家的现代化。实施乡村振兴战略,是新时代做好"三农"工作的总抓手,其主要出发点在于促进实现农业农村现代化,共筑美丽乡村。

乡村振兴是一项复杂的系统工程,重点是产业要振兴、产业要兴旺。农村改革40年的实践启示人们,只有产业振兴,才能增强乡村吸引力,带动资本、人才等生产要素向乡村汇聚,才能让农民看到"农业强""农村美""农民富"的希望,进而为农村经济社会发展奠定坚实的物质基础。国外农业农村发展实践同样表明,构建契合农村实际和农民需求的产业体系,

---

[*] 夏锦文,江苏省社会科学院党委书记、院长、教授。

是推动乡村发展的根本途径。作为乡村振兴的物质基础,产业兴旺既是支撑乡村振兴的源头,更是引领乡村振兴的潮头。

过去一段时间,人们对农村产业发展存在片面认知,以为"乡村的产业就是农业""农业的功能就是提供农产品"。承袭于这种思维方式,农村产业结构显得较为单一,基本上以传统动能驱动的产业为主。随之而来的问题是,农村经济不活跃,农业生产经营效能低下,农民增收困难,农产品同质性强、替代率高。这给当下乡村振兴带来的启示就是,必须加快构建农业产业体系、生产体系和经营体系,特别是要促进农村不同产业之间的融合发展。

近年来,不少农村不断涌现一些新产业新业态,比如乡村旅游、农业休闲和农村电商。这些新兴产业的出现和成长,不仅提升了农业的附加值,给农村经济发展注入了新动能,增加了农民收入,夯实了农村集体经济基础,而且促进了产村融合,提升了乡村现代化水平,吸引了一大批回乡返乡创业的农民工和下乡休闲置业的城市居民。其发展态势表明,转换农业发展新动能、以农村产业融合带动乡村振兴的时代已经来临,也意味着农村产业融合发展的潜力巨大。

当然,任何事情的发展都是循序渐进的。就当下情况看,农村产业融合发展才刚刚起步,远未成燎原之势。很多农民还局限于传统的农业生产,对发展乡村旅游、休闲农业等新兴产业还不熟悉,尚未完全掌握借力互联网等信息技术销售农产品的技能,生产绿色优质安全农产品的动力也远未激发出来。但是,这些问题并不构成忽视农村产业融合发展的理由,恰恰说明应该加大推动农村产业融合发展,以实现农村产业兴旺,夯实乡村振兴的物质基础。

推动农村产业兴旺,不仅要融合发展,还要错位发展。诸多经验乃至教训表明,千篇一律的产业形态不仅无法彰显自身特色,而且容易导致产品积压,难以形成竞争力。因此,应鼓励和引导农民在尊重自身乡村资源禀赋的基础上,坚持"人无我有,人有我优"的差异化的发展思路,实现差异化的产业发展。通过差异化的产业布局、生产方式和展销模式,催生农村新产业新业态,带动乡村振兴。

原文刊载于《经济日报》2018年12月26日。

充分释放乡村生态优势

夏锦文*

良好的生态环境是乡村的最大优势和宝贵财富。乡村振兴,就要把乡村的生态资源优势充分挖掘并发挥出来。只有把乡村的生态资源保护好,让乡村变得山清水秀、环境宜居,美丽乡村才有不竭动力,乡村振兴才会有坚实基础。

从直观的角度看,宜居的生态环境不仅可以满足农民对美好生活的追求,而且能为乡村发展带来多重效益。过去一段时间,由于对乡村生态环境重视不够,个别地方一度出现"杀鸡取卵""竭泽而渔"等破坏生态环境的现象,让"污水横流、垃圾乱堆乱倒、道路坑坑洼洼"成为某些农村的常态,不可避免地给农村蒙上了一层阴影。近年来,随着各级政府对乡村环境整治力度不断加大,一些乡村不仅着力改善了生产生活环境,一扫过去"破、乱、旧"局面,还因地制宜地发展休闲农业,成为城市居民的观光休闲景点,取得了显著的生态效益和经济效益。这些鲜活的实践告诉人们,尊重自然、实现人和自然和谐共生,把生态宜居作为实施乡村振兴战略的重要目标和路径,不仅可以让农村美起来,而且能为农村经济繁荣和农民持续增收奠定基础,还能为农村凝聚人气、吸引人才,带来新业态新产业,

---

* 夏锦文,江苏省社会科学院党委书记、院长、教授。

让绿水青山变成金山银山，实现百姓富、生态美的有机统一。

美丽的宜居环境，是一种民生福祉。习近平总书记曾指出，"良好生态环境是最公平的公共产品，是最普惠的民生福祉"，这一科学论断阐明了生态与民生的关系。从现实看，锻造宜居的乡村生态既很关键，在一些地方又是痛点、难点。如果没有生态的改善，乡村振兴就没有底色和"颜值"，乡村振兴就是一句空话；痛点是农村人居环境脏乱差问题在有些地方仍比较突出；难点是短时期内难以彻底改观，但必须攻坚克难。当前，必须在尊重自然、顺应自然、保护自然的基础上，全面打好乡村生态宜居这一仗。

各地要牢固树立系统性思维，综合施策，有序稳妥推进乡村生态宜居。一是要建立科学合理的机制。比如，建立以政府主导、村民参与、社会支持的乡村环境整治投入机制；建立综合环境管护机制，做到有制度、有资金、有人员长效管护；建立人居环境监督考核机制，以考核为抓手推动农村人居环境不断提升。二是要寻求有效治理策略。比如，着力实施农业绿色发展方略，把推动农业绿色发展作为解决农业农村污染问题的根本之策；做好乡村垃圾污水的处理净化，特别是要全力推进农村"厕所革命"，提升村容村貌。三是要优化村庄村居规划。比如，构建节约资源和保护环境的空间格局、产业结构、生产生活方式，统筹考虑乡村生态环境保护、基础设施建设、公共服务供给和社会治理等系统性工程。

原文刊载于《经济日报》2018年12月27日。

以乡风文明引领乡村振兴

夏锦文[*]

农村改革 40 年的实践证明,良好乡风具有浸润人心、引领向善、规范行为、凝聚力量的积极作用。抓好乡风文明建设既是我国乡村建设取得显著成就的重要经验,也是新时代推动乡村振兴的重要内容和软件基础。实施乡村振兴战略,不仅要让农民腰包鼓起来,住上好房子,还要让农民的精神生活充实起来,活出好面貌。

文明乡风渗透在乡村建设的方方面面,对乡村振兴战略的"产业兴旺、生态宜居、治理有效、生活富裕"四个方面有着重要影响。如果说,产业兴旺是物质基础,生态宜居是美好期待,治理有效是有力支撑,生活富裕是共同追求,那么乡风文明则是乡村振兴的灵魂所在和乡土社会得以赓续绵延的文化内核,为产业发展、生态建设、乡村治理提供精神动力和智力支持。历史和实践表明,中国几千年积淀的乡土文化和乡风民俗为乡村建设提供了深厚土壤和丰厚滋养,哪个地方重视乡风文明建设,对乡风文明传承得好,哪个地方乡村建设整体水平就高。

乡风文明的重要源头自然在于乡村文化。乡村振兴要留得住乡韵、记得住乡愁,就要努力传承文化基因、保留优秀文化形态、珍惜文化资源、

---

[*] 夏锦文,江苏省社会科学院党委书记、院长、教授。

守正文化根脉。应该认识到,任何文化都依托于一定的载体。乡村文化不是空中楼阁,它蕴含于村居建筑、乡村格局、风俗习惯、乡规民约、民间信仰等诸多方面,不仅与山水风情、特色院落、村落农田相得益彰,而且与乡村所具有的道德、习俗、礼仪、风尚紧密相连。也就是说,滋养着乡风文明的乡村文化,其内容是综合性的,既有物质文明,也包括制度文明和精神文明,涉及诸如生产方式、制度规范、风俗习惯、思想观念乃至涵盖婚丧嫁娶在内的生活场景。乡村的一草一木、一砖一瓦,居民的一举一动,都被赋予了深刻的文化内涵和乡土情怀。

推动乡风文明建设,从物质形态看,重点是保护好乡村文化的物质载体。要以"无为即有为"而不是"大拆大建"的理念对待古镇、古村落、古民居等历史风貌,结合本地实际发展具有历史文化记忆和地域民俗特色的美丽乡村。从精神层面看,要着力保护和发展民间文化,组织开展能反映农民精神面貌的民俗文化活动,使优秀民间文化活起来、传下去,让乡风文明悄然浸润在日常文化活动之中。对于陈规陋习,则要通过宣传、教育、引导和村规民约的规范来带领村民移风易俗。还要看到,乡村文化不仅要传承优秀家风、民风,发扬尊老爱幼、邻里互助等优秀传统文化,而且要全面融入社会主义核心价值观等重要内容,通过各种方式和各种载体,赋予农村传统文化新的内涵。

当然,乡风文明建设是一项复杂的系统工程,是一项长期任务,不可一蹴而就,必须以久久为功的态度持续推进。

原文刊载于《经济日报》2018年12月28日。

在有效治理中实现乡村振兴

夏锦文[*]

乡村治,百姓安、国家稳。乡村振兴离不开秩序,良好的秩序则源自有效治理。实践证明,加快推进乡村治理体系和治理能力现代化是构建良好秩序、实现乡村振兴的必由之路。

在乡村振兴过程中,有效治理之所以至关重要,主要有两方面原因。

其一,同乡村所处地位和承载功能密切相关。乡村是国家政权的"神经末梢"和最基本的治理单元,乡村治理构成整个国家治理的重要基础和有力支撑,也是实施乡村振兴战略、实现乡村善治的基石。乡村治理的效果不仅决定着乡村振兴的质量与水平,决定着乡村社会的发展繁荣与稳定,而且折射出国家治理的整体水平。因此,在实施乡村振兴战略时,要把"治理有效"作为重要内容。这既是基于乡村所处的特殊地位作出的谋划,也是在新时代对乡村治理提出的更高要求,其着眼点就在于推动国家治理体系和治理能力现代化建设向乡村延伸。

其二,同"有效治理"对"产业兴旺、生态宜居、乡风文明、生活富裕"所发挥的重要作用密切相关。有效治理、良性善治必然带来有条不紊的乡村秩序,从而对推动产业发展、保护生态环境、醇化良好乡风、改善农民生

---

[*] 夏锦文,江苏省社会科学院党委书记、院长、教授。

活产生直接影响,提供有力保障。可想而知,在一个缺乏秩序、治理失效的乡村,何谈产业兴旺、生态宜居、乡风文明、生活富裕?一旦如此,则妄谈乡村振兴。

实际上,从中央到地方,有关乡村治理的探索始终未停止。只不过,在不同的时空环境下,乡村治理所面临的问题各不相同。改革开放40年来,我国农村经济社会发展发生了深刻变化,既推动了农村社会物质层面的变化,也改变了农民的思维观念和行为方式。这些因素综合在一起,不可避免地诱发乡村治理的参与主体和制度安排等随之发生变化。变化的乡村格局必然要求调整乡村治理之策,探索契合实际的乡村治理实践。

比如,江苏省邳州市近两年正积极探索乡村公共空间治理,将乡村振兴与村庄环境整治相结合,与增加农村集体收入相结合,与农田水利建设相结合,与道路整治相结合,与"263"专项整治相结合,与精准扶贫相结合,与基层组织建设相结合,与社会综合治理相结合等"八个结合",采取"听群众说、向群众讲、带群众干、让群众享"工作法,引导群众广泛参与、共同治理,打造生态宜居、高质量发展的美丽家园。这项工作不仅整治了乡村环境,有效释放了农村公共空间,拓展了乡村集体收入,而且还弘扬了公序良俗、强化道德约束,提升了乡风民俗文明程度。

原文刊载于《经济日报》2019年1月2日。

让乡村在振兴中走向富裕

夏锦文[*]

"小康不小康,关键看老乡",从这个意义上讲,乡村振兴的重要出发点和落脚点就是让农民充分且公平地享受改革发展成果,实现生活富裕。

让农村变得更富饶,让农民变得更富裕,并不是一件容易的事。在带领农民通往富裕之路上,需要抓住重点问题和关键环节。其中,摆在第一位的莫过于脱贫致富。

生活在贫困线边缘,当然称不上富裕,富裕的生活首先要摆脱贫困。历史和实践都表明,让贫困地区的农民脱贫既是乡村振兴的"里子",也是"面子"。发展是甩掉贫困帽子、走向生活富裕的总方式和好路子。当前,要构建长效政策机制,通过发展壮大集体经济、组织农民外出务工经商、增加农民财产性收入、发展新产业新业态、开展多种形式适度规模经营、鼓励和引导新型农业经营主体延长农业产业链等多种途径,不断缩小城乡居民收入差距,让广大农民尽快富裕起来。特别是要聚焦深度贫困地区和特殊贫困群体,以精准脱贫工作为牵引,构建科学合理、分类指导、因地制宜的精准扶贫机制,着力改善贫困地区发展条件,解决特殊贫困群体实际困难,激发贫困人口发家致富的内生动力,为实现乡村生活富裕打好

---

[*] 夏锦文,江苏省社会科学院党委书记、院长、教授。

基础。

生活富裕还包括让农民享受公平、均衡的教育医疗资源。不可否认，近年来农村的教育医疗状况得到了很大程度改善，农村学校办学条件和师资力量得到了极大提升。东部沿海发达地区不少乡村还初步实现了建设"15分钟健康服务圈"。但总体上看，当前农村教育医疗水平同农民的生产生活需求以及对美好生活的期待之间，还存在较大差距。这说明，在引导农民追求富裕生活的过程中，要继续大力发展农村义务教育，探索实施健康乡村战略，推动城乡教育医疗事业一体化发展，全面提高农民生产生活水平。

生活富裕不仅仅是"口袋富"，还包括"脑袋富"。进入新时代，农民对生活的要求不只是吃饱穿暖，还在于吃得丰富、安全和健康；不只是住上宽敞明亮的房子，还在于有富足、充实的精神文化生活。因此，在推动乡村振兴过程中，必须正视和回应部分地区农村公共文化式微的客观现实。通过挖掘优秀的民间民俗文化、培养农民文艺骨干、加大农村公共文化设施投入、做实做优"文化下乡"活动等途径，不断做好农村公共文化供给，丰富充裕农民的精神文化生活，让农民真正体会到生活富裕的真谛和价值。

原文刊载于《经济日报》2019年1月3日。

新时代乡村有效治理的四个向度

章寿荣 *

实施乡村振兴战略,是党的十九大作出的重大决策部署,是新时代"三农"工作的总抓手。进入新时代,我国乡村振兴的伟大实践既对乡村治理提出新要求、新挑战,也为乡村有效治理、实现善治开辟了广阔的社会空间。为确保乡村治理沿着共建共治共享的良性轨道运行,要从四个向度着力。

巩固提升党在乡村治理中的领导作用

在许多地方的群众当中,流传着一句话,叫"给钱给物,不如给个好支部"。群众的语言是朴素的也是深刻的,传递出一个重要信号,就是群众对党的高度信赖、对有一个好的党支部充满期待。

党的基层组织是乡村振兴的"主心骨",扮演着思想引领者、发展带头者、组织协调者、权力监督者等重要角色,是新时代加强和改进乡村治理的核心领导力量。基层党组织好不好、强不强,直接决定乡村治理的成效。一些农村之所以治理不好,根源在于党组织软弱涣散,缺乏号召力、

---

* 章寿荣,江苏省社会科学院副院长、研究员。

说话没人听，办事没人跟。相反，一些农村治理搞得好、乡村振兴呈现新气象，总是离不开一个坚强的党支部。

只有把基层党建同乡村治理紧密结合起来，乡村振兴才能有坚强的政治保障。建立健全党委领导、政府负责、社会协同、公众参与、法治保障的现代乡村社会治理体制，实施镇村干部培训提升、万村善治推进、平安乡村建设等行动，打造共建共治共享的治理新格局，下沉资源、服务、管理至乡村基层，让农村社会既充满活力又和谐有序。

在乡村治理的实践中，我们要坚决破解对党的领导的极端重要性认识不足、对基层党组织建设战斗堡垒作用重视不够等问题，始终将党管农村工作要求贯穿到乡村治理体系建设全过程中，充分发挥农村基层党组织在引领发展、培育人才、乡风塑造、生态维护等诸多方面的主力军作用，才能确保乡村振兴战略稳步实施，不断推动乡村治理现代化。

激发村民在乡村治理中的主体作用

农民是乡村治理的主力军，也是乡村振兴的直接受益者。加强和改进乡村治理，要坚持农民主体地位，充分尊重农民意愿，切实发挥农民在乡村治理中的主体作用。只有坚持农民主体地位，充分调动农民的积极性、主动性、创造性，乡村治理才能行得稳、走得远，美丽乡村才能更早建设完成，乡村振兴才能早日实现。

江苏注重保护激发村民在乡村治理中的主体作用，主要体现在两个方面。一方面，尊重农民群众首创精神。改革开放初期，江苏各地农民群众"踏遍千山万水，说尽千言万语，吃尽千辛万苦，历经千难万险"，矢志发展"供销员经济"，引进"星期天工程师"，不找"市长"找"市场"，实现了乡镇经济的异军突起，孕育了著名的"四千四万"精神。"四千四万"精神中蕴藏的创业精神，是群众首创精神的生动体现。这种农民群众的首创精神，不仅表现在经济发展上，也体现在乡村治理上。在乡村治理中，江苏各地进行了卓有成效的探索，如张家港永联村社员议事会、居民评议会、社会文明建设联合会,就与"四千四万"精神一脉相承,都源自农民群众的首创精神和大胆实践。

另一方面,注重农民群众的能力提升。谋发展离不开人,抓治理更需要"能手"。实现农民在乡村振兴中的主体地位,提升能力是关键。要积极探索通过教育、培训、宣传、典型引导、边干边学等方式,帮助农民了解、熟悉参与村级事务决策、协商和监督的权利、规则和技术,提升农民作为农村基层社会治理主体和受益主体的能力。采取灵活多样、喜闻乐见的形式,逐步培养农民作为乡村振兴主体的责任意识。为提高农民群众生产、经营和管理等素质提供必要的有效途径,提升农民作为乡村振兴建设主体的能力。

积极增强自治、法治、德治在乡村治理中的协同作用

坚持以自治为基础。依托村民会议、村民代表会议等载体,通过村民议事会、村民理事会、民情恳谈会、社区治理委员会、村民决策听证、民主评议等协商形式,广泛开展协商,逐步实现农村社区协商经常化、规范化、制度化,夯实村民自治基础。必须进一步规范民主选举程序,特别要依法保障符合条件的非本村户籍居民参加村委会选举的权利。加强村务监督委员会建设,规范监督内容、权限和程序,确保民主监督实效,推动村务事项从结果公开向全程公开转变,确保民主监督落到实处。探索"以村民小组或自然村为基本单元的村民自治""院落自治"等微自治形式,有效实现村民自我约束和自我管理,推动村民自治向基层延伸。

坚持以法治为根本。深化农村社区法治建设,学习借鉴"枫桥经验",着力加强农村调解组织和调解员队伍建设,整合农村基层法治力量,完善人民调解、行政调解、司法调解联动工作体系。加强农村社区法律援助工作,保障广大农村居民获得及时有效的法律服务和法律援助。加强"民主法治示范村(社区)"规范化动态化管理,开展崇德尚法新型村(社区)建设。深入推进法治宣传教育进社区,完善"一村(社区)一法律顾问"制度,

建设村（社区）司法行政服务站，推进农村社区公共法律服务体系全覆盖。健全农村社区矛盾预警、协商沟通、救济救助机制，完善调解、行政裁决、行政复议、诉讼等有机衔接的纠纷解决机制，将矛盾纠纷解决在基层和萌芽状态。同时，做好农村社区禁毒戒毒工作，加强社区服刑人员、刑释人员等特殊人群帮教工作。

坚持以德治为先导。注重加强农村社区文化引领，发展各具特色的农村社区文化。健全农村社区现代公共文化服务体系，整合宣传文化、党员教育、科学普及、体育健身等服务功能，建设综合性文化服务中心，开辟群众文体活动广场，增强农村文化惠民工程实效。积极树立良好家风，深化农村文明家庭创建。弘扬时代新风，反对封建迷信、厚葬薄养、大操大办，推进移风易俗，大力提升农村居民文明素养，形成健康向上、开放包容、创新进取的社会风尚。积极发掘新乡贤文化、民俗文化、地名文化、诚信文化等乡土文化资源，广泛开展具有浓郁乡土气息的文化活动。培养农村社区文化带头人，组织开展经常性群众文体活动，活跃农村居民业余文化生活。

更加彰显解决人民群众切身利益问题在乡村治理中的关键作用

问题是时代的声音。进入新时代，乡村要实现有效治理，必然要树立强烈的问题意识，以解难事、解民忧为着力点，瞄准打赢脱贫攻坚战、基础设施建设、公共服务供给、改善人居环境等乡村切身利益问题靶向突破，在破解难题中积极探索乡村治理的有效途径，不断提升村民的获得感、幸福感、安全感。

随着时代发展，新的问题会不断出现，对乡村治理有新的更高要求。比如，苏南等地农村城市化程度较高，不少地区存在数量较大的农村流动人口，对此要积极探索建立户籍居民和非户籍居民共同参与的农村社区协调议事机制，在保障农村集体经济组织成员合法权益的前提下，探索通过分担筹资筹劳、投资集体经济等方式，引导非户籍居民广泛参与。

针对农村留守儿童问题，要坚持依法保护，突出问题导向，强化家庭监护的主体责任和政府保护的主导责任，引导群团组织和动员社会力量积极参与关爱服务，确保农村留守儿童安全、健康、受教育等权益得到有效保障。要联合教育、公安、妇联等多部门开展农村留守儿童"合力监护、相伴成长"关爱保护专项行动，落实家庭监护责任、强制报告责任、临时监护责任、控辍保学责任、户口登记责任、评估帮扶责任、预警排查和信息报告制度、依法打击遗弃行为。

针对乡村公众安全领域存在的问题，要积极推进平安乡村建设，建立健全农村社区公共安全体系，加强社区警务工作，在每个农村社区设立警务室，配齐配强社区民警和警务辅助力量，加强群防群治队伍建设。加强社区公共安全及防范能力建设，实现技防村建设全覆盖。完善应急处置机制，提高社区应对突发事件、群体性事件能力。严密防范邪教活动，依法加大对农村非法宗教活动和境外渗透活动打击力度，依法制止利用宗教干预农村公共事务。依法打击村霸、乡村黑恶势力、"黄赌毒"、非法集资、传销和各种刑事犯罪，维护农村社会秩序，不断提高农村居民社会治安满意度。

群众的利益诉求是具体的，也是不断发展变化的。开展乡村治理，要牢固树立以人民为中心的理念，以解决群众关心的现实问题为着力点，探索可行之道，不断增强乡村治理的针对性和有效性。

原文刊载于《新华日报》2019年12月3日。

运用大数据实现扶贫脱贫"精准"性

孙肖远[*]

2019年中央一号文件将聚力精准施策、决战决胜脱贫攻坚作为一项硬任务,明确要求到2020年确保现行标准下,农村贫困人口实现脱贫、贫困县全部"摘帽"、解决区域性整体贫困。从中央纪委连续公开曝光的扶贫脱贫领域的问题来看,一些地方基础信息收集不扎实,政策措施落实不到位,资金使用管理不规范,数字脱贫、虚假脱贫现象时有发生。这既有作风上的问题,也有方法上的问题,但其根本原因还是在信息获取的手段上不适应"精准"要求。

打好精准脱贫攻坚战,必须做到扶贫对象精准、项目安排精准、资金使用精准、措施到户精准、因村派人精准、脱贫成效精准,这就要求有精准的数据作支撑。缺乏数据支撑的传统扶贫模式,往往存在贫困户识别难、扶贫工作运转慢、扶贫资源消耗多、脱贫过程监督难等问题。而建立在大数据基础上的扶贫脱贫工作,由于动态掌握了扶贫对象的准确信息,有助于因村施策、因户施策、因人施策,实现扶贫脱贫精准化。当前提高脱贫质量,需要在"精准"上下足功夫,运用大数据进行精准识别、精准施策、精准监督,在精准脱贫道路上攻坚克难。

---

[*] 孙肖远,江苏省社会科学院马克思主义研究所所长、研究员。

变"面上掌握"为"精准到人",力求做到精准识别。"在扶贫的路上,不能落下一个贫困家庭,丢下一个贫困群众。"传统扶贫模式对贫困户的识别,主要依赖于基层政府对人工数据的采集及抽样调查。由于这种识别方式受人力、财力、物力等因素限制,对于贫困人口信息的收集、整理属于粗放式的,所获信息会有一定程度的偏差。而数据化的贫困户识别方法,可以改善原先依靠样本数据分析的不足,有效避免贫困户数据的隐瞒、漏报、造假等情况。扶贫主管部门在对住户的家庭状况如家庭的平均年收入、住房条件、身体状况、子女教育等方面情况的数据进行精确分析,从中甄别出真实的贫困户。在此基础上,经过信息复核后,在数据库中建档立卡,并及时修改变动数据,将提高扶贫脱贫的精准度和实效性。

变"大水漫灌"为"精准滴灌",力求做到精准施策。脱贫攻坚是当前一项重大的政治任务,实现"两不愁、三保障"的目标,需要产业扶贫、易地扶贫搬迁、交通扶贫、水利扶贫、教育扶贫、健康扶贫、金融扶贫等共同发力。要想形成这种全社会扶贫合力,就需要统筹各领域的脱贫政策。要使脱贫政策发挥最大效应,需要一线扶贫主管部门考量政策实施过程中的具体操作,只有下一番"绣花"功夫,才能让扶贫对象与脱贫政策充分结合。精准脱贫在具体工作中做到"定对象、定政策、定措施、定责任、定目标",这既要求深入扶贫工作一线,看细节、听真话、察实情,准确掌握脱贫攻坚第一手情况,又要求通过大数据平台加强脱贫监测,全面掌握相关脱贫政策和贫困户动态脱贫进度。只有这样,才能瞄准贫困的"病源",有的放矢、精准施策,达到"药到病除"的效果。

变"事后监督"为"实时监督",力求做到精准监督。不折不扣完成脱贫攻坚任务,需要通过精准问责问效,进一步压实脱贫攻坚责任,落实最严格的考核评估。为此,就要充分发挥县级纪检监察机关一线监督执纪问责职能。在此基础上,总结推广各地精准监督的实践经验,运用大数据着力解决扶贫脱贫领域责任落实不到位、工作措施不精准、工作作风不扎实、考核评估不严格等突出问题。具体做法:一是建立"阳光扶贫"大数据监管系统,采取事前预防、事中监督、事后检查等方式,使监督工作深入扶贫项目和资金使用的各个环节,形成职责明确、运作规范、监管严格、责任可究的扶贫项目和资金监管机制。二是运用好"人监"与"技监"两种方式,纪检监察干部要深入第一线督查扶贫工作。这样可以根据动态数据监督扶贫政策的落实,建立全覆盖网格化信息化监督机制,以精准监督促精准扶贫。三是借助大数据平台紧盯重要领域和关键环节,对出现扶贫腐败和侵害群众利益不正之风的苗头性、倾向性问题早发现、早处理,从而发挥监督的预警功能,强化监督执纪问责,为脱贫攻坚提供坚强的纪律保障。

　　运用大数据实现精准脱贫,需要处理好三个关系。数据的开放与安全。数据库具有开放共享的特性,在扶贫脱贫数据的获取和使用中,给住户、贫困户涉及个人隐私信息以及政府相关保密信息带来一定的安全隐患,这就需要用法治方式确保这部分数据在数据开放共享中不流失、不被滥用。

　　数据技术的普及与提高。大数据在为扶贫脱贫工作带来便利的同时,对操作技术提出了较高要求。一方面要加大对脱贫工作者的技术培训力度,使之熟练掌握大数据应用方法;另一方面要建设一支专业化的人才队伍,为数据开发和应用提供过硬的技术支撑。

　　考核评估的线上与线下。判断脱贫工作的实际成效固然重要,但频繁的考核评估会扭曲农村基层工作,这就需要运用大数据替代传统方法进行考核评估。对于贫困人口识别和退出准确率、帮扶工作群众满意度等评估指标,单纯依靠大数据评估难以精准化,还要结合第三方的实地考察和验证,才能做到精准评估。

原文刊载于《中国社会科学报》2019年7月31日。

深化国家级农村综合改革试验

徐志明　高　珊　吕美晔*

实现乡村振兴,深化改革是关键一招。中国改革从农村发端,并由此推动城乡各个领域的改革,成为推动经济社会发展的不竭动力。2011年年底,农业部将苏州市列为第一批农村改革试验区,开展完善城乡发展一体化体制机制试点。随后,试验内容和试验地区不断拓展,目前江苏是国家级农村改革试验区最多、承担农村改革试验任务最多的省份之一。

江苏省国家级农村综合改革试验以完善农村基本经营制度、明晰农村集体资产产权、完善乡村治理为主线,开展了多项探索。在完善农村基本经营制度方面,2014年常州市武进区承担了"农村土地承包经营权流转管理"的改革试点任务,2015年又承担了"农村土地经营权入股发展农业产业化经营"任务,2016年苏州市被列入土地承包经营权有偿退出试点名单,2017年苏州市虎丘区在3个乡镇29个村(涉农社区)稳步展开土地承包经营权有偿退出工作。在健全农村集体产权制度方面,2014年南京市承担农村集体产权股份合作制改革试点任务,2015年苏州市承担农村集体资产股份权能改革试点。在建立农业支持保护制度方面,2014

---

* 徐志明,江苏省社会科学院农村发展研究所所长、研究员。
　高珊,江苏省社会科学院农村发展研究所副所长、研究员。
　吕美晔,江苏省社会科学院农村发展研究所副研究员。

年、2016年常州市武进区和张家港市分别承担农产品目标价格、农产品收入保险改革试点,2016年张家港市探索政府购买农业公益性服务创新试点。在创新农村基层治理制度方面,2014年年底常熟市承担农村基层党建创新试点任务、洪泽县承担农田水利设施产权制度改革和管护机制创新试点任务,2015年张家港市开展村民自治试点。以上改革试验取得了一批重要的改革成果,夯实了农村体制改革的基础,激活了农村各类生产要素的潜能,为推动全省农村经济社会发展作出了重要贡献。

与此同时,受主客观条件限制,一些试验区的改革还没有达到预定的目标,在一些关键环节仍有待突破。

一是改革的体制机制有待完善。在农村集体产权制度改革中,集体资产股份制改革的重要目标是明晰产权、扩大股份权能,但由于集体产权和集体经济组织的特殊性,农民对股份的转让、抵押、继承等权能并没有真正得到落实。此外,在苏州等地探索的政经分开改革,其目的是破解权责不清等诸多发展问题,但由于面临许多理论和实践上的问题,真正实现村两委与村集体经济组织在人员、财务、议事决策等方面分离的并不多。

二是改革的部门整合有待加强。随着农村改革步入深水区,许多问题涉及多个部门、多种配套政策,破解起来难度很大。试验区缺乏在试错条件、免责措施、风险防控、考核评价等方面明确的政策规定。以集体资产股份制改革为例,集体经济组织改制成股份合作制组织后,股份合作制组织既不同于原集体经济组织,也不同于一般意义上的企业,需要有一套特殊的登记、税收等政策,但由于相关配套政策仍缺少相应的改革,股份合作经济运行仍面临许多困难。

三是改革的成本分担有待厘清。改革试验总体上仍然属于"自费改革"的模式,虽然省、市政府给予了一定的财力支持,但没有建立完善的改革成本分级分担机制。如武进区的农产品目标价格保险改革目前未纳入省级以上补贴范围,属于地方自费改革项目,区镇两级财政补贴占80%。未来大规模推广农产品价格保险,如果没有上级财政的支持,推广难度较大。在土地承包权有偿退出、政府购买农业公益性服务等改革试点中存在着同样的问题。

四是改革的干群积极性有待提高。改革涉及利益关系再调整，加上农村管理部门职能分割和力量不足，导致基层干群的改革积极性有待提高。如农村集体资产股份制改革的政策性较强，涉及广大农民群众切身利益调整，矛盾纠纷较多。不少村干部担心失权、失利、怕乱、怕难、怕繁琐，改革的积极性不高。此外，基层承担改革的力量不足。如集体资产股份制改革涉及宣传发动、清产核资、成员界定、权益量化、制定章程等多个环节，改革任务本身工作量较大，但各乡镇农经站普遍存在人员力量薄弱、改革精力不济、知识老化等问题，难以担此重任。

对此，要破除妨碍深化改革的思想观念，破除制约农村经济社会发展的体制机制性障碍，把改革不到位造成的问题与改革带来的问题区别开来，把改革操作问题与改革方向问题区别开来，把一般性工作失误与改革措施失误区别开来，把改革必须付出的成本与改革失误区别开来，进一步深化农村综合改革试验。

围绕乡村振兴需要，增设一批新的试验项目。选择制约江苏农村经济社会高质量发展的重点领域和关键环节作为改革主攻方向。一是土地流转的履约保证保险改革。针对土地流转中违约情况比较多的现象，研究探索土地流转履约风险防范机制，探索"零风险"流转方式等。二是财政资金股权化改革。探索农业基础设施类项目财政资金支持农业产业化发展新机制，建立农业新型经营主体与农村集体经济组织及成员更加紧密的利益联结机制。三是宅基地使用权流转改革。探索以出租、合作等方式盘活利用空闲农房及宅基地，鼓励各地发展乡村旅游、新产业新业态，结合下乡返乡创新创业等先行先试，增加农民财产性收入。四是集体经营性建设用地出让制度改革。探索农村集体经营性建设用地入市改革，在不改变土地集体所有的前提下，增加农民来自土地的财产性收益。

优化试验方案设计，完善农村改革组织机制。做好顶层设计，有利于改革试验工作明确目标，统筹推进，也有利于防范风险、纠正偏差，避免走大的弯路。一是优化农村改革试验项目任务方案。细化方案内容，分解落实工作步骤,尤其是明确推进实施目标,适当增加量化指标。对于部分试验区由于客观形势发展变化方案设计中已经不能适应形势发展需要的部分改革试验项目,要允许试验区可以终止或调整。二是适当延长试点项目承担年限。根据试点政策制定、实施、反馈、修正的周期,适当延长试点项目承担年限。通过3~5年的运作,给试点项目容错空间,便于地区内部自我调整、完善及推广,也更容易取得相对稳定的政策实施效果以及更加可靠的工作经验。

强化统筹推进力度,健全农村改革协调机制。改革是一项规模宏大、艰巨复杂的系统工程,需要上下联动和整体配套。一是加大部门资源的协调整合力度。完善部门联席会议制度和各部门分工负责、紧密配合的工作推进机制,健全部门沟通机制以及对改革试验的指导机制,引导参与改革的部门提高改革效率。二是赋予试验区更大的先行先试权。加快研究并通过一定的程序赋予试验区更大的"先行先试"权利,明确试错条件、免责措施、风险防控、考核评价等界限,在确保改革封闭运行、风险可控和不违背基本国策的基础上,给予试验区一定的试错权。三是给予试验区更大力度的政策支持。要尽快启动相关法律法规的修订,对暂时不能进行修订或法律空白的问题,要争取给予试验区一定的政策支持。

尊重基层首创精神,建立农村改革容错机制。改革既要有顶层设计,也要有基层创造。必须建立起广泛的社会参与机制,尊重他们的知情权、表达权和参与权。一是广泛宣传唤起基层参与意愿。以群众喜闻乐见的形式,多种渠道宣传农村改革试点的目的和意义。特别是农村集体土地流转及退出改革、农村集体资产股份制改革、乡村治理改革等涉及千家万户切身利益的试验项目,要秉承逐步引导的方针,真正激发农村干群主人翁意识,避免急于求成和"一刀切"的行为。二是建立改革容错纠错机制。注重公开透明,建立健全申诉救济机制,给改革创新者撑腰鼓劲,激发广大干部愿干事、敢干事、干成事的热情,积极营造鼓励改革创新的政治生态环境,让在农村一线工作的同志解放思想,放下包袱,轻装前进。

原文刊载于《群众》2019年3月13日。

村规民约里有大学问

束 锦*

"咱们村,是宝地,民风美,人称奇;建设好,新农村,本条约,需牢记;爱国家,爱集体,跟党走,志不移;讲和谐,创业绩,谋发展,同受益;勤读书,多学习,重科学,守法律;立新风,树正气……"

设想一下,如果您路过某个村口,听到一群青少年正在朗诵以上文字,乍一听会不会以为他们在念《三字经》?其实不然,这个场景经常出现在江苏江阴的临港街道横塘村。他们朗诵的是当地的村规民约——《横塘村村规民约三字经》。可不要小瞧村规民约这张小名片,里面藏着大学问。

2018年年底,民政部等七部委联合向全国推出6个村规民约优秀范例,江苏昆山市周市镇市北村等名列其中。据民政部统计,我国大约有70万个行政村,自然村落更是不计其数。一个好的村规民约,就如同一张名片,言简意赅,让人一目了然,向大家展示自身的形象与特点,从众多乡村中脱颖而出。

在这些村规民约中,爱国、敬业、诚信、友善等元素跃然纸上,这正是社会主义核心价值观里面的重要内容。比如,"爱国爱家好,一心跟党不动摇""多学新技术,致富跑前头""正业谋发展,勤劳同富裕""邻里重情

---

* 束锦,江苏省社会科学院马克思主义研究所研究员。

谊,互助如兄弟""诚信心中记,利人更利己"等等。倘若说,社会主义核心价值观对于广大村民而言略显宏大,那么,朗朗上口的村规民约是不是通俗易懂又接地气?

顾名思义,村规民约是村民自我管理、自我服务、自我教育、自我监督的规范,既然制定了,就要共同遵守。其中蕴含的,正是民主、协商、自律等村民自治的精神。当然,村民自治是在依法治国的框架下进行的,《宪法》《中华人民共和国村民委员会组织法》等法律文件正是实行村民自治的基本依据。

乡村治理事关党和国家大政方针在农村的贯彻落实,事关农民群众的切身利益。当前正在实施的乡村振兴战略,就离不开有效的乡村治理。实际上,乡村治理既要遵循治理体系和治理能力现代化的一般规律,又要尊重农村熟人社会的基本特点,有效的乡村治理应该秉持刚柔相济的理念,以自治"激发活力",以法治"定分止争",以德治"春风化雨",从而实现乡村的善治。

不久前,民政部、中组部等部门联合下发了《关于做好村规民约和居民公约工作的指导意见》,明确要求到2020年全国所有村、社区普遍制定或修订形成务实管用的村规民约、居民公约,推动健全党组织领导下自治、法治、德治相结合的现代基层社会治理机制。

用好村规民约,促进乡村善治,要注意避免两个误区。一是村规民约没有整齐划一的"模板","放之四海而皆准"的村规民约是不值得提倡的。村规民约不仅承载着当地的传统文化,也应当散发着浓郁的乡土气息。因地制宜,因村制宜,越"土"的村规民约才越管用。二是制定村规民约的过程,其实就是尊重乡俗、收集民意、凝聚民心、教化村民的过程。倘若抛开村民,由"官方"来单方面制定村规民约,那么,村规民约这剂治理乡村的良药就要失效了。

愿小小的村规民约化为一张张"独具匠心"的名片,镶嵌在江苏的锦绣大地上。

原文刊载于《群众》2019年第16期。

绘出"内外兼修"的江苏美丽乡村

吕美晔　刘明轩*

建设生态宜居的美丽乡村,是实施乡村振兴战略的基本要求,是习近平生态文明思想在乡村地区的重要实践。2019年全国两会期间,习近平总书记在参加河南代表团审议时指出,乡村振兴是包括产业振兴、人才振兴、文化振兴、生态振兴、组织振兴的全面振兴。因此,建设美丽乡村不光是要造路刷墙,更要修炼好融生态文明高质量建设、经济高质量发展、人民幸福宜居为一体的内功。生态宜居的美丽乡村不仅要美丽在外,更要美在发展、美在活力。江苏以美丽、生态、宜居为目标,让老百姓"看得见山,望得见水,留得住乡愁",全面开展美丽乡村建设。

江苏美丽乡村建设成效

党的十八大以来,江苏围绕美丽乡村建设不断出硬招、出实招,将绿色作为农村发展的主打色,将生态振兴作为乡村振兴的基础理念,积累了丰富的实践经验。

乡村产业的绿色发展。助推乡村产业向绿色发展转型,离不开科学

---

* 吕美晔,江苏省社会科学院农村发展研究所副研究员。
　刘明轩,江苏省社会科学院农村发展研究所助理研究员。

设计的政策体系。其中,禁止性政策是对绿色发展边界的划定,也是转型初期的首要和必然选择。近年来,江苏不仅通过发布和实施各类通用的禁止性法规条例对乡村产业发展进行了总体规范,还通过各类专项整治或者行动方案,如"263"专项行动、化肥农药零增长行动等,进行了有针对性的整改和提升,对资源能源的滥用以及破坏式的发展行为进行了有效的约束。除了运用"禁、堵、治、罚"等带有行政惩罚性质的手段之外,通过农业产业组织方式、生产方式和经营方式的转变,加快现代科学技术的运用,实现多产业融合发展才是推动农业农村转型发展的关键。早在21世纪初,江苏就开始逐步探索"三集中"发展模式,对提高资源利用效率,加强污染物管理起到了良好的效果。此外,通过积极推进农业废弃物综合利用,全省畜禽粪污综合利用率达81%,秸秆综合利用率达93%。通过禁与疏相结合的政策安排,江苏农业正积极迅速地向绿色发展转型。

村庄人居环境的改善。长期以来,江苏坚持以美丽乡村建设为抓手,重点对村庄的生活垃圾、生活污水、工业污染、农业废弃物等进行整治。经过上一轮的村庄环境综合整治,省内1万多个村庄建有生活污水处理设施,建制镇垃圾中转站、行政村生活垃圾收集点实现全覆盖。2018年,省委省政府又出台了《江苏省农村人居环境整治三年行动实施方案》,对全省村庄环境进行持续的改善和提升,并将农村户用厕所无害化改造和厕所粪污治理列入重点任务当中。截至2018年年底,全省卫生户厕普及率达97.63%,无害化卫生户厕普及率达93.68%。针对苏北地区农村居民住房条件较为落后的现象,省里特别出台了《关于加快改善苏北地区农民群众住房条件推进城乡融合发展的意见》,加快推进苏北农村地区四类困难群众的危房改造,推进"空心村"以及全村农户住房改善意愿强烈的村庄改造。此外,全省各地还对村庄环境的长效管护机制进行了积极的探索。如淮安市洪泽区,建立了一套"五位一体管护"模式和区镇村三级督查考核机制,有效解决了村庄公共环境和设施管护不足、经费缺乏、多头管理等典型问题。

乡村的社会治理和文化繁荣。如果说绿水青山取决于对自然生态环境的保护和修复,那么村民和游人的获得感则与乡村社会的有效治理密不可分。良好的治理可以使村民感受到幸福,也能让游客感受到宾至如归的温暖,使整个乡土社会呈现出一派有序、淳朴、和善的氛围。盐城市射阳县长荡镇通过推进村民自治和引导德治,形成了一套行之有效的治理模式。如发挥乡贤作用协调邻里纠纷,推动和谐社会的建设;通过村民议事会、禁毒禁赌会、红白理事会破除陈规陋习,树立新风尚;通过好人评选加强引导宣传,培树道德模范榜样,在农村逐渐形成了文明和谐的新风正气,为美丽乡村建设提供了不竭的精神动力和道德支撑。美丽乡村是国人心目中的故乡和归处,乡愁不仅有生态意蕴,更有文化意境。徐州贾汪区马庄村积极转型,挖掘传统乡土文化内涵。通过发展民间乐团、举办文化庙会、制作生产传统香包等,实现了产业富民和文化富民的比翼齐飞。马庄村独特的乡土文化也吸引着众多游客,2018年被评为"中国美丽休闲乡村"。

久久为功　建设美丽乡村

美丽乡村建设已经取得了良好的经济、社会和生态效益,但美丽乡村建设只有起点,没有终点。实现乡村的全面振兴,必须将美丽乡村建设作为一项长期事业。

遵循乡村发展规律,强化规划引领的作用。谋定而后动,知止而有得。乡村的发展有其自身的规律,一些原有的村落会自然地消亡,另一些新型乡村社区又会随之繁荣。面对这种乡村发展趋势,美丽乡村的建设必须有前瞻性,应以规划为引领。在乡村规划制定过程中,应充分考虑专家、群众等多方意见,从乡村发展实际出发,着重体现对自然环境、乡村文化、当地居民生活习惯的尊重,立足现有的资源禀赋、生态条件和地形地貌,精心规划,凸显特色,避免千村一面。在乡村规划实施过程中,力求保证规划实施的严肃性和长效性,按照一体规划、分步实施的原则,科学谋划、量力而行地实施好美丽乡村规划,做到一张蓝图绘到底。如镇江市丹徒区实行的镇村规划师派驻制度，有力地为美丽乡村的布局规划、环境整治和施工建设提供了专业技术支撑。

以乡村生态文明建设为突破口，实现美丽乡村的内外兼修。要想让绿水青山变为金山银山，还必须将良好的生态与乡村产业、乡村文化、乡村生活相结合，形成生态美、产业美、生活美、人文美"四美共建"之势，实现美丽乡村生态、生产、生活"三生和谐"发展。因地制宜地抓特色，加快乡村产业结构调整，转变生产方式，积极推动乡村一二三产业的融合发展，形成低碳、绿色、集约化的乡村产业发展新业态、新模式和新动能。在继续补齐乡村生产生活基础设施短板的基础上，持续推进村庄环境整治工作，引导村民逐步转变生活方式，积极参与到美丽乡村建设过程中。同时，通过加大生态文明宣传，加强思想道德建设，弘扬优秀传统文化，推动农村移风易俗，着力提升美丽乡村的乡风文明，使投身美丽乡村建设成为村民的自觉行动。

坚持城乡融合发展理念，加大美丽乡村建设的制度供给。美丽城市和美丽乡村都是建设美丽中国的重要组成部分，不存在孰高孰低之分。美丽城市的发展和繁荣不能以牺牲乡村发展为代价，美丽乡村建设也离不开城市的带动和支持。坚持城乡融合发展的理念，就是要推动城乡要素、产业、居民、社会和生态融合，实现城乡共建共享共荣。通过全面深化城乡综合配套改革，加快破除美丽乡村建设的制度性障碍，构建城乡统一的户籍登记制度、土地管理制度、就业管理制度、社会保障制度以及公共服务体系和社会治理体系，促进城乡要素自由流动、平等交换和公共资源均衡配置，使城乡居民共享发展福祉。继续加大美丽乡村建设的制度供给，通过推进农村集体产权制度改革，深化农村宅基地制度改革，完善农村生态补偿制度，统筹建立美丽乡村建设资金整合长效机制等，确保美丽乡村建设的可持续性，将乡村建成美丽、生态、宜居、宜业的新家园。

原文刊载于《群众》2019年第07期。

以变应变，新农业需配新体系

孙运宏[*]

4.2万家，我省的家庭农场数量已经突破这个数字。

党的十九大报告指出，发展多种形式适度规模经营，培育新型农业经营主体。新型农业经营主体的发展，改变了原有分散农户的农业生产组织方式，对农业发展、农民生活和农村社会产生了一系列影响，乡村治理的目标、主体与手段都发生了变化。

以变应变，要进一步构建适应农业经营方式变革的新的乡村治理体系。

健全农业政策供给机制。提升基层政府的依法行政能力，禁止违规推进土地流转，有效保护新型农业经营主体通过合法、自愿流转获得的土地经营权，为农业项目的建设开发划定法律红线。进一步增强农业政策供给的针对性、科学性和可操作性，针对不同主体，综合采用直接补贴、政府购买服务、定向委托、以奖代补等方式，增强补贴政策的精准性、实效性。建立既扶优扶强新型农业经营主体，又能带动更多农户分享政策红利的有效机制，将新型农业经营主体带动农户数量和成效作为财政支农资金和项目审批、验收的重要依据。同时，要注重农业公共物品供给的均

---

[*] 孙运宏，江苏省社会科学院社会学研究所助理研究员。

衡性，寻找政策受益群体的最大公约数，保障普通农户所需要的必要生产条件和社会化服务。

完善乡村公共事务参与机制。建立新型农业经营主体参与协商乡村发展议题的良性沟通机制，当村里遇到农田水利、道路桥梁、公共文化场馆建设等公共事务时，可以与新型农业经营主体协商解决。建立新型农业经营主体的政治参与渠道，探索"党组织＋新型农业经营主体"的协同治理创新，推进基层党建延伸，优化乡村治理结构，规范新型农业经营主体经营行为，充分发挥其在乡村振兴中的效能，引领农业产业发展。增强新型农业经营主体与村民互动，提升他们对乡村社会公共规则的认同。

创新新型农业经营主体与乡村社会的利益分享机制。探索农户以土地经营权入股新型农业经营主体，采取股份分红、利润返还等形式，实现互利共赢，让农民分享土地增值带来的长期稳定收益，增加农民财产性收入，形成"共同经营、共享收益"的利益共享机制。近期来看，为鼓励农户进行土地流转，可通过土地保本分红入股的形式保障农民利益，降低因经营不善而出现的风险。进一步完善订单带动、利润返还、股份合作等利益联结机制，防止普通农户被边缘化。推动新型农业经营主体通过发展新产业、新业态吸纳农户脱贫致富，增加农民就业机会。

建立农业经营的生态环境监管机制。土地流转有一定期限，新型农业经营主体为在有限时间内获取更多收益，在农业生产经营过程中会产生滥用农药、过量用肥等破坏地力的短期行为，影响农村生态环境。应加大对农业生产经营中化肥、农药施用标准的刚性约束，特别是加强基层农业生态监管，提升监管能力，将治理农产品安全的重心转向基层，将人力、财力和技术装备更多投向农村地区，形成与新型农业经营主体发展相匹配的治理体制，增强基层农业生态监管成效。实施农业项目生态评价制度，将生态环境影响纳入农业项目申报、评价过程，避免次生环境问题。

原文刊载于《新华日报》2019年2月25日。

产业经济

为民营企业发展营造更加公平的融资环境

陈爱蓓*

为推进民营企业融资环境更加公平,建议:一是按照法治化原则,推动金融资源配置与民营经济在国民经济中发挥的作用更加匹配。采取有效措施,推进民营企业与国有企业融资成本趋同化。保证各类所有制经济依法公平参与市场竞争。二是加快推进银行利率市场化改革。实施利率市场化新举措,允许银行存款单边加息且浮动,增加存款吸引力,允许贷款利率适当浮动,扩大金融机构自主定价空间,保持银行利差在合理区间。完善金融风险防范和化解机制,加快构建与金融改革相适应的金融机构破产处置司法体系。三是改革商业银行运营机制,引导商业银行充分发挥现有中小企业贷款机构作用。成立独立运作的事业部门或开发功能明确的独立子公司,推动解决银行信贷"双轨制"问题。推动国家融资担保基金支持的融资担保公司提高对小微企业融资担保金额,适当降低担保费率和反担保要求。在有效防范信贷风险的前提下,加大商业银行对民营企业的支持力度。四是优化金融结构,健全和完善金融服务体系。大力发展多层次资本市场,扩大直接融资比重。构建多层次金融服务体系,增加有效金融供给,让民企有更多选择。有序推动金融体系开放,通

---

* 陈爱蓓,江苏省社会科学院副院长、研究员。

过国内外金融市场的深度融合,进一步改善民企融资环境。

原文刊载于《新华日报》2019年9月19日。

着力提升长三角创新力

胡国良[*]

长三角地区要实现高质量发展,继续在全国保持经济发展的领先地位,就必须进一步提升自主创新的能力和水平。要打造利益均享、风险共担的创新机制;完善长三角经济创新的财力保障;完善法制保障,提升长三角创新力;依靠组织机制保障,提升长三角创新力。

改革开放 40 年来,长三角地区的自主创新水平居于全国前列,但与世界发达国家相比,综合创新力仍然偏低。长三角地区要实现高质量发展,继续在全国保持经济发展的领先地位,就必须进一步提升自主创新的能力和水平。

提升长三角创新力的路径

推动高端产业和高端要素集聚。产业集聚区往往也是创新活动集中发生的区域,近年来,长三角地区不乏一些高水平的产业集聚区,然而,与发达国家相比,长三角地区的产业集群依然存在着规模较小、形态较为分散、布局不尽合理等弱点。从整体上看,长三角区域的产业集群化水平仍

---

[*] 胡国良,江苏省社会科学院经济研究所所长、研究员。

有很大的提升空间。要促进本地区科研创新能力，就必须进一步扩大产业集群规模，提升产业集群档次。

完善人才培养体制。充分发挥市场配置人才资源的决定性作用，破除严重制约人力资本流动与有效配置的制度性障碍，完善各方面人才顺畅流动的制度体系。大都市汇聚数百万人口，能够产生比中小城镇更多的"高端需求"，从而为特定类型的创新产品或服务提供生存空间。不仅如此，城市带或都市圈的出现，促进多元化知识与文化的交流、碰撞，进而吸引与带动不同类型人才的集中。为此，长三角地区应进一步破除阻碍要素流动的障碍，推动不同城市间生产要素的流动及战略重组，特别是要推动人才的自由流动。

提升产学研联合创新水平。长三角三省一市要大力鼓励企业重组兼并，全面落实国家对企业增加研发投入的优惠政策，对企业研发新产品或新技术给予补贴，对实现产业化的创新成果予以奖励；对于企业与高校、科研院所共建的研发机构予以资金支持，并对成功开展合作的产学研机构予以表彰和奖励；建立长效机制，将科研院所的研究课题与企业实际需要更加紧密地结合起来，从而推动大学和研究机构围绕企业的实际需求开展科技创新活动；加强知识产权立法及执法力度，为企业保护创新成果提供法律支撑；鼓励企业利用专利等工具提升技术竞争力，增强产品的内在价值。

加强金融支持企业创新力度。长三角地区民营企业多、中小企业多、初创企业多，贷款难、贷款贵是目前这些企业面临的主要问题。所以，要针对这些中小企业、民营企业，鼓励建立政策性担保、商业性担保、民间担保等多种担保组织形式；鼓励和支持保险公司开发科技保险产品、创新科技保险服务，降低商业金融对科技创新企业支持的风险。积极推动天使基金、风险投资、私募股权等直接融资模式的发展，为企业创新提供资金支持。

提高科技创新活动的国际化程度。要大力吸引外资研发设计和工程服务等机构入驻长三角区域。鼓励外资研发机构与本地研究机构及企业开展广泛的学术交流与科研合作,并通过技术链的垂直传递和水平扩散激发整个创新系统的活力。采取多种措施,鼓励企业赴海外设立研发部门,增强企业利用全球科技创新资源的能力。

提升长三角创新力的对策与措施

共建区域创新平台。自2005年以来,长三角地区在推进区域一体化进程中,先后制定了《长三角区域十一五科技发展规划》《长三角科技合作三年行动计划》等科研规划,为开展区域科研创新合作、突破关键领域核心技术发挥了不可或缺的引领作用。未来,长三角地区应进一步强化顶层设计,一方面聚焦本地区经济发展的迫切需要,筛选出那些关乎江、浙、皖、沪四地产业发展前景的前瞻性技术与共性技术;另一方面,随着长三角地区科研能力与经济实力的提升,有选择地面向基础学科、前沿学科的某些领域展开探索性研究,为本地区综合科研水平的长期提升奠定良好的基础。为此,可考虑对现行科研创新统计系统实施改革,加强对国际专利、专利转化率、科研成果产业化率的统计与考核,从而更好地引导科研机构瞄准经济社会实际需求展开科研创新活动。

联合搭建长三角科技成果转化市场。全力打通智力与资本、成果与商品之间的对接通道,切实落实国家政策,支持科研人员在职创业、离岗创业,支持科研成果作价入股,推进科技型企业股权和分红激励计划,以此充分调动科研人员积极性,促进科技成果资本化、产业化。三省一市应在各自现有的技术市场、知识产权市场的基础上,优化整合区域科技信息资源,联合打造集展示、交易、投融资于一体的跨区域、综合性科研成果线上交易平台,实现科研信息网上实时发布,成果对接网上洽谈、网上签约交易等功能,探索对科研成果线上交易平台实施公司化管理。

组建跨区域行业龙头。一方面,要破除不合理的地方保护政策,淘汰落后产能,建立健全完善的市场出清机制,为落后企业提供切实可行的市场退出通道。另一方面,要采取多种措施,推动长三角区域内企业兼并重组。从国际经验看,兼并重组是化解产能过剩、提升产业集中度的有效途径,也是提升创新力的直接有效途径。为此,要鼓励和支持行业龙头企业以资金、技术、品牌、标准、专利和市场等优势开展兼并重组;鼓励和支持有实力的企业收购科技研发机构,提升企业创新能力。

推动自主品牌建设,以长三角区域内企业为龙头,重构国内价值链。长三角区域亟待构建与全球价值链(GVC)平行的"国内价值链"(NVC)。对区域内的代工厂商来说,融入 NVC 的价值在于:企业将在 GVC 中积累的生产能力、制造经验运用至国内市场,并通过在国内销售,减少对 GVC 链主也就是跨国公司的依赖,从而在一定程度上摆脱代工企业只负责生产、市场销售网络缺失的窘境,减缓国际贸易冲突对企业发展的影响。

原文刊载于《浙江日报》2018 年 12 月 28 日。

长三角一体化产业分工合作

胡国良*

嘉　宾　中国科学院院士、浙江大学校长　吴朝晖
　　　　　原哈佛医学院教授、哥伦比亚大学微电子博士　马启元
　　　　　江苏省社会科学院经济研究所所长、研究员　胡国良
　　　　　浙江省发展规划研究院副总规划师、研究员　周世锋
主持人　《浙江日报》记者　潘如龙

落实长三角区域一体化发展国家战略,全面提升长三角制造业发展水平,引领全国高质量发展,加强产业分工与协作是基础。本期我们和浙江省科学技术协会共同邀请了4位专家,一起探讨如何加强区域内产业的分工与协作,按照集群化发展方向,打造全国先进制造业集聚区,着力构建现代化经济体系。

加强长三角产业分工协作,面向更高质量的一体化发展

主持人:在推进长三角一体化发展中,如何紧扣"一体化"和"高质量"

---

* 胡国良,江苏省社会科学院经济研究所所长、研究员。

两个关键词,强化创新驱动,提升产业链水平?

吴朝晖:长三角一体化的最终目标是要实现更高质量的发展,这就要特别强调创新驱动,建立现代化经济体系,同时提升产业链水平。

当今世界正处于百年未有之大变局,新技术、新业态、新模式层出不穷。以人工智能为标志的智能增强时代加快到来,使未来的空间转向人、物理世界、智能机器以及虚拟信息世界构成的四元空间,将进一步重构生产力和生产关系,重组社会形态与产业结构,突出表现为以数字创新、人工智能创新为代表的第四次工业革命浪潮席卷全球。数字创新、人工智能将进一步打破区域边界、突破行业限制,让长三角的经济社会运行在效率、质量、动能等多维度打开新的格局。

所以我们预测,数字创新和智能增强时代的到来,将开启新一轮的经济社会大发展。

怎么通过创新驱动、数字战略的驱动,来实现更高质量的发展?我们认为需要借助以数字泛在、万物互联、虚实孪生为特征的数字技术革命,对长三角地区经济社会运行方式与空间界限进行颠覆性、重构性变革。

胡国良:实现高质量发展和提升产业链水平其实是一个问题的两个方面。高质量发展的一个重要内涵是推进企业产品的高附加值,而提升产业链水平则是提升产品附加值,最终实现高质量发展的一条重要路径。

突破长三角产业在全球价值链低端锁定困境,构建新型高端的价值链体系,是长三角产业战略转型与升级的主要方向。发展全产业链战略和建立全球价值链与国家价值链并重的价值链体系,是长三角产业价值链升级的两大重要路径。

一方面,以开放合作的模式充分吸纳外部力量,创造与国内外多方合作伙伴的互促共赢局面,使全产业链、全价值链上的各方,通过产业的关联效应达到相互配合、相互推动。

另一方面,要结合国家提升国内消费这一政策趋势,逐步形成长三角产业在国内市场的盈利模式和价值链体系,构建以本土市场需求、本土企业、本土自主创新能力为基础的国家价值链体系。

发挥比较优势发展重点产业

主持人：在长三角三省一市产业结构当中，浙江的比较优势是什么？按照高质量发展的要求，浙江应重点发展哪些产业？

吴朝晖：浙江具有较好的数字创新的实践基础，创新创业活力迸发：一是有阿里巴巴等一批世界级的数字企业；二是形成了以浙江大学为代表的高校创新创业源头；三是浙江与长三角其他区域的空间交互能力较强。

我们认为，数字经济是长三角特别是浙江发展的坚实基础，数字创新是长三角特别是浙江发展的主要动能，其中，数字经济以产业数字化、数字产业化以及城市数字化为主要内容，数字创新以数字化人才、数字科技金融和数字基础设施为核心要素。通过数字战略驱动和科教创新的引领，我们就能抓住当今经济社会变革的历史性机遇，确立相匹配的经济社会发展模式，进一步推动长三角区域迈向更高质量的一体化发展。

在这方面，我们浙江大学倡议成立了长三角研究型大学联盟，并发布了数字长三角战略报告，希望进一步推动数字经济、数字科学、数字社会和数字政府的发展，进而构建高质量一体化的数字化长三角。

马启元：浙江的优势是以浙商为代表的民营制造企业和互联网电商企业。在改革开放的前 30 年，浙商在传统工业制造上打造了民营经济 1.0 版。在过去十多年的互联网经济大潮中，浙商又打造了全球第一的电商产业，成为民营经济 2.0 版。

浙江民企出口，在小商品、机电、汽车部件等传统行业里领先全国。在今天严峻的经贸摩擦背景下，传统产业出口压力增大，而向高质量发展需要以原创科技带动创新产业，以民营资本推动产业升级。浙江可以结合已有的互联网电商云平台优势，重点在人工智能、芯片设计与制造、汽车电子、医疗电子和可穿戴器材、生物制药、脑科技、数字医疗诊断与大数据等创新产业上进行布局，在 5～10 年内扶持几个新产业，使每个产业达到万亿元产值。

胡国良：浙江的比较优势，一是宜居宜业的绿水青山；二是发达的网络经济；三是充满活力的民营经济。

浙江实现产业高质量发展还可以从以下几个方面发力：首先，主动承接上海的高端产业转移。一是适当控制土地成本和劳动力成本的快速上升，保持制造业的成本优势；二是加快推进职业技术教育和高级技能培训，提升劳动力综合素质；三是优化提升产业集聚区，赋予传统工业园区更多的高技术孵化和产业化内容。

其次，浙江制造业要主动对接上海服务业。上海发展"国际金融中心"和"国际航运中心"需要以制造业作支撑。浙江应积极对接上海的服务功能，这对上海来说是服务业市场化的过程，对浙江来说则是优化制造业发展的过程。

最后，共享区域政策红利和创新红利。一是共享长三角经济区普惠政策；二是放大和创新国家给予的区域性政策空间；三是放大浙江、上海、江苏自贸区溢出政策。让长三角其他地区也可以通过试验小范围推广或者投资合作，共享区域性政策溢出红利。

周世锋：浙江的比较优势，一是数字经济等新经济新动能发展迅猛。浙江数字经济总量和增速均居全国前列，对经济增长的作用正日益显现。二是市场主体活跃丰富。浙江的人均市场主体拥有量全国第一，上市公司总量长三角第一。三是服务业对经济贡献率加大。服务业增加值比重上升较快，近几年增速高出第二产业约6个百分点。

下一步围绕高质量发展，产业发展可突出三个着力：着力打造数字经济、生命健康、新材料等世界级产业集群，培育发展新技术、新业态、新模式，形成一批拥有核心技术、产业链完整、骨干企业支撑、标志性平台承载的优势产业。

着力打造文旅产业发展高地。依托之江文化产业带、横店影视文化产业集聚区、大运河文化带以及诗路文化带，建设具有国际影响力的文化旅游品牌。

着力打造现代服务业新引擎。围绕平台经济、分享经济、体验经济和创意经济等业态,融合提升传统服务业。推动生产性服务业与制造业深度融合,实现制造业由生产型向生产服务型转变。

积极引导长三角产业合理布局

主持人:在长三角一体化过程中,如何坚持市场机制主导和产业政策引导相结合,推动产业合理布局和结构升级?

马启元:改革开放特别是浦东开放以来,长三角的各地经济发展各有特色。上海主要是政府引导,发展产业经济。江苏以外向型经济为主、三资为主的电子制造业和生物医药占据中国三分之一的市场份额。

未来十年,中国将进入原创科技产业发展时代。民营企业,特别是浙商具有敢于冒险、决策果断、机制灵活的特点,应该成为中国发展原创科技的主力。未来十年应该是民营经济3.0版升级的十年,是民营企业发展原创科技的十年。浙江本地民营经济需要转型升级。政府可以主动引导民企进入原创科技领域,发展高端制造业,特别是"卡脖子"的战略核心产业。

胡国良:产业布局怎么样才是合理的?其实,产业如何布局,更多是市场自我选择的结果,但是政府在其中应起到引导的作用。

一是要打破地区分割和行政垄断,充分发挥市场机制的基础性作用,鼓励要素合理流动,逐步形成一体化的土地、资本、产权、人才、技术和劳动力市场。

二是组织编制一体化的区域规划,明确各地产业发展方向和空间布局,实行产业导向和空间导向"双重调控"。

三是按照新型分工的原则,实现功能互补、错位发展。大都市中心区应把着重点放在总部、研发、设计、品牌、市场营销等环节,大都市郊区和周边中小城市则应重点发展生产制造、零部件配套、仓储采购等环节。

四是加强政策引导和协调,打造一体化的投资信息平台,实施产业链招商引资，促进大都市区主导优势产业链的形成，构筑一批具有国际竞争力的优势产业群。

五是围绕主导优势产业链的建设，以大都市为中心，强化交通运输网络特别是城际快速通道建设，加快完善一体化的"1小时都市圈"产业协作配套圈。

周世锋：一是市场经济主导，充分发挥企业根据市场需要应对市场竞争顺应产业链进行布局的自主决策作用，发挥各类行业协会产业联盟的布局引导作用。三省一市政府共同打造好优良的营商环境，明确空间准入的负面清单和正面清单，不搞差异化政策恶性竞争。

二是产业政策引导，强化中心城市产业集聚能力，推动产业结构升级，重点布局总部经济、研发设计、高端制造、销售等产业链环节，打造具有全球竞争力的产业创新高地。推动中心城市一般制造业向外转移，通过产业转移合作区等载体，建立利益共享机制，加大对产业转移重大项目的土地、融资等政策支持力度。

加强产业分工合作，发挥一体化优势

主持人：改革开放以来，长三角三省一市经济发展的道路不尽相同，形成的产业格局各有各的特点。在一体化背景下，如何加强产业分工合作，充分发挥一体化的优势？

马启元：首先是海外人才与项目对接。上海是长三角海归人才聚集之地，特别是在半导体芯片、生物医药、医疗器械和人工智能领域，浙江可以积极吸引海归创业人才与项目在上海研发、在浙江制造。

其次是浙江民间资本与上海资本市场对接。原创科技产业发展离不开资本的支持，民营经济3.0版必须是"以我为主"。政府可出台原创科技"投资抵税"政策，引导浙江民营资本成立核心产业的产业基金。投资原创科技企业，特别是海外高端人才的创业公司，形成浙江资本＋海外人才项目＋上海科创板的快速发展核心科技的产业链。新的原创科技基金应具有全球视野,主动对接科创板。

胡国良:第一,推进长三角产业分工合作的关键是以上海为龙头带动长三角形成世界级、现代化、一体化的产业区。上海率先实现转移,最重要的是打造并释放"科技创新中心"功能,通过建设具有全球影响力的科技创新中心,增强创新对经济发展的驱动作用。

第二,推进长三角产业分工合作的基础是实现区域专业化分工,共同打造跨地区国家级产业价值链,在产业链打造中实现产业转型升级。

第三,推进长三角产业分工合作的根本是坚持市场主导,让企业成为推动区域分工合作的主动力。从本质上讲,区域一体化程度高低是企业基于产业价值链的空间分工合作促成的。

第四,推进长三角产业分工合作的保障是构建区域间计量单位共享的产业协作机制。整体而言,长三角地区仍未形成有效的产业协作机制,保障区域一体化进程的体制机制尚不健全。

周世锋:要共同推动制造业高质量发展,按照产业集群化发展方向,打造全国先进制造业集聚区。强化电子信息、生物医药、高端装备、新材料、汽车等区域优势产业合作,推动传统产业升级改造,形成若干世界级制造业集群。加快发展、培育一批具有国际竞争能力的龙头企业。

要合力发展高端服务经济。共同培育高端服务品牌,加快服务业服务内容、业态和商业模式创新,联合打造一批高水平服务业集聚区和创新平台。大力推进服务业标准化建设,在旅游、养老、文化等领域探索跨区域合作新模式。

原文刊载于《浙江日报》2019年10月23日。

打造创新生态经济体,推动高新区竞争力再造

胡国良[*]

技术经济范式是在一定社会发展阶段由技术创新引发主导技术结构变化,进而对宏观和微观经济结构和运行模式带来变革的过程。当前,我国正处在经济发展方式转变的关键时期,也是传统技术经济范式和新技术经济范式交叉的重合期,随着新兴技术和新兴产业的迅速发展,技术经济范式呈现出新的特点,从创新活动的参与主体、组织方式等方面对高新区创新发展产生深刻影响。

智能技术是推动新技术经济范式转换的最主要因素

日本发布的《2016 年度科学技术白皮书》从文明演进的角度对人类社会做了 5 个阶段的划分,即狩猎社会、农耕社会、工业社会、信息社会和智能社会,现在正处于从信息社会到智能社会的转变阶段。这些转变和阶段的划分本质上都是由社会一般性生产技术条件的转变引发的,标志智能社会的一般性条件就是数字化和智能技术。

目前我们已经看到——4G、5G 等通信技术;互联网、物联网、区块链

---

[*] 胡国良,江苏省社会科学院经济研究所所长、研究员。

等网络技术；云计算、大数据等数据处理技术；AI、VR、AR等智能实现和场景构造技术——数字化和智能化的新技术爆发涌现，并已经或正在作为新的一般性条件进入社会生产和社会生活活动之中，带来产品形式、生产方式、经济模式和社会关系等全方位的改变。其实，我们已经充分感受到了这些技术进步引发的方方面面变革，并且就目前的态势而言，这些变革还仅处在发生期，对经济和社会生活更剧烈的冲击和改变还远未到来。

智能技术的发展，将以革命性的方式迅速实现产业化、市场化，并不断对整个经济结构进行呈几何级数的渗透扩散，同时逐渐改变原有的生产方式、管理方式、营销模式以及整个经济增长形态，由此决定经济活动新的范围、规模和水平。影响之一就是智能技术的发展使劳动工具对人的束缚性大大降低，从而也就弱化了资本对人的组织束缚，这就自然形成了由生产力的发展所释放的人的自由，使个人有更多实现个体价值的选择自由，劳动者不必再依附于一家企业、一个固定的工作模式。影响之二是智能技术带来的"共享经济""分享模式"，使个人需要拥有物质财富的重要性和满足感降低。共享模式在一定程度上代替了个人独占，个体需求大多可以更低成本和更便捷的方式通过网络实现。影响之三是知识、智慧和数据上升为新的关键生产要素。在工业经济时代，社会的财富或价值主要是由劳动力、机械设备和厂房土地等物质资源产生，所以在经济发展中起关键作用的生产要素是劳动、资本和土地等物质资源。但在智能社会时代，新的消费品类和财富形式需要在更高的层级实现，而这些新增加的品类和形式都需要新的要素或来自创新活动，这就使得知识、智慧（创业）和数据越来越成为财富增加和新经济增长的主要形式。

新技术经济范式要求高新区打造"创新生态经济体"

过去一个城市或地区的经济增长主要依赖一个或几个主导产业，靠主导产业的规模扩大和量能扩张助推经济的发展，并带来人口的增加和城市的扩大。但新经济时代，任何成熟的主导产业都存在规模锁定，即不可能无限扩张。这就导致支撑城市或地区经济增长的力量必须依靠不断扩展的新业态和新经济,财富增加的过程也更多依赖创新创业带来的经济多样性。这种多样性的业态扩张属于"范围经济"范畴,即经济增长的依赖方式从少元的规模经济转变到多元的"范围经济"。

"范围经济"更多表现为"生态"构成,而带来多元"范围经济"的根源和表现是创新创业。创新创业的广泛、多元和频发本身就是经济和社会的"生态"现象,也受到"生态"的催发和养育。尤其在新时代背景下,受互联网和人工智能等技术条件的驱动,经济生态的自组织、自生长、侵略性、演化及变异更快速和更显性。互联网和智能技术强化了社会经济系统生态构成要素间彼此的影响和联系,使生态的演化进入"快变"阶段,导致创新经济的"范围"快速扩展。

在新技术经济条件下,城市和区域间的经济竞争主要表现在创新经济生态的竞争。创新经济生态的优劣决定了新经济时代区域和城市间的竞争优势和水平,这与过往由板块化规模经济决定的竞争力有很大不同。创新经济生态的发展演化根本上取决于多元的创新和广泛的创业。创新创业引致生态演变,更快和更优的演变就会衍生出更大、更广、更多元的经济"范围",就能获取更多营养和资源,也就能比别人赢得更大优势,又进一步养育和增强"生态",形成生态意义上"强者恒强"的良性循环。这就使得区域和城市的发展建设思路和观念必须有所转变,即要从过去基于自然禀赋的"比较优势"或基于产业规模的"竞争优势"向营造"创新生态"的竞争优势转变,也可以认为这是"竞争优势"理论的与时俱进。

新技术经济范式要求高新区发展方向是打造"创新生态经济体",在本质上,"创新生态经济体"是高新区一种创新经济的生态平台。创新经济生态大致可按创新创业、产业、市场、社会和城区(环境)5个基本方面作为构成要素进行划分,而政府的作用就是营造条件和出台政策,促进这5个构成要素的发展和相互间的互动发展。5个基本构成要素+政策要素就构成了一般意义上高新技术园区创新生态的内涵。

打造"创新生态经济体"是高新区新时期竞争力再造的关键

创新创业是高新区发展的动力源,只有源源不断地创新创业,才能支撑高新区创新经济生态的不断发展演化,创新创业的活跃也是高新区创新经济生态繁荣的标志。

产业是经济生态的依托和高新区存在的理由。产业拉动高新区的发展,产业能否不断向高端发展并形成持续的拉动力,标志着高新区经济生态能否日趋强盛。产业向高端发展离不开创新也成就创新。没有产业不断的发展和创新创业的相互促进,高新区的财富创造能力就会固化,从而导致高新区"生态"的衰落。

市场关系到"生态"的吸纳和扩展能力。市场能够吸纳人群、能够聚集生产和创新的资源要素、能够让园区响应发展的变化和引领创新走向。但在我国早期阶段各类开发区建设的过程中,由于空间规模和经济体量的弱小,市场问题往往并没有被给予过多关注。新阶段高新区的内容和边界充分扩展,高新区生态的发育受到市场因素的影响就越来越大。

特别是知识市场,通过知识交易市场促进知识和技术的交流交易、人才的交流交易是新时期高新区市场建设的最重要方面,高新区需要营造知识市场促进知识、技术、人才、新知识群体和新消费人口的聚集,增强高新区响应变化、创造变化和引领变化的能力。

新时期高新区建设已经深度融入城市社会生活,并且新技术经济范式的发展转变也带来了创新的社会化,这就使得高新区社会构成成员的知识层级、社会群体的精神气质、社会的知识交流网络和创新的人脉关系等都对形成根植性的创新生态有至关重要的影响。

高新区的城市化条件和环境是"生态"的硬支撑,要营造高新区创新生态的竞争优势,必须打造好自身的城市化环境,包括自然环境、人工环境和公共服务软环境。这样的环境优势直接形成了外部对高新区创新经济生态的感观体验,对吸引人才聚集甚为关键。因此,营造好的创新经济生态必然要求做好高新区规划、建设和管理。

建设创新创业的平台化组织和推动科技体制改革是"创新生态经济体"建设的核心内涵。近年来，以新型研发机构和众创空间为代表，各个高新区都发展出了多种创新创业的平台化组织（双创平台）。这种创新创业的平台化组织是新生事物，也是科技组织和创新模式响应新技术经济范式的表现，其组织方式展示出了新时代科技体制改革重要的演进方向，对推进国家科技体制改革具有重要意义。就创新体系而言，从基础研究到应用研究，再到创新创业的现实场景，平台化和网络化的组织构造是趋势。

近年来，围绕新时代国家创新体系建设，我国在基础研究领域和应用研究领域也都开始向这样的建设方向探索。例如基础研究领域的国家实验室建设和应用研究领域的国家产业技术创新中心建设，这些新的组织建设都体现了平台化和网络化的趋势。高新区的新型双创平台建设，既是对这种新组织模式变革的先行引领，也把国家创新体系延伸到现实经济活动场景下的地方"末梢"神经。

就当前国家高新区的发展现状而言，占园区经济主体地位的制造企业距"创新生态经济体"的转型尚差距甚远。部分企业尚处在"工业2.0"阶段，基本仍处在劳动力依附于机器的经验生产或规则生产。许多大型制造企业或知名龙头企业，到现在生产的过程和工艺仍未完成数字化改造。没有"数字化"就谈不上"互联网＋"，更不可能实现"工业4.0"。因此在向智能生产转变的大趋势下，当前高新区制造企业转型升级的优先着眼点是同步推进生产和制造过程的"数字化"和"智能化"，为向"创新生态经济体"的转型创造技术条件。

原文刊载于《群众》2019年第14期。

"六个一体化":长三角一体化发展的江苏贡献

王树华[*]

江苏省委十三届六次全会提出,重点以产业创新、基础设施、区域市场、绿色发展、公共服务和省内全域"六个一体化"作为扛起长三角区域一体化发展江苏使命的具体路径。实施"六个一体化"需要紧扣"一体化"和"高质量"两个关键,既要干好"自己"的事,也要做好"我们"的事,以创新的思路、务实的举措,为长三角区域一体化发展做出江苏贡献。

以制造业为重点、自主创新能力培育为核心,推进产业创新一体化

产业创新一体化是一项系统性工程。江苏以制造业为重点,以提升自主创新能力为核心目标,全力推进产业创新一体化发展。一是营造鼓励自主创新的政策环境。新时期推动产业自主创新能力的提升,必须致力于营造鼓励自主创新的市场氛围,形成利益激励机制和成本节约机制,使自主创新取代模仿创新成为市场主体的内在要求和自觉行动。二是构建高端创新要素的集聚共享机制。在各地人才和技术争夺愈演愈烈的态

---
[*] 王树华,江苏省社会科学院社会政策研究所副所长,区域现代化研究院副院长、副研究员。

势下，与其在人才奖励政策力度方面层层加码"大比拼"，不如另辟蹊径，充分利用长三角区域一体化提供的平台，通过项目工作制、兼职工作制等方式实现高层次人才的多区域共享，通过与全球优质创新机构共建研发中心等方式实现创新成果的多主体共享。三是形成有利于创新成果转化的创新主体体系。创新成果转化不足是长期困扰江苏乃至全国绝大多数地区的一个现实难题。解决问题的关键在于理顺政府、科研院所、高校与企业之间的关系，通过建立以企业为主体的一体化自主创新服务联盟，加强产学研协同创新，形成各司其职、各展所长的自主创新主体体系。

以互联互通为目标、网络建设为突破口，推进基础设施一体化

从长三角"一盘棋"的角度推进江苏基础设施建设一体化，重点是提升基础设施在长三角区域内的互联互通水平，夯实基础设施对现代化经济体系建设的支撑作用。概而言之，基础设施一体化的建设任务至少包含两个方面：一是提升基础设施的互联互通水平。对江苏而言，既要重视联通上海、杭州等发达城市，也要重视与安徽及苏北等欠发达地区的互联互通，在更好地承接上海辐射的同时，提升对周边欠发达区域的辐射能级；既要重视公路、铁路、港口、机场等各类交通基础设施的互联互通，也要关注水利、环保、能源等基础设施的互联互通。二是完善现代化基础设施建设网络。以人工智能、大数据等为代表的新一代信息基础设施网络是江苏建设现代化经济体系的重要支撑，也是提升区域国际竞争力的基本前提。要把智能化、信息化基础设施建设作为江苏基础设施一体化发展的重要突破口，着力完善网络体系、提升服务能级，形成适应智能经济发展、智慧城市建设需要的现代化基础设施网络体系。

以"放管服"改革为契机、线上线下协同为切入点,推进区域市场一体化

区域经济一体化须以市场一体化为前提。长三角地区是我国市场化程度最高的地区之一,但由于区域外延不断扩大以及"一亩三分地"思维定式长期存在,长三角区域市场一体化仍然面临诸多问题,突出体现为市场隐性壁垒消除不够彻底、产权合作不够充分、信息共享不够顺畅等。统筹推进长三角区域市场一体化,要进一步深化以"不见面审批"为重点的"放管服"改革,积极推动江苏与长三角兄弟省市的紧密合作,通过线上线下协同助推区域市场一体化。一方面,利用新一代信息技术,从省市信息共享着手,着力联通江苏与长三角兄弟省市的公共服务信息共享平台、产权交易信息互换平台、市场监管信息互助平台,建设"线上"一体化的长三角。另一方面,按照国家"放管服"改革要求,以推进市场准入门槛、产权交易规则、市场监管要求等标准化为重点,推动江苏与兄弟省市共同制定长三角区域内要素流通、监管等方面的规则,着力解决"线下"标准不统一的问题,建设"线下"一体化的长三角。

以特色产业规模化为基础、区域协同发展为手段,推进绿色发展一体化

长三角绿色发展,必须坚持生态保护和经济发展并重,自身发展和协同发展并举,以创新的路径和举措,切实走生态优先、绿色发展之路。一是在特色产业规模化发展上下功夫。立足本地特色资源和支柱产业发展基础,摆脱传统发展路径,通过生产技术生态化、生产方式绿色化等途径做大绿色产业发展规模,加快培育经济增长新动能。要根据江苏各地经济发展阶段和产业特点,规划、建设和改造一批集能源综合利用、土地集约利用、废物交换利用等功能于一体的生态工业园区,树立绿色招商理

念,实行生态产业链招商,形成规模化的产业集聚效应,为增长动能转换提供强大产业支撑。二是在区域协同发展上下功夫。要与长三角兄弟省市建立常态化的生态保护沟通协调机制,协同推进长江流域、太湖流域、淮河流域等重要水体的水资源保护、水污染治理和水生态修复;要从南北融合、东西互动的角度推进跨行政区域绿色发展的一体化,为宁杭生态经济带、淮河生态经济带、大运河文化带等区域的绿色发展提供技术、资金、人才等全方位的支持。

以改革创新为抓手、标准化为准绳,推进公共服务一体化

公共服务一体化水平是决定区域内要素资源特别是人才资源能否自由流动的重要因素。近年来,长三角公共服务水平不断提升,保障能力不断加强,但是与人民群众日益增长的美好生活需要相比,公共服务均等化和一体化仍然面临一些障碍。在全面深化"放管服"改革的背景下推进长三角公共服务一体化,必须以改革创新为抓手、标准化为准绳,推动长三角公共服务一体化实现高质量发展。一是推进基本公共服务标准化。因各地发展基础不一,试图在短期内推进公共服务所有领域的同步标准化并不现实。当前,要在义务教育、医疗卫生、基本社会保障、就业服务等基本公共服务领域制定统一的设施建设、人员配置、服务管理等软硬件标准,着力实现基本公共服务在不同区域和群体间的一致。二是促进公共服务资源的优化配置。公共服务资源是以行政区为界进行统筹分配的,必须打破行政壁垒和条块分割,在更大范围内统筹公共服务资源配置,让各种公共服务资源在自由流动中实现效益最大化和机会均等化。

以都市圈一体化为路径、融合发展为目标,推进省内全域一体化

省内全域一体化是实现长三角区域一体化发展的基础和前提。没有长三角一市三省内部的一体化,也就不可能有长三角区域的一体化。城

市群是一个由大都市圈、大中小城市和小城镇组成的有机整体。都市圈的一体化发展是推进长三角区域一体化发展的重要内容和可行选择。省委书记娄勤俭在省委十三届六次全会上强调，要实质性推动苏锡常、宁镇扬、锡常泰、苏通等地的一体化融合发展，通过省内都市圈的发展来带动省内全域一体化，以点及面，实现长三角区域一体化发展。要通过适当的体制机制安排推进南京都市圈、苏锡常都市圈、徐州都市圈的一体化发展，最大程度规避行政区划分带来的不利影响。着力推进交通、能源、信息网络等基础设施一体化先行，为都市圈内各种要素的自由流动提供有力支撑；尽量缩小都市圈内各行政区域在基本公共服务、社会保障等方面的发展差距；统筹都市圈内各市产业布局，推进形成合理的产业分工体系，塑造具有独特竞争优势的产业竞争力。

原文刊载于《群众》2019年11月17日。

走在前列　提供示范

吕永刚*

2014年12月,习近平总书记视察江苏,提出了"努力建设经济强、百姓富、环境美、社会文明程度高的新江苏"殷切期望,为江苏发展明确了努力方向、擘画了壮阔蓝图。江苏全省上下牢记总书记嘱托,踏实苦干,奋发有为,"强富美高"新江苏建设不断展现新面貌、新气象。

经济强,强在质量领先上。进入新时代,江苏经济不满足于量的扩张和规模领先,自觉跳出传统模式的窠臼,勇闯转型升级关隘,依靠更具创造力、更富竞争力的高质量供给开拓市场、赢得未来。江苏坚持聚力创新,厚植创新生态,以科技创新为突破口带动全方位创新,区域创新水平全国领先;坚持实体经济为本,建成全国最大规模的制造业集群,重点培育13个世界级先进制造业集群,一批行业领先的新产业新业态破茧而生、渐成规模;竞逐国际前沿,推进高原筑峰,在深度嵌入全球分工体系中构建自主可控现代产业体系,在全球产业价值链中的位势稳步提升,大国重器"江苏造"不断增多。

百姓富,富在共建共享上。人民群众是创造社会财富的实践主体,也是共享富裕美好生活的目标人群。在省域层面实现"百姓富",是江苏践行"以人民为中心"发展思想的具体体现。江苏坚持聚焦富民,出台持续

---

* 吕永刚,江苏省社会科学院经济研究所副所长、副研究员。

提高城乡居民收入的"富民33条",推动富民增收与经济增长互促互进,全省居民人均可支配收入持续跑赢GDP;打造最优营商环境,激发全民创业热情,市场主体突破900万户,靠勤劳双手创造富裕美好生活成为社会风尚、时代强音;扎实补短板强弱项,全省公共财政75%以上用于民生,高标准打赢脱贫攻坚战,织密筑牢社会保障安全网。

环境美,美在人与自然和谐共生上。人与自然是生命共同体。建设"环境美"的新江苏,不仅追求自然之美,更追求自然美与社会美的和谐,主观美与客观美的统一。水韵江苏景色优美、生态优良,但开发强度高,生态容量小,生态压力大。江苏深入贯彻习近平生态文明思想,强力开展"两减六治三提升"专项行动,坚决打好污染防治攻坚战,持续加强生态保护和修复,着力解决"重化围江"等突出问题,擦亮锦绣江苏的生态底色,展现空气清新、水质清澈、环境清洁的自然之美;系统提升城市功能和品位,积极推进特色田园乡村和美丽宜居村庄建设,让城市融入自然,现代融入村庄,呈现城乡协调之美;深度挖掘优秀地域文化和新时代江苏精神,推动自然与人文有机融合,让自然之美与人文之美、传统之美与现代之美交相辉映,让诗画美景展现在江苏大地。

社会文明程度高,高在文明素质上。社会文明程度归根到底是由一个个社会主体的文明素质决定的。江苏崇文重教,科教发达,全国文明城市数量领先,社会成员整体素质较高,社会文明底蕴深厚。江苏深入实施文化建设工程,用社会主义核心价值观引领社会风尚,凝聚向上向善正能量,全面提升公民素养,凡人善举、大爱奉献蔚然成风;牢牢把握举旗帜、聚民心、育新人、兴文化、展形象的使命任务,努力构筑思想文化引领高地、道德风尚建设高地、文艺精品创作高地。

江苏将按照高质量发展走在前列的目标定位,精心部署,锐意进取,奋力探索一条具有中国特色和时代特征、以"强富美高"为鲜明标志的现代化路径,为全国现代化建设大局积累经验、提供示范。

原文刊载于《经济日报》2019年8月27日。

粤鲁浙产业转型的经验启示

吕永刚[*]

高定位:竞逐国际前沿,嵌入国家战略

代表国家参与国际前沿竞合,既是发达省份产业竞争力实现"从量到质"跃升的内在要求,也是我国在全球产业链中位势提升对先发地区的现实要求。近年来,粤鲁浙等省敏锐把握全球新产业革命及我国产业转型浪潮的趋势性变化,给出了竞逐国际产业前沿的省域方案。

面向国际前沿谋划产业定位。伴随综合竞争力的提升,我国正从以往全球产业分工体系中被配置对象转向更具主体性和配置力的新角色,发达省份当仁不让成为推动这一进程的国家队成员。广东创新实力雄厚,2018年PCT国际专利申请量约占全国一半,技术自给率达73%,区域创新综合能力排名保持全国第一;深圳华为、大疆等科创企业成为近期美国科技霸凌的首选对象,从一个侧面彰显广东创新的国际高度。广东依托强大的区域创新能力和产业实力,高水平推进国家科技创业创新中心建设,启动建设广深科技创新走廊,部署建设珠三角国家科技成果转移

---

[*] 吕永刚,江苏省社会科学院经济研究所副所长、副研究员。

转化示范区,打造辐射泛珠三角、链接粤港澳大湾区、面向全球的科技成果转移转化重要枢纽,建设世界级创新驱动型产业重镇。浙江实施"一带一路"枢纽行动计划,加快建设国际现代物流枢纽、国际科创产业合作高地、国际贸易创新发展高地、国际新金融服务中心和国际人文交流中心,发展一批具备国际产业链、价值链、创新链、供应链配置能力的枢纽偏好型产业。

面向国家战略促进产业升级。国家战略在特定空间的落地、叠加与集聚,势必形成强大的场效应,释放巨大的红利,为国家战略承接地带去不可估量的能量与资源,成为促进地区产业转型的强有力推手。广东举全省之力推进粤港澳大湾区建设,以规则相互衔接为重点,携手港澳建设国际一流湾区和世界级城市群,瞄准国际先进标准,提高产业发展水平,促进产业优势互补、紧密协作、联动发展,培育若干世界级产业集群;深入实施自贸试验区"制度创新二十条",积极开展首创性的改革探索,激发产业成长新动能。山东以新旧动能转换综合试验区建设为主抓手,着力培育现代优势产业集群,力争一年全面起势、三年初见成效、五年取得突破、十年塑成优势,逐步形成新动能主导经济发展的新格局。同时,明确要求济南市在数字经济、健康医疗、量子通讯,青岛市在现代海洋、智能家电、轨道交通,烟台市在核电装备、虚拟现实等领域,布局一批辐射带动力强的标志性大项目,锻造产业新优势。浙江大力推进中国(浙江)自由贸易区创新发展,主攻油气全产业链,创建数字自贸区和联动创新区;深化海洋经济发展示范区建设,大力发展海工装备、海岛旅游、远洋渔业等现代海洋产业,加快发展蓝色经济;坚持全省域全方位融入长三角,牵头抓好数字长三角、世界级港口集群、油气贸易中心建设。

面向省域优势做强特色产业。一个地区的产业从嵌入全球产业链的"配角"到成为制胜全球产业链的链主,既需要从开放环境获得能量,也需要深度挖掘本土资源,锻造植根性强、特色鲜明的国际化优势产业。作为农业大省、海洋经济大省,山东被中央赋予"打造乡村振兴齐鲁样板、更加注重经略海洋"的重大使命。山东做优做强"两篇文章",在乡村振兴中扎实开展粮食绿色高质高效创建和"渤海粮仓"科技示范工程,加快推进农业"新六产"融合示范,持续推进农业更强;制定实施海洋强省建设十大行动,统筹推进沿海、远海、深海、陆海产业发展,大力培育智慧海洋、海洋高端装备、海洋工程、海洋旅游、海洋生物医药、海洋能源、海水综合利用等新兴产业,打造向海经济,建设海洋经济强省。浙江强化数字经济的领先优势,启动实施数字经济"一号工程",制定数字经济五年倍增计划,深入推进云上浙江、数字强省建设,支持杭州打造全国数字经济第一城、乌镇创建国家互联网创新发展综合试验区,加快建设移动支付之省,争创国家数字经济示范省。

强主核:聚焦实体经济,锻造战略集群

  大国经济崛起必然伴随一批高能级、高竞争力的优势主导产业的崛起。以制造业为内核的实体经济是大国经济之本,制造业崛起是大国产业崛起的关键所在。党的十九大报告提出"培育若干世界级先进制造业集群"的战略任务,这一任务极富挑战性。作为全国第一制造业强省,江苏业已开展打造世界先进制造业集群的部署实施,在这一过程中,有必要充分汲取国内外先进经验特别是兄弟省份的有益做法。

  因地制宜打造主导制造业集群。成功的主导产业集群从酝酿、萌芽到成长、壮大,既要遵循产业成长的演进规律,也要尊重区域特色特质,兼顾一般性与特殊性,兼备国际化与本土化。广东统筹发展基础、成长潜力,选择电子信息、绿色石化、汽车、智能家电、机器人产业作为打造世界级先进制造业集群的主攻方向;在空间布局上,以珠海、佛山为龙头建设珠江西岸先进装备制造产业带,以深圳、东莞为核心在珠江东岸打造具有全球影响力和竞争力的电子信息等世界级先进制造业产业集群。山东聚焦聚力发展新一代信息技术、高端装备、新能源新材料、现代海洋、医养健康等五大新兴产业;改造提升传统产业,培育高端化工、现代高效农业、文化创意、精品旅游、现代金融服务等五大优势产业,通过发展"5+5"十强产业,调整山东偏重的产业结构,建设现代产业体系。浙江坚持创新引领制造业高质量发展,培育发展数字安防、新能源汽车、绿色石化、现代纺织等一批先进制造业集群,争创人工智能、生物医药、航空航天、集成电路、新材料等产业新优势。

高水平实施制造业技术改造。优势主导产业集群的形成往往需要经历较长的成长周期,在这一过程中,持续开展动态技术改造,是主导产业集群实现可持续发展的重要条件。广东启动新一轮工业技改三年行动计划,实施智能制造试点示范、工业互联网应用创新工程、工业强基工程、绿色制造工程等重点行动,推动工业企业开展数字化、网络化、智能化和绿色化技术改造。山东深入实施新一轮高水平技术改造,加快企业"零土地"计划改造项目审批方式改革,探索推广泰安康平纳及潍坊盛瑞、浩信共享工厂建设试点经验,支持一批对标国际先进水平的省级重大技改项目建设。浙江实施新一轮重大技术改造升级工程,加快实施万企智能化技术改造诊断计划,引导企业找准智能化技术改造切入口,激发智能化改造投资需求,全省将实施5 000项智能化改造项目,新增工业机器人1.7万台。

发挥支持实体经济的政策集成效应。当前,实体经济转型面临传统要素成本高企、企业运营成本增加、创新型要素供给短缺、服务配套脱节等诸多制约,亟待从政策层面加强支持引导。在中央支持实体经济的统一部署下,发达省份纷纷出台支持实体经济发展的系列政策,形成政策矩阵。广东制定实施"实体经济十条""实体经济十条修订版""小升规""外资十条修订版"等支持实体经济发展的政策措施,在支持企业融资、解决用地难、保护知识产权等方面进一步出台专项政策。山东出台支持实体经济高质量发展"45条",对降本增效、创新创业、产业升级、招商引资、招才引智、金融支持、用地供应、制度保障做出具体规定。浙江出台一揽子财政政策、十条金融新举措,支持实体经济高质量发展;深入实施凤凰行动,提升上市公司质量,制定支持科创企业上市行动方案,支持企业并购重组;实施雄鹰行动,支持一批本土跨国公司加快发展;实施雏鹰行动,引导企业走"专精特新"发展之路。

蓄势能:营造产业生态,涵养长远动能

我国经济从高速增长转向高质量发展,意味着产业发展不能再靠单纯加大投入获得"量的扩展",必须更加注重投入要素的质量,更加注重创新生态的营造,进入"功夫在诗外"的新阶段。在这一阶段,产业转型面临高位突破的瓶颈,产业升级障碍重重,必须保持战略耐心,一方面稳妥推进落后产能有序退转,另一方面有力推进传统产业提质增效,同时积极促进新兴产业形成规模,并适时植入未来产业基因,涵养未来产业空间。

深化供给侧改革为产业转型清障破碍。广东加快淘汰落后产能,坚决破除无效供给,开展制造业企业"亩均效益"综合评价试点;狠抓节能减排,严格实行能源和水资源消耗、建设用地等总量和强度"双控";完善"三旧"改造政策体系,加强批而未供和闲置土地处置,打好治理违法建设攻坚仗。山东以更大力度推动存量变革、增量崛起,出台实施新一代信息技术、高端装备、高端化工、新材料和高耗能行业"4+1"细分行业规划;稳妥有序推进七大高耗能行业产业调整、企业搬迁、土地盘活、资金融通等工作;启动"亩产效益"资源市场化配置改革,选取18个县(市、区)开展试点。浙江洞悉传统产业发展路径的内在弊端,提出要坚决打破拖累转型升级的"坛坛罐罐",推进企业优胜劣汰,近期再淘汰1 000家企业的落后产能,整治1万家"低散乱"企业和小作坊;对全省31个制造业行业,以及服务业重点行业开展"亩产效益"综合评价,推广"标准地"制度,实施分行业"亩产效益"领跑者行动计划,对标国内外先进区域,加快"低产田"改造升级。

营造有利于产业转型的创新生态。良好的创新生态具有"物种"丰富、竞争充分、共生进化、新奇涌现等共性特征,是一个地区产业健康发展的有力支撑。广东在推进产业转型升级过程中,以科技强省建设为导向,实施科技创新八项举措,聚焦核心技术集中攻坚,为产业升级提供前沿技

术引领；实施高新技术企业树标提质行动，加强高新技术企业创新能力建设；实施国家高新区地市全覆盖行动，支持有条件的高新区建设高水平科技创新平台，壮大具有国际竞争力的创新型产业集群；实施"科技创新十二条"及配套措施，加大企业创新普惠性支持力度。山东打造"政产学研金服用"创新创业共同体，构建"政府主导创环境、企业主体强创新、各类人才激活力、科技研发出成果、金融配套强保障、中介服务提效率、成果转化增效益"的创新生态圈。浙江强化高新企业、高新技术、高新平台支撑，打造"产学研用金、才政介美云"十联动创业创新生态圈；充分发挥浙江大学引领带动作用，大力支持之江实验室、西湖大学、清华长三角研究院、中科院宁波材料所、阿里达摩院等建设，加强基础研究，推动科研机构、实验室向社会开放，着力解决关键核心技术"卡脖子"问题。

前瞻性布局新兴产业、未来产业。产业转型升级既体现为传统产业再造，也体现为新兴产业培育，以及导入未来产业基因，构建面向未来的产业谱系。广东加快培育壮大新兴产业，大力发展新一代信息技术、高端装备制造、绿色低碳、生物医药、数字经济、新材料、海洋经济等战略性新兴产业。深圳早在2013年即制定生命健康、海盐、航空航天等未来产业政策，2017年规划建设十大未来产业集聚区，一批富有引领性的未来产业集群蓄势待发。山东推动"四新"经济提速扩容，布局建设一批重点数字园区，扎实开展"云行齐鲁"、企业上云、智能制造带动提升等重点行动；推动释放跨界融合潜能，加快数字山东建设，推进5G通讯、人工智能、量子通讯、工业互联网、物联网与制造业深度融合，研究制定"现代优势产业集群＋人工智能"的推进方案。浙江采取规划引领、创新驱动、载体支撑、试点示范等四大举措，集中力量推动数字经济、生物经济、生命健康产业、航空产业等新兴产业高质量发展，培育引领未来的新兴产业集群。

原文刊载于《群众》2019年第12期。

深化江苏自贸区金融领域开放创新

蒋昭乙*

2019年8月26日,国务院印发了《中国(江苏)自由贸易试验区总体方案》,基于金融业对现代经济运行的"润滑"和关键保障作用,从江苏经济发展特征以及自身功能定位出发,开展差别化的金融创新探索,深化江苏自贸区金融领域开放创新是当前的重要任务。

一、我国自贸试验区金融开放创新政策与国际经贸新规则的差距

1. 负面清单承诺较少

当前国际经贸新规则通常采用负面清单承诺的形式,这种模式最大的好处在于透明化,政府只规定具体的对外不开放的经济领域,其他非负面清单领域采用备案制。同时,国际新规则还借助"冻结条款"和"棘轮机制"来促使该国保证一定的金融开放水平。目前国际上通行的TISA(国际服务贸易协定)与TPP(跨太平洋伙伴关系协定)都采取了负面清单形式,TPP还专门设置了"冻结条款"和"棘轮机制",以确保签约国金融开

---

* 蒋昭乙,江苏省社会科学院世界经济研究所副研究员,南京大学亚太发展研究中心研究员,南京大学自贸区综合研究院特约研究员。

放水平的持续稳定。

目前我国在这方面还重视不够。一是以负面清单承诺的开放较少。截至2018年,在我国已经对外签署的16个自贸协定中,仅与澳大利亚签署的自贸协定以负面清单形式承诺开放,其余的都没有做出承诺。二是现有政策中对"冻结条款"和"棘轮机制"重视程度不够。截至2018年年末,各地虽然都颁布了最新的负面清单,但其中开放程度还是比较有限,内容部分没有体现上述两个原则,还需要在后续的修订中加以补充。

2. 市场准入门槛较高

目前国际上主要的贸易协定TISA、TPP和USMCA(美—加—墨协议)对市场准入条款的要求都非常明确,主要就是防止缔约国的过度保护措施,在协议中不但明确标识金融机构的数量、服务交易或资产总值、所雇佣自然人总数,还要求在执行过程中成员国要严格执行,除非有非常紧急状态发生,否则不得违反条款规定。在金融业务准入方面,USMCA和TPP都各自做了一定的限制性条款以约束各成员国。

目前我国在市场准入方面还是严格管理,距离国际主要贸易协定的标准还有一定差距。虽然在国家版的负面清单中设置了过渡期,但在传统金融领域的一些管理项目(如牌照发放、外资持股比例和监管等)中,还是存在较高门槛。

3. 金融信息数据共享和跨境流动还存在一定的限制

互联网金融时代离不开大量的金融信息数据,这些信息的流动虽然有助于打破金融垄断,促进竞争,但是不受限制的金融信息数据的共享和跨境流动确实会给所在国金融安全带来一定的威胁。当前的国际经贸规则鼓励金融信息数据共享和自由流动,反对"技术壁垒",但也设置了保护金融数据安全的要求。我国在加入WTO后,是按照WTO的规定在认真执行,但是与TPP、USMCA和TISA所要求的金融信息数据共享和跨境流动水平,还存在一定的差距。

4. 金融机构竞争公平性方面距离"竞争中立"略有差距

新的国际经贸规则鼓励金融机构在市场运行过程中要尽量做到公平

竞争,依法平等使用生产要素,公平参与市场竞争,同时同等受到法律保护。目前主要的贸易协议,比如 TISA 与 TPP,都明确提出要鼓励金融机构在缔约国国内公平竞争,当地政府不能在市场竞争中对本国国有企业进行资助,以使其获得市场优势,破坏市场竞争的公平性。目前,我国自贸区内国有金融机构仍占有市场优势,政府对于国有金融机构的激励政策也较多。虽然从保证金融安全的角度来看,有必要确保国有金融机构拥有市场竞争优势,但并没有做到使所有金融机构在市场运行过程中公平竞争。

5. 我国自贸试验区使用的例外条款过多

国际贸易新规则要求缔约国不能过度使用例外条款,主要是避免造成贸易和投资的壁垒。同时,还要求在发生贸易和投资纠纷时,缔约国不但要设置投资保护条款,还要有一定的争端解决机制,以利于解决贸易和投资纠纷。目前,我国的金融发展还较为滞后。市场中有很多中小金融机构,总体上竞争力较弱,面对系统性风险的抵御能力较差,所以我国实施了一些与当前国际贸易新规则有差别的例外条款,这种情况在自贸试验区内也较多。

二、与各自贸区比较分析,明确江苏自贸区金融开放创新的思路

1. 与其他省份自贸区金融创新政策比较

(1) 金融机构市场准入方面

目前,在金融机构的市场准入方面,各自贸区都有较为明确的规定。除了离岸金融业务,国家只对上海自贸区和广东自贸区开了口子,其余自贸区都是暂缓业务的开展。而在"支持民营资本进入金融业""简化区内机构准入方式""简化区内高管准入方式""简化区内外机构迁址、高管调任准入方式"这些方面,各地自贸区政策规定都差异不大。在江苏自贸区总体方案中,只是对设立金融机构突出了"依法合规"的精神,对于上面提及的三个"简化"没有涉及。

(2) 人民币跨境使用方面

在人民币跨境使用方面,各自贸区均是秉承人民银行最新通知精神进行相关支持政策的设计,包括"境外母公司境内发行人民币债券""银行发放境外人民币项目贷款""境外发行人民币债券""推进跨国企业集团开展跨境双向人民币资金池业务"等。上海自贸区还出台了有关对个体工商户在境外投资企业用人民币进行跨境贷款方面的政策,但因为涉及资金监管领域里部分条款的限制,监管资金来源和资金额度的获取较为困难,因此这方面还处于探索阶段。与其他自贸区类似,在江苏自贸区总体方案中,也仅提出了"扩大资本项目收入结汇支付便利化试点规模"。

(3) 深化外汇管理改革方面

因为监管较为困难,在本外币账户管理方面,目前我国控制比较严格,很多自贸区都没有开展此类业务。一是自由贸易账户。目前只有上海自贸区和海南自贸区被中央准许开展这项业务,其他自贸区在其被批准的总体方案中只是提出"探索建立与自贸试验区相适应的本外币账户管理体系"。二是在资本项目方面。有些较为容易监管的项目在各自贸区已经开展,比如外债宏观审慎管理、外债资金意愿结汇、融资租赁收取外币租金等项目。三是在经常项目方面,由于较资本项目易于监管,所以各自贸区已经开展了很多相关业务,比如 A 类企业货物贸易收入无须开立待核查账户和电子单证审核等业务。四是在跨国公司业务方面,各自贸区均被允许开展跨国公司外汇资金集中运营试点。在江苏自贸区总体方案中,更多的是围绕服务实体经济这个核心,只提出了"探索投融资汇兑便利化",其他项目方面涉及较少。

(4) 金融业务开放创新方面

在金融业务开放创新方面,各自贸区都是按照比较优势原则进行开放创新。比如,广东自贸区利用自身毗邻港澳,充分发挥粤港澳综合优势,开展了构建金融业综合统计体系以及金融综合监管试点;福建自贸区则利用其 21 世纪海上丝绸之路的核心区优势,主要是开展以项目投融资服务为重点的全国性基金管理服务平台等创新业务。江苏自贸区总体方案中,主要是围绕服务实体经济这个核心,"探索自贸试验区内上市公司外资股东直接参与上市公司配售增发业务,支持外籍员工直接参与境内上市公司股权激励计划",以及"在有效防范风险的基础上,稳妥有序开展供应链金融业务,探索债券、股权融资支持工具试点""鼓励保险公司创新产品和服务,为能源、化工等提供保障""研究设立跨境双向股权投资基金",在绿色金融创新政策方面,提出了"依法依规创新绿色金融产品和服务"。

2. 江苏自贸区金融开放创新内涵及思路

结合以上的比较分析,从江苏经济发展特征以及自身功能定位出发,江苏可以开展差别化的金融创新探索,满足自贸区企业的金融需求。

(1) 根据企业需求变化进行金融创新

自贸区的政策与区外差异较大,因此吸引了很多国内外企业进驻。在这个政策上允许先行先试的特殊区域里,金融机构可以结合自身定位,在制度、服务以及产品方面进行开放创新,以满足区内企业的各种金融需求。一是在跨境贸易方面。企业一般需要金融机构能提供信用证、保理、贸易融资资产支持证券化等金融业务。二是在跨境投融资方面。企业一般需要金融部门支持其投融资汇兑便利化,在资本项目下收入结汇支付方面提供一定的便利化。三是在跨境资金管理方面。企业在进行跨境经营时,一般需要从境外借用人民币以降低汇兑风险和企业融资成本。四是在资产配置方面。区内企业和个人需要打通区内外的界限,自由选择境内外金融机构,在全球范围进行自身的资产配置,这对金融机构提出了较高的要求。

(2) 围绕商贸物流领域进行金融创新

江苏自贸区的发展要充分利用自身的区位优势,结合三个板块各自的功能定位,发挥各自在区域内的物流比较优势,把满足企业的商贸物流金融需求作为金融开放创新的靶向点。从区位上看,自贸区三个片区都拥有自己的区位比较优势,南京片区北部靠近苏中,南部连接苏南,西部毗邻皖东,在江苏自贸区三大片区中起到承上(苏北)启下(苏南)、贯通东

(江苏)西(安徽)的核心作用;而苏州片区东部紧靠上海自贸区,西部衔接苏南都市圈;连云港片区除了拥有优良的深水港口,与朝鲜、韩国、日本隔海相望,还是亚欧大陆桥的起点和淮海经济圈的海港门户,运输是其最主要的特色。金融机构可以积极和物流企业进行战略合作,与企业在采购与分销流程中进行深度合作,在企业供应链环节发散思路,创新供应链金融产品,在融通仓、保兑仓环节提供便利化的资金融通服务。金融机构要重点关注产业链的上下游企业,针对产业链上的核心客户,围绕其上下游客户的融资需求,利用先进的网络技术手段,积极开展资金融通和保险业务创新,同时在应收、应付类产品方面开展创新业务,还可以尝试开发债券、股权融资以及融资租赁保理类金融产品。

(3) 根据各片区的特点进行金融创新

江苏自贸区的金融创新可以根据各个片区的经济运行特点以及战略发展的方向,因地制宜,针对性开展金融开放创新。

南京片区可以依托南京江北国家级新区,将其打造成具有国际影响力的自主创新先导区、现代产业示范区和对外开放合作重要平台,重点围绕大健康产业和电子信息产业在新金融方面有所创新;苏州片区可以依托苏州工业园区,突出其既有产业基础雄厚又有开放创新优势的特点,强化金融对区内企业,尤其是制造业企业的支撑,围绕四个高地建设,在开放创新融合上取得新突破。同时,苏州片区经济发展水平较高,围绕其"2+3+1"特色产业体系,可以尝试在拓宽境外人民币投资回流渠道,创新人民币国际化金融产品,支持符合条件的民营资本依法设立民营银行、财务公司、金融租赁公司、汽车金融公司和消费金融公司等金融机构;连云港片区可以依托连云港港区和连云港经开区,将其打造成亚欧重要国际交通枢纽、集聚优质要素的开放门户和"一带一路"交汇点,围绕这些支点为区内各种类型企业提供便利化的跨境金融服务,创新金融工具满足区内企业和个人在财富管理和跨境并购等方面的金融需求。设计一些衍生类金融产品,满足企业差异化的套期保值需求。支持外籍员工直接参与境内上市公司股权激励计划。此外,自贸区各个片区按照各自比较优势进行合理分工,加强区域间的合作。

三、深化自贸区金融开放创新的政策建议

1. 学习成熟经验,推广有成效的金融创新成果

经过一段时期的先行先试,上海自贸区金融创新试点取得很大的进展,每隔一段时间上海自贸区都会发布一些金融创新案例,截至2018年年底,共计发布了八批95个金融创新案例,这些案例主要围绕金融开放创新、金融市场创新、金融服务创新和保险业务创新等四个方面,这些宝贵的金融创新经验,值得江苏借鉴。其中包括推进人民币国际化、推进资本项目可兑换、跨国公司外汇资金运营管理、取消境外融资租赁债权审批、允许符合条件的金融租赁公司在境内外设立子公司、取消对外担保行政审批、放开金融机构市场准入和业务许可范围等专属创新内容。

2. 进行组织流程变革,推动金融创新顺利开展

组织流程的完善有助于金融创新,江苏可以鼓励省内金融机构在风险可控的情况下,积极变革其组织流程,尤其是对横跨多个全新业务领域的金融创新的审核,助推自贸区的金融创新。主要是通过设立专门机构、下放审批权限、快捷立项审批流程、提供线上产品服务和延伸金融服务触点,缩短对接客户需求的时间。一是鼓励江苏金融机构加快组织创新,在自贸区设立专门的分支机构,赋予这些分支机构更多的业务决策权,同时在风险可控情况下加快审批;鼓励商业银行总行对自贸区内分支机构进行直接管理。二是以境外机构业务管理模式为标准,做出一些适合自贸区企业发展的调整,在调整中尽量按照负面清单的原则来进行协调处理,积极推进金融业务开放创新。三是创新自贸区金融分支部门的绩效考核方法。以创新业务类型、创新业务占比等指标引导自贸区金融分支机构开展创新业务,在平衡自贸区企业融资需求和控制风险情况下鼓励扩大创新业务占比,积极支持自贸区金融创新发展。四是加快构建绿色金融体系,逐步开展绿色信贷、绿色基金以及绿色保险等新型绿色金融业务,

将我省自贸区打造成为全国知名的绿色金融创新中心。

3. 加大金融资源配置,深化科技与金融融合创新

加快科技创新已经成为当代世界主要大国展开经济竞争的主要法宝,更是当前江苏乃至我国经济高质量发展的动力源泉。科技创新需要金融支撑,科技创新型企业的逐步壮大更是离不开金融的支持。科技与金融的融合发展,是促进经济高质量发展的重要源泉。一是积极培育科技中介服务企业,逐步将金融机构体系的发展重点倾向于服务创新型企业。支持银行、非银行金融公司、非金融企业和个人等多元主体开展创业投资活动,积极对接国家级技术转移交易平台。二是建设江北新区知识产权金融创新中心。发展知识产权质押融资,试点知识产权证券化,引入专业化、市场化、国际化的金融机构和服务机构入驻知识产权金融中心。三是鼓励银、证、保等传统金融行业设立科技金融专项服务机构。鼓励省内银行在自贸区内成立科技支行或科技金融服务中心。四是探索政府投资基金的退出机制和方式的创新。重点在于鼓励种子期、初创期科技企业的发展,探索政府投资基金在这些企业的退出机制和方式创新,让利于这些科技企业。探索开展自贸区企业之间股权质押、股权转让等金融创新模式。

4. 优化金融生态环境,完善金融创新保障工程

经济持续健康发展离不开好的金融生态环境,同时优良的金融生态环境能够保障整体金融业稳健运行。增强市场参与主体的诚信意识,既可以提高市场透明度,也是完善金融市场体系、提高金融市场配置资源效率和运行效率的重要途径。一是不断优化自贸区的信用环境。充分借助社会信用体系建设平台,借助大数据分析等先进手段和科技,优化江苏自贸区的信用环境,建议搭建以"数据库+网络"为核心的自贸区内中小科技型企业信用信息服务平台,健全信用信息采集、共享机制,加大对中小科技型企业的金融支持力度。二是进一步融合自贸区金融业务所需的资金流和信息流。加快引进包括评估、法律、征信、担保和咨询等金融相关专业服务机构,积极促进中介服务体系的不断完善和健康发展,有利于为金融开放创新打造坚实的发展基础。三是尝试筹建江苏自贸区企业股权流转平台,探索自贸区企业之间股权质押、股权转让模式,有效配置自贸区内的各种资源。四是积极引进金融人才。制定有针对性的引人计划,提供配套设施,为人才落户提供尽可能的便利。

原文刊载于《唯实》2019年第12期。

新经济地理格局下的区域协调发展之路[*]

杜宇玮[**]

中国作为一个发展中大国,区域发展不平衡问题由来已久。究其原因,除了自然地理和资源禀赋条件以及历史因素之外,很大程度上还与改革开放前十来年中实施的区域经济非均衡发展战略有关。自20世纪90年代特别是进入21世纪以来,区域经济差距问题开始得到越来越多的重视,如何更有效地促进区域经济协调发展已成为党和政府的重要施政目标之一。党的十八大以来,"一带一路"倡议、京津冀协同发展、长江经济带发展规划、上海自贸区建设等国家意义上战略规划的出台,意味着我国开始进入强调拓展优化经济地理空间的区域经济一体化协调发展阶段。党的十九大报告明确提出,实施区域协调发展战略,要建立更加有效的区域协调发展新机制。因此,积极重塑国内经济地理,健全区域协调互动机制,已然成为新时代中国经济加快迈向高质量发展阶段的重要任务之一。

---

[*] 本文系国家社科基金青年项目"全球创新链视角下的中国生产性服务业内生性发展机制研究"(批准号:17CJY045)的阶段性成果,同时受中国博士后科学基金面上项目(编号:2017M620126)资助。
[**] 杜宇玮,江苏省社会科学院区域现代化研究院副研究员。

第一轮开放背景下国内经济地理的特征事实

在第一轮出口导向型开放战略下,我国东部沿海地区凭借区位优势和政策优势,吸纳和集聚了来自全国各地特别是农村的廉价劳动力,以及来自发达国家和地区的FDI(Foreign Direct Investment,国外直接投资),形成了一批国际代工制造业和加工贸易产业,进而成为带动我国国民经济持续多年快速增长的"火车头"。在这种开放型经济背景下,我国国内经济地理主要体现为以下三个特征事实。

一是"外强内弱",即外需产业较强,而内需产业较弱。我国以出口导向型经济为主要特征的第一轮开放重点强调对外开放,走的是一条依赖外需市场、吸收FDI发展加工贸易出口产业的国际化道路。然而,这种过于强调通过出口来拉动经济增长的发展模式,在经济地理空间上表现为出口市场导向型产业过度集聚,而国内市场导向型产业则发展不足。这导致了产业结构中的外需产业过度膨胀,而内需产业相对萎缩,使得经济增长过度倚重出口这一只"脚",加大了潜在的经济风险。而且,在出口导向型模式的低成本竞争条件下,我国产业工人的工资收入水平也难以显著提高,进而直接降低了国内居民的消费能力,产生消费遏制效应,导致缺乏支撑内需产业发展和升级的有效市场规模。

二是"东强西弱",即东部沿海地区经济较强,而中西部内陆地区经济较弱。改革开放之初,我国经济发展的基本指导思路是主张"让一部分人、一部分地区先富起来"的"两个大局"战略构想,即第一步让沿海地区先发展,第二步沿海地区帮助内地发展,从而达到共同富裕。在这种以效率为导向的非均衡发展思想指导下,珠三角、长三角、环渤海等东部地区的经济核心区域和增长极得以率先快速发展,成为中国经济奇迹的最大受益者。但与此同时,广大中西部地区则受区位条件和政策因素所限,经济规模、产业结构、基础设施、公共服务等各方面水平都严重滞后于东部地区。这是因为,一方面东部沿海地区出口导向型经济的发展,建立在中西部地区作为廉价劳动力和自然资源等低级要素供应者的基础之上；另一方面，正是由于东部地区对"世界加工厂"的低端定位，割裂了产业在地区间的技术经济关联效应，使中西部地区沦为纯粹的原材料和劳动力等生产要素的供应地，抑制了中西部地区发展劳动密集型产业的空间和可能性，从而导致中西部地区的增长发生了普遍"塌陷"。最终，东、中、西三大地带之间的区域经济差距明显拉大，东部沿海地区与中西部内陆地区之间形成了一条分割界限明显的"胡焕庸线"。这种区域差异明显的经济地理格局，也引发了产业结构、资源配置、收入分配、生态环境和民族关系等方面的一系列经济社会矛盾，从而成为制约我国经济稳定和可持续发展的重要障碍。

三是"海强江弱"，即沿海地区经济较强，而沿江地区经济相对较弱。改革开放以来，我国的对外开放主要在东部沿海，而沿江开发相对不足，因而存在"海强江弱"的国情。"六五"规划以来，沿海地区优先发展战略得到党和国家的大力支持。这段时期内，国家在东部沿海地区成立了深圳、珠海等5个经济特区。随后，相继开放了14个沿海港口城市，并将长三角、珠三角、闽南三角、环渤海等地区划分为沿海经济大开放区，由此形成了东部沿海地区整体的对外开放和高速发展态势。然而，以长江沿岸为典型的沿江地区虽然得益于水运便捷通达的天然优势，形成了数目众多的沿江产业园区，但是发展方式粗放，集聚的多为高能耗、高污染的重化工产业和落后产能，而且产业园区布局混乱，同质化竞争严重。另外，这类产业的外向化程度不高，市场往往局限于内需市场，不仅容易因内需不足导致产能过剩，而且还无法享受对外开放带来的技术溢出效应。

重塑国内经济地理的关键在于加强"三个联动"

鉴于以上"三强三弱"的国内经济地理特征，加强内外联动、东西联动与江海联动这"三个联动"，也从逻辑上成为新时代区域协调发展目标要求下我国重塑国内经济地理的关键所在。

一是加强内外联动,发展基于内需的经济全球化。在经济全球化背景下,只有充分利用国内外市场,才能真正发挥市场在资源配置中的基础性作用,实现要素资源的最优配置和利用。如果说出口导向型经济全球化战略,是基于过去低收入条件下的国内市场发育不足,主张利用外需市场并通过集聚和扭曲使用国内低级生产要素,进而切入由发达国家跨国公司主导和控制下全球价值链的低附加值环节。那么基于内需的经济全球化战略,则是强调通过利用内需市场的巨大规模优势,吸引、集聚和有效使用国内外先进的高级生产要素,构建由本土跨国公司主导和治理下的国内价值链,进而融入全球价值链和全球创新链的高附加值环节。这种立足内需扩大对外开放的战略模式,旨在通过对内开放深化对外开放,从而获取国际分工与贸易利益分配的主动权。随着国内居民收入水平的提高,巨大人口规模下的内需市场潜力无限。因此,必须把对外开放战略的重心转向开拓和利用广阔的国内市场,以内需促开放,进而提升对外开放层次与水平。

二是加强东西联动,促进区域产业链梯度分工发展。促进东中西部地区之间的协调发展,必须在深化东部地区对外开放的同时,做好向西开放的文章。随着东部沿海地区的要素成本和商务成本不断上升,当地加工贸易产业面临着产业外移的局面。中西部地区完全可以充分利用自身的要素成本优势,积极承接东部地区的代工制造环节转移,取得经济增长与产业发展的空间。同时,这种较低代价的国内区域间产业转移也能减缓东部地区要素成本的上升速度,减少产业升级的难度,从而为其从制造基地向总部基地转型创造足够的时间和有利条件。在这过程中,各区域应立足各自的资源禀赋和产业基础,发展具有比较优势的产业和产业链环节,实施产业梯度转移,培育新型产业集群,促进产业跨区域联动发展。一方面,各区域需要明确各自在经济地理新格局中的功能定位,在主导产业的选择上要各具特色,避免重复建设和恶性竞争,防止产业过度同构;另一方面,各区域的产业集群不能是孤立的产业园,而是相互之间有明确合理的梯度分工,从而形成一系列比较完整的国内价值链和产业链。

三是加强江海联动，构建纵横交叉的全方位对外开放网络。我国具有通江达海的地理优势，有条件也有必要加强江海联动开发，使得沿江和沿海地区的优势实现互补、互促、互动，做到互利互惠、共赢共荣，从而实现由增长极向增长带再向增长域转变，促进从出口导向转向内外融合，全方位提高对外开放水平。江海联动发展，不仅是交通运输体系上的联动，更是要利用东部沿海地区现有的对外开放优势，依托内陆沿江沿岸地区的广阔腹地，同时借力以沿海开发国家战略，强化基础设施和载体功能支撑。着力促进产业互补、要素有序自由流动和市场深度融合，推进沿江开发区与沿海开放区的协同发展，使得我国产业在国际分工中实现全球价值链与国内价值链的互动融合。从具体区域来看，处于江海交汇的长三角等地区可以成为江海联动发展的"桥头堡"，并继续成为新一轮开放战略的重要阵地。

新经济地理格局下促进我国区域协调发展的路径方略

一是抓住多重国家战略实施的契机，加快推进"一带一路"倡议与长江经济带规划的衔接贯通。党的十八大以来，党中央陆续描绘了"一带一路"倡议和以长江经济带发展规划为主体的新开放格局。"一带一路"和长江经济带分别横跨了东、中、西三大空间区域，形成了高、中、低三个不同经济发展水平的区域协调发展新体系。其中，"一带一路"倡议实际上就是通过对内、对外区域经济合作来参与经济全球化，是扩大对外开放的重要举措，而且其旨在使广袤的中西部地区形成一批类似长三角、珠三角的区域经济增长极，有助于实现沿海与内陆的协调发展。长江经济带发展规划则注重挖掘长江中上游广阔腹地所蕴含的巨大内需潜力，有利于扩大消费需求，优化投资结构，是扩大内需的有力之举，而且其注重加强沿江东中西部的产业互动合作，有助于实现发达地区与欠发达地区协调发展。不仅如此，"一带一路"在能源、技术、资金、人才等方面的资源优势和市场优势，可为长江经济带的转型升级提供坚实的支撑，而长江经济带在基础设施、产业转移、生态环境等方面的区域合作,也可为"一带一路"开展更高层次、更大范围、更广领域的国家和地区合作提供经验和示范。因此,促进这两大国家战略的贯通与对接,加强两大支撑带之间的区域互动,可以实现内外协同,东西并进,优江拓海,从而共同构成我国区域经济协调发展的新载体和新引擎。

二是培育具有较强国际竞争力的特色城市群,以城市群发展带动区域发展。在新时代,党中央正积极推进和统筹实施以西部大开发、振兴东北等老工业基地、中部崛起和东部率先发展为核心的"四大板块"战略,以"一带一路"和长江经济带发展为核心的"两大支撑带",以京津冀协同发展、粤港澳大湾区以及长三角一体化建设为核心的"三大城市群"发展战略组合,形成了东中西互动、优势互补、相互促进、共同发展的空间新格局。可以预见,城市群将逐渐成为我国经济的新增长极,构成国家和区域发展的重要支撑点,从而成为城市化最显著的标志。需要指出的是,城市群之间的融合协调发展,不仅是地理空间意义上的交通连接畅通,还包括要素资源的充分自由流动、产业的合理分工以及公共服务的合作共享。除了要积极发挥北京、上海、广州、深圳、南京、杭州、武汉、重庆等各区域中心城市的辐射效应,还必须培育一大批具有国际化基础设施、国际级城市管理水平和符合国际惯例标准之营商环境的中小城市。同时鼓励中小城市"抱团"发展,合力构建具有差异化和协同错位发展功能的特色城市群,最终以城市群形态融入区域分工,从而带动区域发展。

三是打造国内统一大市场,促进商品和要素资源在区域间充分自由流动。一个商品和要素充分自由流动的统一开放的国内市场体系,是区域协调发展的应有之义。十八届三中全会决议提出"要建设统一开放、竞争有序的市场体系",这就要求促成国内市场一体化发展。市场一体化发展意味着各区域之间要互相协调,共同清理阻碍商品和要素合理流动的地方性政策法规,打破区域性市场壁垒,实施统一的市场准入制度和标准,加强区域间市场服务功能的完善与合作。在商品流动方面,需要通过加快国内各类专业市场体系的整合与提升,构建现代化、国际化、规范化、高端化的专业大市场；同时统筹规划和优化整合机场、港口、轨道交通，构建和扩张各区域与各城市之间的高铁、高速公路、信息通信等基建网络，打破地理边界，推动基础设施一体化发展。在要素流动方面，需要通过土地制度、户籍制度、融资体制、能源供给等方面深化要素市场化配置改革；同时通过构建更加有效的区域协调发展制度网络，打破行政边界，实施教育、医疗、就业和社会保障等方面的公共服务一体化。

四是建立健全区域共享互利机制，促进区域之间的分工与合作。区域协调发展是国家层面的全局性问题，其谋划需要跳开局部的行政辖区和狭窄的经济空间边界，从更高层面、更大视野上进行统筹协调，加强区域之间的产业分工合作和要素资源共享。在产业合作内容上，要积极拓宽合作领域，除了工业项目等经济领域的合作之外，还可以延伸至社会事业、环保等民生领域的合作，也可以涉及科技、金融、人才、信息等要素领域的合作。在产业分工布局上，要以区域生态环境容纳力为准绳进行合理规划和布局，促进人口、经济与自然环境协调发展。在产业合作方式上，联合推进各区域重叠的产业项目，从而促成要素资源的合理有效配置。另外，可通过设立区域合作发展基金，共建产业技术创新战略联盟，以及发挥行业协会等第三方机构的中介和协调作用，来推动各地产业集群相互交流合作的深化，以实现不同区域之间互利、联动和协调发展。

原文刊载于《国家治理》2019年1月21日。

围绕"四种形态"推动新经济加快发展

杜宇玮*

党的十九大报告指出,要推动互联网、大数据、人工智能和实体经济深度融合,在中高端消费、创新引领、绿色低碳、共享经济、现代供应链、人力资本服务等领域培育新增长点、形成新动能。这实际上就是要求通过发展新经济来推动经济增长新动能的培育和塑造,发展新经济已成为适应全球新技术革命、践行创新发展理念、实现新旧动能转换的重要抓手和有效途径。

近年来,随着物联网、云计算、大数据、人工智能等新一代信息技术的出现和不断成熟,人类社会正在从"传统工业化"迈入"复合工业化"的新时代,全球资源配置的形式和效率不断革新,新的产业组织形态和商业模式不断涌现,发展新经济正裂变和酝酿出数字经济、智能经济、流量经济、创意经济、绿色经济和共享经济等多元行业"蓝海"和"风口"。基于全球视野和江苏现实,江苏新经济加快发展的"四种形态"尤为重要。

以智能经济为引领,加快发展以智能制造为重点的制造产业,建设具有国际竞争力的全球先进制造业基地。智能制造是智能经济的核心内容之一。江苏作为制造业大省,具有良好的智能制造基础,主攻智能制造来

---

* 杜宇玮,江苏省社会科学院区域现代化研究院副研究员。

建设具有国际竞争力的先进制造业基地,重点是要加快推进智能制造关键技术装备、核心支撑软件、工业互联网等系统的集成应用,提升重大成套装备集成能力和智能化水平。以智能装备制造业为支撑,对传统产业进行智能化改造,建设一批智能车间、智能工厂,发展"江苏智造",最终促进制造业提质增效升级。

一是基于工艺流程升级的制造装备智能化和生产方式智能化,促进制造工艺仿真优化、数字化控制、状态信息实时监测和自适应控制,实现基于消费需求智能感知的制造模式变革。二是基于产品升级的制造产品智能化,使得产品具备自动存储数据、感知指令、与控制中心通信的能力。三是基于功能升级的设计智能化和服务智能化,推进智能化、数字化技术在企业研发设计、生产制造、物流仓储、经营管理、售后服务等关键环节的深度应用,实现全生命周期制造活动智能化。四是基于链条升级的新兴智能制造业发展,如3D打印、工业机器人、智能汽车、智能家电、智能家居等。

以枢纽经济为核心,加快发展以生产性服务业为重点的现代服务业,建设具有国际影响力的全球资源要素集聚配置中心。枢纽经济作为流量经济的重要表现形式,是指一种以交通或物流枢纽、金融或信息服务平台等要素资源集聚平台为载体,以聚流和辐射为特征,以科技制度创新为动力,以优化经济要素时空配置为手段,重塑产业空间分工体系,全面提升区域和城市能级的经济新模式。发展枢纽经济,首要的是建立"虚实结合"的基础设施网络体系。其中,"实"网络包括便捷和高效的公路、铁路、航空、城际交通网络体系以及油气管道网络体系,"虚"网络则主要指互联网、物联网等信息通信网络。

江苏区位优势优越,应充分发挥"一带一路"交汇点和长江经济带的水陆交通优势,通过水陆通道无缝对接,实现水陆联运、海陆互动,打造海陆空"三位一体"的立体综合交通网络和交通运输体系,发展港口经济、高铁经济和空港经济。具体而言,就是通过高水平建设交通、信息基础设施网络及其区域一体化,吸引跨国公司区域总部、研发中心、采购中心、财务管理中心、电子商务中心和结算中心等生产性服务功能机构落户,推动生产性服务业向专业化和价值链高端延伸,加强对全球创新要素的集聚、控制、配置和整合能力。

以绿色经济为支柱,加快发展以新能源和节能环保为重点的生态产业,建设国际化的全球生态宜居示范区。加快生态文明建设,应积极推动新能源利用,大力推进节能减排,形成节约能源资源和保护生态环境的产业结构、增长方式和消费模式,加快实现向绿色经济转型。

一是加快清洁能源的储能和转化利用。加快推进太阳能电池的研发、生产和利用,积极构建城市能源互联网,建设清洁能源受端城市和市场化示范基地。二是积极发展低碳技术和绿色制造。着力推进节能减排,推进能源、原材料等传统重化工业的集约化、清洁化和循环化;着力发展碳纤维、纳米材料、石墨烯等战略性新材料,加快建设国家级新材料高新技术产业基地。三是加快推进宜居生活城乡建设。以生态宜居为标准,践行节能节水节材的城乡设计理念,在城市建设中加大新能源、新材料、节能环保产品的开发利用,改造提升垃圾收集处理及利用产业,积极发展绿色交通、绿色建筑、绿色餐饮等绿色业态,加快新型城镇化和新农村建设。

以创意经济为补充,加快发展以创意设计为重点的文化创意产业,建设国际知名的全球创意设计产业基地。发展文化创意产业是构建富有地域特色的新经济产业体系的重要路径。加快发展创意设计,对于企业提高自主创新能力、提高产品附加值、实现品牌国际化、推动制造业与服务业融合、全面实现制造业转型升级具有重要意义。

把创意设计作为转型升级的重要动力,依托沿沪宁线高等院校、科研院所、文化园区等创意设计资源高度集中的优势,促进工业设计、工程设计、软件设计、数字内容等产业的优势互补和产业协作。在建设沿江创意设计城市群和沿运河创意设计特色产业带的基础上,打造国际知名的全球创意设计产业基地。一是发展工业创意设计。以工业设计园为载体,促进工业企业与设计服务企业的对接合作,加快形成具有江苏特色的工业设计创新体系和全国一流的工业设计中心。加快支持苏南等有条件地区构建3D打印、虚拟制造和设备共享等公共技术支撑平台,根据各地资源基础和产业优势,选择性发展集成电路和电子设计产业集群、船舶和港口机械设计产业集群,以及消费电子、医疗器械、文体用品设计产业集群。二是发展数字创意设计。加快推进国家级数字出版基地建设,着力打造南京新城科技园中国游戏谷、江苏(国家)未来影视文化产业园、国家动漫游戏产业基地、国家数字电影产业园等一批国际知名、国内领先的数字娱乐和动漫游戏产业集聚区。

江苏作为实体经济大省,紧紧围绕经济高质量发展目标,牢牢把握全球新经济发展趋势,坚持立足江苏发展基础和条件,更加精准、更大力度地推动新经济加快发展。

对标国内外成功案例,加强新经济发展的顶层设计。新经济意味着发展理念、产业形态、组织方式、制度环境的全新变革,必须充分解放思想,大胆创新体制机制。首先,要以习近平新时代中国特色社会主义思想为指导,重新审视和思考新经济发展的理念、方法、动力和机制,勇于改革创新,为新经济发展提供足够的思想基础和动力源泉。其次,充分学习、借鉴国内外新经济发展经验。以美国、德国、以色列、新加坡等国家和北京、上海、深圳、杭州等国内城市的成功案例为标杆,总结和学习其发展经验和做法,结合江苏实际,开创一条具有江苏特色的新经济发展之路。最后,加强专项规划引导,构建一套新经济发展的统计考核体系,并进行跟踪监测和评估。同时,根据新经济发展的新趋势、新动向来修订和完善规划,发挥规划引导作用。

实施精准的产业政策,推动新经济发展的主体培育。围绕智能制造、生产性服务、新能源、节能环保、创意设计等重点产业领域,实施精准的产业政策,做优存量、做强增量,打造专业化的产业集群,培育一批具有较强活力和竞争力的市场主体。首先,扩大市场准入。降低各类新经济企业的市场准入门槛,推动新经济领域有序开放,逐步放开外资准入限制,鼓励个人、企业、机构和社会资本以各种形式发展新经济企业,落实先照后证等企业登记注册的相关政策措施。给予众创空间以更多的政策优惠和执行权限,扶持和孵化一批科技型企业。其次,培育龙头企业。在各行业内选准一批产品特色明晰、竞争优势突出、外溢效应显著、辐射功能强大的核心企业,在政策上给予重点扶持,帮助其完善要素供给和产业链配套,促使其成长为行业的"独角兽"企业。最后,创建知名品牌。加强创意设计与其他新经济领域的融合,加强产品外观、内涵等创意设计,赋予品牌文化内涵,提升产品品牌价值。建立品牌数据库,利用互联网和第三方服务机构,集中宣传推介一批有潜力的活动、企业和产品,打造一批有江苏特色的新经济产品、企业和集群品牌。

吸引全球创新要素集聚,强化新经济发展的要素支撑。坚持以创新需求和企业成长壮大为导向,扩大对外开放,充分发挥市场对资源配置的决定性作用,促进各类创新要素向新经济领域和企业流动集聚,为新经济发展提供丰厚土壤。在技术要素上,积极申报创建国家实验室,加强前瞻性基础研究,推进政产学研协同创新,努力在引领性原创成果和关键共性技术上取得重大突破。在资本要素上,可通过设立技术研发基金、产业投资基金、新经济天使基金和发展基金,为新经济企业的创业投资、技术研发、品牌运营等提供全过程融资服务。在人才要素上,出台新经济人才引进办法,鼓励企业和创新创业团队对新经济人才的引进使用。引进培育一批猎头公司,强化对新经济人才招引的市场化运作。依托省内丰富的高等院校、科研院所和企业培训资源,建立新经济人才培训和实训基地,重点培养高层次研发、创新和应用人才。在信息要素上,加快完善新一代信息基础设施,积极建设面向大数据应用的互联网数据、云计算和数据中心,整合现有公共数据资源,建立全省统一的公共信息资源开放平台。

优化制度供给,完善新经济发展的服务体系。发展新经济,需要不断完善制度供给,营造良好的社会环境。首先,要加强政府管理服务改革和创新。集中力量支持新经济核心关键技术攻关、产业链协同、重大应用示范、标准规范制定和公共服务平台搭建,加快推进综合性和专业领域的产业创新中心建设。其次,要提高政府服务效率。清理妨碍企业创新的制度规定和行业标准,简政放权,减少甚至免去项目审批环节。强化底线思维,制定新经济领域的产业负面清单,放宽新经济领域的企业登记条件,提高新经济企业创业投资效率。再次,加强新经济领域的行业监管与法治保障。加强政府监管,建立以信用为基础、以新一代信息技术为支撑的动态包容审慎的监管体系。加强对知识产权保护、专利商标认定、标准化和质量监督管理、企业并购等地方立法,开展知识产权综合管理改革试点,搭建知识产权分析评议服务平台。最后,营造有利于创新的社会环境。培养新时代企业家精神,对新经济领域的创新创业进行宣传鼓励、物质激励和精神奖励。通过广泛的教育宣传和信用平台机制建设,提高社会的诚信度,为新经济企业成长提供一个开放、包容、诚信的社会环境。

原文刊载于《群众》2018年1月21日。

金融发展须避免走入新的误区

杜宇玮[*]

金融杠杆率并非越低越好,根据我国经济发展现实情况,当前应采取总量层面的"稳杠杆"、结构层面的"去杠杆"和效率层面的"优杠杆"相结合的策略。

习近平主席在 G20 峰会上指出,"今年是国际金融危机发生 10 周年","尽管世界经济整体保持增长,但危机的深层次影响仍未消除"。这说明,十年之后,我们仍未彻底走出国际金融危机的阴影。反思、吸取国际金融危机的教训,同时结合金融业的最新发展,避免走入新的不良误区,仍具有非常重要的现实意义。

创新误区:金融创新越多越好。在互联网信息技术快速发展和金融需求多元化、特色化趋势下,以金融产品、服务、工具和机构创新为核心的金融创新无疑是提高金融资源配置效率的重要途径之一。然而,金融创新也是一把"双刃剑",其增加了金融体系的不稳定性和金融管理的难度,若处理不当,会引发地区乃至全球金融危机,从而会对整个经济造成极大的破坏性。首先,创新本身就意味着极高的失败率,越是创新越需要监管。其次,金融创新归根到底是用来服务实体经济的,因而不能过于激进

---

[*] 杜宇玮,江苏省社会科学院区域现代化研究院副研究员。

而超越实体经济发展,否则就成了"空中楼阁"。最后,现在很多所谓金融创新其实是"伪创新"。许多金融机构打着"互联网金融"的旗号,以创新之名开发了不少跨行业、跨市场、长链条、层层嵌套和结构复杂的金融产品。然而,这些实际上都只是为了规避发放流动资金贷款的限制,本质上是更大范围地扩大杠杆,通过各种形式让企业获得更多的贷款,从而实现贷款利差。更严重的是,这类创新产品中的不少资金最终流向了房地产、地方融资平台、基础设施建设等领域,既增加了金融体系风险隐患,又由于链条较长而抬高了社会融资成本。这些"伪创新"往往容易酿成意外的金融风险,近些年诸多互联网金融和P2P企业卷钱"跑路"便是例证。因此,为了提供更多的综合化、特色化、差异化的优质高效金融服务,金融创新是必要的,但也需要适度,需要监管部门进行监管和协调,构建一个好的金融服务平台和监管体系。

规模误区:金融业规模越大越好。金融业是现代服务业的重要组成部分,因而也是现代经济增长的重要贡献力量之一。2005年以来,我国金融业规模逐年扩大,品种渐全。但是,从供给效率来看,大量的货币投放并未让实体企业感受到融资的便利性,金融资源向实体经济流动的渠道还不够畅通。商业银行往往通过对大企业给予大额度贷款和大量超额授信,导致大企业部门尤其是国有企业杠杆率持续攀升,房地产、基建等行业贷款占比较高,大量"僵尸企业"占用了较多信贷资源,而中小微民营企业则仍然普遍面临融资难、融资贵问题。在金融业规模快速增长形势下,"脱实向虚"趋势显著,金融推动实体经济增长的边际效应也呈现出持续下降态势。因此,金融业发展规模必须适应实体经济增长的需求。如果金融业发展明显超过实体经济增长,那么无论对金融业本身还是对实体经济发展来说都是不利的。

同时,随着近年来金融业的不断发展,一些新的问题和误区也日益引起人们关注。

杠杆误区:金融杠杆率越低越好。杠杆是金融的天然属性之一,也是金融服务实体经济的重要渠道。一般认为,杠杆率与经济增长之间呈现

"倒U型"关系,即适度的杠杆率有助于经济增长,但超过一定的临界值后就会抑制经济增长。2008年全球金融危机和近几年股市异常波动都凸显了金融杠杆的危害,从而使杠杆率水平一度被视为系统性危机的预警指标。但这并不意味着杠杆率越低越好。首先,从金融运行机制来看,当前所有商业银行都带有金融杠杆,这也使得金融产品能够让投资者相对便捷地管理风险。目前,金融体系较为完善的发达国家的杠杆率也普遍高于发展中国家。其次,从金融风险来看,金融危机的可能性不是取决于杠杆率水平高低,而是与杠杆率上升速度和债务偿付能力密切相关。野村证券提出的"5-30"规则说明,发生危机之前的五年,信贷占GDP的比重一般都要上升30%以上。国际经验也表明,杠杆率在短期内快速飙升是导致金融危机的重要原因之一。实际上,杠杆率的上升之所以会抑制经济增长,是因为杠杆率过高会加重实体经济债务和利息负担。但是如果杠杆率高,而偿付能力却有保障,那么出现金融危机的可能性很低。因此,需要关注的不是杠杆率的绝对水平,而是杠杆率的上升速度和债务偿付能力。最后,过分追求低杠杆率而一味地降杠杆,既不符合金融运行的规律,也不利于金融体系稳定。2015年我国股市的异常波动也已充分体现了金融杠杆过快下降的危害。再考虑到我国经济发展进入新常态,以及国有企业杠杆率较高而民营企业的杠杆率较低的现实,应当采取总量层面的"稳杠杆"、结构层面的"去杠杆"和效率层面的"优杠杆"策略。即将杠杆率控制在适度范围内,降低国有企业杠杆率,同时提高民营企业杠杆率,并让金融主体有足够的杠杆使用空间来服务实体经济。

监管误区:金融监管越严越好。既然金融创新功能的有效发挥需要金融监管,那么是否意味着金融监管力度越强越好呢?答案是否定的。首先,金融创新难免会带来一系列风险,同时也会给传统金融业带来冲击。但是,如果对金融创新的一些暂时性负面效应采取"一刀切"做法,无异于因噎废食,会阻碍金融资源引入实体经济渠道的畅通,从而不利于支撑实体经济发展。其次,金融监管政策存在滞后效应,这会导致在一定时期内监管压力的累积而不利于金融创新的正常开展,从而影响监管政策的执行效果。最后,监管政策本身还存在风险。这主要表现在市场准入方面,即金融创新是否以及何时会获得监管部门的批准。由于传统金融格局的利益固化,监管部门可能会阻挠有益的金融创新进入市场,或仅仅批准金融新产品与新服务的某些功能,使得金融创新达不到预期效果和收益,从而失去市场先机与创新红利。因此,与加强监管相比,更重要的是改善监管,强调依法、适度、有效地监管金融创新,使之更好更有效地为实体经济服务。

适应高质量发展需要,提升金融服务实体经济效率,关键是要以供给侧结构性改革为主线,充分发挥金融对经济发展方式转变、经济结构优化和经济增长动力转换的积极促进作用。

以服务实体经济为根本宗旨,稳步推进金融业有序健康发展。金融的本质是服务业,既服务于实体经济发展,同时又依赖于实体经济发展。首先,对于地方政府而言,必须遵循客观经济规律,以实体经济为本,建立合理的市场化机制,引导和稳步推进金融业有序健康发展,充分发挥金融对实体经济的"助推器"作用,形成"虚"与"实"良性互动的经济运行局面。其次,对于地方金融机构而言,必须始终坚持以服务地方实体经济为根本宗旨和导向,将服务实体经济的成效而非本身的利润作为评价经营绩效的重要指标,引导更多金融资源配置到经济社会发展的重点领域和薄弱环节,切实提高服务实体经济的效率。

强化金融服务的创新导向,促进全要素生产率增长。在迈向高质量发展阶段,建设现代化经济体系是战略目标,重要任务是以供给侧结构性改革为主线,推动经济发展质量变革、效率变革、动力变革,提高全要素生产率。其路径和抓手之一是要建设实体经济、科技创新、现代金融、人力资源协同发展的产业体系。为此,不同于经济高速增长阶段传统金融服务的要素集聚和经济增长导向,现代金融要强化创新导向,通过支撑和服务科技创新创业,促使金融资源向关键创新领域和重要创新载体集聚,进而促进全要素生产率增长,最终推动经济发展方式从要素驱动、投资驱动向创新驱动转变。

发挥金融服务的资源配置功能,推动经济结构调整和产业优化升级。金融作为经济运行的核心和社会资源配置的枢纽,具有引导和优化资源配置、挑选优质投资、推进创新创业活动等多方面的功能,从而是推动经济结构调整和产业优化升级的重要工具。以商业银行为例,其可以通过盘活沉淀低效产业和部门的信贷资源,转而投向更有发展潜力和效率的实体经济部门,矫正要素资源的错配和扭曲,优化信贷结构,从而有助于提高金融服务实体经济的质量和效率。

加大面向新经济的金融服务供给,为培育经济增长新动能提供坚实支撑。金融机构需要把信贷资源向新经济领域倾斜,同时发展专门面向新经济发展的特色金融业务。具体来说,重点支持以智能制造、物联网、大数据为重点的智能经济,以高级生产性服务业为重点的枢纽经济,以新能源和节能环保产业为重点的绿色经济,以创意设计、影视动漫为重点的创意经济等新兴产业发展。同时,还要支持传统产业向新模式和新业态升级。比如,支持企业运用"互联网+",推进关键技术装备、核心支撑软件、工业互联网等系统的集成应用,提升重大成套装备的集成能力和智能化水平等。

原文刊载于《大众日报》2018年12月12日。

香农自贸区创新启示录

周睿 砺之[*]

在当代全球经济史上,香农有着举足轻重的地位,它开创并成功探索了一条建立自由贸易区的全新经济开发区模式。从1980年起,香农自贸区的成功经验就吸引了中国的目光,其利用外资建立出口加工区的经验,为改革开放初期中国建立四大经济特区提供了借鉴。此后,多位国家领导人先后到访香农,来自香农的经验也源源不断地被华夏大地众多的"改革试验田"借鉴学习,揭开了香农自贸区与中国近40年往来和合作的大幕。英国《卫报》曾感叹"香农模式,在中国结出硕果"。2012年2月,习近平总书记参观考察香农开发区,高度评价了香农自由贸易区的建设成就;2015年5月,李克强总理在香农技术经停;2016年4月,中国(上海)自由贸易试验区与爱尔兰香农自由贸易区签署战略合作,在多个领域展开战略合作。

宛若璀璨玉带的香农河在爱尔兰中西部缓缓流淌,河畔边正屹立着举世闻名的香农自由贸易区。从1960年创设全世界第一个自由贸易区起,香农不断探索创新举措,不仅为爱尔兰经济发展做出了重要贡献,更

---

[*] 周睿,江苏省社会科学院区域现代化研究院副研究员,南京大学自贸区综合研究院特约研究员。
砺之,《群众》杂志社工作人员。

作为自贸区的鼻祖为世界开放型经济发展提供了有益借鉴。

香农的四次转身

把握地理优势，小村庄变身大机场。1930年，香农还只是爱尔兰香农湾地区众多小村庄中的普通一员。当时，国际主流客机主要是活塞式螺旋桨飞机，无法长时间续航，需要中途地面燃料补给。爱尔兰西部正处北美和欧洲大陆的中间线上，爱尔兰当局希望把握住这一地理优势修建补给机场，为来往于北美和欧洲航线的飞机提供燃料补充。最终机场选址地处避风河口湾的香农，于1936年动工。1942年香农机场建成，正值美国参加二战不久，美欧之间飞机来往频繁，由于所处大西洋航线中轴，香农很快成为重要的航空中转港和航空公司运营基地，提供中转停留、补给燃油等服务，本地航空服务业得以迅速发展。1947年，香农机场创举性地在机场卖烟酒的小小柜台实施免税，由此诞生了全球第一家机场免税商店。

打造税收优势，单一的航空服务转向出口加工贸易。但是好景不长，随着喷气式飞机技术的问世和普及，飞机续航能力大增，跨大西洋航线上的班机不再需要在香农机场停机加油，停留香农国际机场的飞机减少，简单的航空加油服务模式难以为继，依靠机场带动的香农当地经济发展陷入困境。冷落的机场到底是该关闭还是转型？1959年，爱尔兰政府成立香农开发公司，决定在此成立一个享受特殊税收优惠的区域制造性园区，通过吸引外资，发展航空货运业务，以开发挽救机场和周边地区。1960年，香农开发公司在紧邻香农机场的地方建立了世界上第一个以出口加工业为主的自由贸易区，以其免税、低税政策和低于欧美大陆劳动力价格的低成本优势，吸引外国特别是美国企业的投资。当时香农自贸区推出的一些激励制度，在今天看来仍很具吸引力，如对有意在自贸区内成立实体的合格公司及已在自贸区内经营的公司给予资助、研发税收抵免和出售股权资本利得税豁免等优惠。

注入院校资源，转型升级科技工业产业。从20世纪60年代开始，香农的出口加工贸易面临着本土劳动力价格上涨压力和东亚国家及地区同质化竞争的双重冲击。鉴于出口加工贸易的附加值偏低，且世界加工贸易向东转移的大趋势，爱尔兰政府提出重点推动科技型工业，香农自由贸易区响应这一号召，决定调整园区发展战略，推动产业结构转型，通过大力发展香农湾地区的高校事业，如建立利默里克大学和利默里克工学院，积极依托高校的强大人才资源和科研力量，引入大量科技型企业，建立高新技术公司创新中心和国家科技园，推进科技创新与经济发展相结合。1984年，香农国家科技园在利默里克市成立，促进了当地工业从劳动密集型向技术密集型转变。

多管齐下，向现代多产业融合协调发展。进入20世纪90年代，全球化分工进一步深化，中低端制造业大规模向新兴市场国家转移，同时，以互联网产业为代表的知识经济迅猛发展。面对美欧发达国家的继续领跑和新兴国家的后发优势，香农自由贸易区再度调整发展战略，转向发展服务业和知识经济型产业。不仅建立了凯里和提珀雷里两个技术园以及恩尼斯信息时代园和博尔技术中心，还利用机场客源的吞吐优势，开发当地的文化遗产和自然风光，大力发展旅游休闲产业，旗下拥有如本拉提城堡中世纪晚宴、民俗公园等深受欢迎的旅游项目，旨在打造世界级的生活、工作、学习和旅游休闲胜地。

自贸区成功的要素

构建系统完善的基础设施，营造良好的营商环境。基础设施建设是香农自由贸易区发展的基础，在多年的发展中，形成了完善的交通、通讯、科研平台等基础设施。香农一体化综合开发交通、办公设施、水电供应等配套服务，提供健全的基础设施和优质服务；香农国际机场利用其得天独厚的地理优势，致力建成欧洲至北美的航空枢纽，目前拥有30多条直飞国际航线，实现3小时内可达欧洲几乎所有主要城市；光纤通信与宽带网络连接欧美主要大城市。除了重视这些硬件基础设施建设之外,香农自贸区还高度重视法律法规的建设,使得自由贸易区内的所有事件都可做到有据可查、有法可依,让企业对自己的行为有着明确的预期。爱尔兰议会在1947年通过了《免关税机场法案》《免关税机场管理条例》;1958年又在《生产控制法》的基础上制定了《工业发展(鼓励外部投资)法案》;1959年制定了《香农自由空港开发有限责任公司法案》;2014年通过了《国家机场(香农集团)法案》,规范了香农自由贸易区的运营管理行为。

积极实施多种优惠政策,引导产业发展方向。在2000年之前,爱尔兰的企业所得税是欧洲国家中最低的,香农自贸区也同样采取这一税率,所不同的是,它将所得税税率的适用范围从工业生产部门扩展到所有的国际服务性行业,包括国际商业机构的总部、出版商、仓储、国际金融服务、咨询与培训服务等所有与国际贸易有关的部门。此外,爱尔兰政府还与世界上很多重要工业国签订双边税收优惠协议,并公开保证外国投资者的税后利润可不受任何限制自由汇出。除了税收优惠外,香农自贸区规定,凡是在区内的外商投资建厂,政府提供补助资金以及对区内的工厂、建筑及制造设备提供折旧补贴,同时,还为企业提供就业、研发、培训等方面的财政补贴。

推进各类创新园区建设,打造创新公共平台。香农自由贸易区高度重视创新平台的建设。1984年,园区就以利默里克大学为核心,建立了利默里克国家技术园区,并紧密联系利默里克理工学院,为整个自贸区提供技术创新和扩散的支持。此后,随着香农自贸区的扩展,周边还分别设立了以特拉利理工学院为核心的凯里技术园,以蒂珀雷里学院为核心的蒂珀雷里技术园,以阿斯隆理工学院为核心的比尔技术园。这些技术园配建相关的创新工场和商业设施服务,成为市场导向型商业孵化地、知识密集型和高新技术密集型产业中心。除了上述四大技术园区外,香农自贸区还建立了恩尼斯信息时代园区,该园区结合世界一流的商业服务、城镇中心设施和自然风光设施,提供企业投资和发展所需要的商业需求。此外,香农自由贸易区积极推进香农知识网络体系、创新工场、西部商业园区等多个商业园区项目,为新企业增长提供项目和相关便利。

香农模式的启示

坚持规划引领,注重园区科学管理。爱尔兰在1959年设立了香农开发署,并设立了香农自由空港开发有限责任公司(简称香农开发公司),负责香农地区的全面开发业务。香农开发公司制定了爱尔兰第一个工业发展规划,并按照规划的目标,主动和相关企业对接和洽谈,为这些企业落户香农提供便捷的服务。在过去的近60年中,香农开发公司对当地工业、旅游业、农牧业等进行了一体化的多层次开发。2012年,为了打造一个世界级的航空集聚区,爱尔兰政府决定对香农开发公司进行重组,香农开发公司仅保留主要的物业资产,其他运营管理业务被剥离,改名为香农商业企业有限公司,作为新组建的香农集团的下属企业,与香农机场、香农国际航空服务中心和香农(遗产)共同作为香农集团的四大分支公司负责各自领域的专业化运营和管理。

构建政府与市场相结合的园区管理模式。香农自由贸易区一直通过政府授权的开发公司进行运行管理,展现出了专业高效的管理能力,为园区建设提供了强有力的保障。具有政府背景的香农开发公司统筹负责整个香农地区的全面经济开发,这家公司本身就是一个创新:它既是一个由政府控股的机构,受国家企业和贸易部部长直接管辖,又是自负盈亏的有限责任公司。进入新世纪,香农自贸区整体经济规模因为新增投资乏力而下滑,为在全球外资引进争夺中更具优势,爱尔兰政府决定对这家"功勋老臣"改组,剥离其对外招商引资和本土企业的扶持业务,香农开发公司只具体负责香农开发区的经营管理,以便集中精力实施香农开发区发展蓝图。2014年,在政府主导下,香农开发公司与香农机场管理局等机构重组成立香农集团,新组织的使命是将该地区发展为国际航空服务中心,建立一个世界级的产业集群,以期带动爱尔兰中西部地区发展。

以多产业协调发展推动产城融合发展。产城融合是产业多元化协调发展的必然结果；产业的壮大和集聚，必然带来大量的人流汇聚，从而为城市的形成提供必要的条件；同时，城市的发展，也增强对人才的吸引力，促进产业的发展。可以说，产业与城市这二者在香农自由贸易区发展历程中是相互促进、和谐共生的。20世纪90年代，香农自贸区向东拓展，与城区逐渐融合，在空间布局上形成西重生产、东重服务，中心城区提供研发支撑的城市空间结构，不仅整合周边25公里范围内香农湾地区的科技研发力量，构建为自贸区提供智力支持的"知识网络"，更借力机场吞吐量优势，兴建世界一流的高尔夫球场和水上运动中心，开发当地旅游资源。显而易见，香农自贸区已作为区域生产组织核心，通过自身引进的国际化生产服务要素带动城市生产组织方式的变革与创新，最终完成城市空间的转型。

原文刊载于《群众》2019年第8期。

围绕如何集聚全球创新要素展开先行先试

周 睿[*]

● 南京自贸区要围绕如何集聚全球创新要素展开先行先试,着力打造便捷的基础设施、高水平的公共研发载体与平台,积极营造国际一流的营商环境和宜居环境,推进鼓励和支持创新的体制机制。

● 考虑到南京自贸区距离南京禄口国际机场较远,建议规划新建南京江北国际机场,同时加快高铁江北新区站建设工作和沿江相关港口的提标升级工作。

按照《中国(江苏)自由贸易试验区总体方案》要求,要把江苏自贸区南京片区建设成贸易投资便利化、高端产业集聚、金融服务完善、监管安全高效、辐射带动作用突出的自由贸易园区。南京市委主要领导强调:南京自贸区要把握"一个核心任务"、突出"三大功能定位"和抓牢"五个关键支撑"。建设南京自贸区,每个部门都是责任主体,每个干部都是担当个体,要组织有力、思想解放、项目抓实、加强联动。目前,南京自贸区的建设目标明确、路径清楚,工作思路清晰,全面开启了南京开放发展的新的一页。

不过,面对当前国内外经济形势的深刻变化,结合上海自贸区、广东

---

[*] 周睿,江苏省社会科学院区域现代化研究院副研究员,南京大学自贸区综合研究院特约研究员。

自贸区等建设过程中的实践经验,笔者认为南京自贸区建设,尚有一些问题需要克服。

深刻认识开放型经济的发展内涵,推动以自主创新为先导的开放型经济

长期以来,江苏通过发展开放型经济,采取腾笼换鸟方式促进实体经济和产业转型发展,即不断引进更高技术水平、更高产品附加值的企业来取代低技术、低附加值的企业,这种发展模式使江苏难以出现华为、腾讯、阿里巴巴等领军型科技企业。当前,一方面,发达国家可供转移的高科技、高附加值项目在减少,另一方面,沿海各地区普遍面临转型升级需要,对高科技、高附加值的项目展开追逐,传统的开放型经济发展思路已经开始显示颓势。因此,江苏需要着力集聚全球创新要素,推进以内生发展为主的新开放型经济。南京自贸区要围绕如何集聚全球创新要素展开先行先试,着力打造便捷的基础设施、高水平的公共研发载体与平台,积极营造国际一流的营商环境和宜居环境,推进鼓励和支持创新的体制机制。

创新自贸区管理机制,提升自贸区管理能力

从全国多个自贸区的建设情况来看,自贸区管理部门普遍存在心有余、力不足的情况,南京自贸区管理机制设计可以使用"管委会＋专业公司"的模式来进行。首先,明确南京江北新区管委会与南京自贸区管委会之间的关系,进行相关的职能划分;其次,新设立的南京自贸区管委会主要负责自贸区建设规划、体制机制创新工作的推进、落实情况的评估等;最后,重组原先的下属开发公司,根据自贸区建设的需要,形成以自贸区管理与建设集团,并下属多个专业子公司,负责自贸区具体的建设、运营和管理。

突出体制机制创新的重点方向,推进体制机制改革

纵观当前各个自贸区建设情况,可以看到基本上是强调全方面的体制机制创新,但是具有实际效果的较大体制机制创新成果寥寥可数。事实上,体制机制改革创新是一个系统工程,牵一发而动全身,仅仅改革创新某一领域的部分体制机制,有时并不能带动整个系统的变革,实现跨越式发展。以医疗服务业开放为例,仅仅允许外商医疗机构准入,与之配套的医生执业资格、用药审批以及其他的监管制度如不进行相关调整,允许外商医疗机构准入也很难落实。因此,在进行体制机制创新的过程中,围绕重点发展领域,展开情景式体制机制创新,即围绕具体产业开放发展所需要的体制机制进行系统创新改革。

加强多方交流与沟通,提高体制机制创新效率

自贸区需要进行创新的体制机制主要来源于两个渠道:一是国际先进规则及国际上相关自贸区建设的成功经验;二是在自身实践中发现的一些需要突破的体制机制或者需要补充规范的体制机制。面对这些需要创新的体制机制,需要考虑它们是不是已经在其他自贸区试验过,是不是具有全局适用性。这就需要和国家相关部委、其他省市的自贸区加强沟通,一方面将需要创新的体制机制和相关部委进行对接,听取他们的意见和建议;另外一方面,通过和其他自贸区的交流,学习和借鉴他们在体制机制创新方面的实践经验。通过与部委、其他省市自贸区的沟通交流,可以避免重复进行某些体制机制试验,借鉴成功经验,反思失败原因,全面提升体制机制创新的效率。

积极推进产城融合，打造一流营商宜居新城

基础设施完善、城市功能齐全，可以极大地增强自贸区对产业和各类创新要素的吸引力。虽然近些年来，南京自贸区所在地江北新区在城市建设上取得了显著成效，但由于建设时间短，距离国际一流水平营商宜居城市还有较大差距。因此，要积极推进南京自贸区基础设施建设。考虑到南京自贸区距离南京禄口国际机场较远，可以考虑规划新建南京江北国际机场，同时加快高铁江北新区站建设工作和沿江相关港口的提标升级工作。进一步完善城市功能，主要完善产业园区、住宅小区的周边生活配套设施建设，推进文化旅游地标建设和文化遗迹保护，积极进行生态环境治理等。此外，在南京自贸区的建设过程中，严格落实用地制度，避免房地产投机而带来泡沫经济，影响南京自贸区的正常建设。

原文刊载于《南京日报》2019年9月18日。

建立区域竞合新机制

徐 琴[*]

长三角区域发展数十年的历程表明,每个时期,区域发展面临的内部基础、外部环境不同,区域发展的主基调、关键议题和基本路径随之不同,竞合关系和合作模式也必然不同。当下长三角区域竞合关系的核心,是如何在各地发展水平不断接近的情况下,建立以"协同""共赢"为主基调的新型竞合关系与互动模式,建立新型一体化发展促进机制。

积极建立包容性政策体系以激发创新活力。创新驱动,是未来能够对冲逆全球化负效应,实现自主、可持续发展的关键。但长三角目前不少政策包容性不足,抑制了社会的创新力。解决这一问题,首先需要建立包容性的人口政策和人才政策体系,充分吸纳全国各地人口到长三角就业创业、安居乐业,改变近年来长三角迁入人口规模不足的状态。其次,需建立包容性的城市政策体系。应提高城市的多样性、包容性和弹性,在城市中保留必要的低成本生活空间,以此作为城市空间结构规划和功能建构的准则,激发城市活力。

充分正视竞争的必然性。一体化发展的本质,是各类要素能够实行跨政区的无障碍流动,与区域内部竞争并不矛盾,相反,唯有通过竞争,才

---

[*] 徐琴,江苏省社会科学院社会政策研究所所长,江苏区域现代化研究院常务副院长。

能使资源获得最优化的配置,形成最有效率的发展动力。长三角区域发展几十年的历程也充分表明,区域内的竞争始终是区域一体化的伴生物,并且促成了长三角城市体系不断丰富、产业体系不断充实、集聚水平不断提高,实际上内部竞争已经成为长三角发展的巨大动力之一。担负国家使命的长三角区域一体化发展,当下亟待探索新的、具有高度共识度的竞争规则,在共同规则下依规竞争,通过竞争优化资源组合,激发新的发展动力。

实现本土化战略,重构产业链。得益于开放,中国在IT产业、通讯、互联网、AI等多个新兴产业领域的加工制造环节,快速构建了全产业链和产业集群,其基本形态为"美欧日链主企业—港台代工大王企业—本土供应链企业"。这种全产业链的特征是,链主居主导性和决定性地位,代工大王发挥传递、链接和整合作用,本土供应链企业借力跟进并发挥支撑作用。前两者在中国大陆尚未具有植根性,对政策波动、国际政治经济和贸易环境的变动都极为敏感。在这些新兴产业领域,长三角尤其是江苏的产业链有可能因为链主和代工大王的抽离而快速散失。

因此,长三角地区亟待重构产业链,江苏尤为迫切。需要培育以本土企业为主体的企业集群和全产业链,形成本土化的行业链主—代工大王—供应链企业互相支持与共生的产业链形态与内核,切实提升本土企业的竞争力和植根性。一方面,推动园区转型升级。园区经济是长三角经济增长的主引擎,也是外向型经济的主要载体,具有良好的工业基础设施,产业集聚能力强大。应对逆全球化,需要在园区导入各类新企业和新兴产业,并以产城一体融合发展提升园区品质和服务能力。另一方面,也是更为重要的,积极培育并发展各类产业联盟。培育研发产业联盟,集中资源进行产业共性技术的攻关,打造具有强大竞争力的产业链。培育产业链联盟,打造以创新产品为核心的有竞争力的产业链。培育市场合作联盟,共享产业基础设施降低创新成本与风险,联合采购降低成本,联合开拓创新产品市场。总之,通过培育新型产业生态重构兼具竞争力和良好植根性的本土产业链。

原文刊载于《新华日报》2019年6月11日。

加快推进和融入长三角一体化发展

方 明[*]

随着长三角区域一体化发展上升为国家战略,如何处理好传统型行政区划与开放型市场经济之间的关系,克服行政区划对跨区域经济融合发展带来的阻隔作用,进而构筑更大范围、更加高效的产业分工体系、资源配置体系、市场经济体系以及更加公平均衡的公共服务体系,越来越成为长三角各省市政府治理体制改革面临的重大挑战。加快推进和融入长三角一体化发展,既是大势所趋,也是内在要求。如何深入贯彻落实习近平总书记重要指示精神,充分发挥江苏的优势和作用,推进长三角地区规划对接、立法协同、市场监管、生态共治和民生共享,集中力量融入、支持和保障长三角区域更高质量的一体化发展,成为江苏未来一段时间内经济社会发展的一件大事。当前,江苏在长三角区域一体化战略中可尝试在以下几个方面有所作为:

规划对接方面。长三角区域一体化发展关键在于发挥各地特色,明晰城市功能定位和分工协作机制,形成分工合理、各具特色的区域空间格局。一体化不是一样化,长三角区域一体化有赖于发挥各地比较优势,化竞争为协同,扭转"高层务虚合作、基层务实博弈"的局面。在规划对接上,

---

[*] 方明,江苏省社会科学院法学研究所研究员,江苏高校区域法治发展协同创新中心研究员。

应进一步发挥上海综合服务功能齐全、江苏实体制造业实力强、浙江民营经济活跃、安徽资源优势明显等特点，形成产业一体化发展合力。近年来，长三角区域已经在交通、产业、科技、环保等12个方面进行了专题合作。当前，在推动基础设施互联互通、各类规划有序对接的同时，需要进一步聚焦各方关注的问题，提升专题合作质量。江苏可将区位优势转化为基础设施优势，强化交通运输的全方位对接协调，落实省际交通干线互联互通、运输服务一体化等重大事项，充分发挥江苏公路、铁路、港口、航空等运输方式齐全和江海河湖水运便利的优势，进而提升江苏的竞争优势和发展优势。

立法协同方面。为充分发挥地方立法对区域协调发展的推动作用，目前，长三角地区的地方人大常委会法制工作机构已经建立起立法成果和立法信息共享机制，并建立了实时共享的微信平台。未来应注重拓展共享平台的形式和内容，及时分享各自制定的地方性法规，交流各自的立法工作情况和重要立法信息，讨论研究地方立法工作中的重要问题，相互提出有关地方立法的意见和建议。地方人大及其常委会在制定立法规划或年度立法计划时，要充分考虑区域协调发展需要，注意相互吸收彼此意见，照顾彼此关切，使立法规划和年度立法计划满足区域协调发展需求，最大限度发挥立法资源和制度规范的协同作用。同时，可通过签订地方立法工作协议，加强地方立法规划、年度立法计划和具体立法项目协作，以及立法规划和年度立法计划的沟通协调，探索建立立法工作信息交流、联合起草等模式。江苏设区市制定的地方性法规、政府规章、规范性文件等应加强与沪浙皖两省一市的协同，包括立法规划计划协同、起草工作协同、立法工作推进协同、立法成果共享等，逐步做到标准协同、监管协同和处罚协同。

市场监管方面。长三角三省一市2014年就共同签署了《推进长三角区域一体化发展合作协议》，旨在加强区域合作，着力建设长三角区域一体化大市场。为继续推动长三角地区建立统一开放的市场，江苏应进一步突破传统行政壁垒和体制机制障碍，按照市场化要求营造规则统一开放、标准互认、要素自由流动的市场环境，及时修改有碍市场统一的有关规定，建设协同监管的信息共享平台，促进政府行业技术管理和监管执法信息的归集、交换和共享,加快探索建立统一的区域市场规则体系,推进长三角区域标准化合作和标准化体系建设,形成统一的长三角区域营商环境指标体系。推动审批许可事项清单合一,证照资质互认,加快信用长三角建设,实现综合监管和智慧监管,在更大范围内实现资源整合和一体化共享,共同打造长三角更优营商环境。

生态保护方面。江苏应加强与沪浙皖两省一市在大气、水、土壤、固体废弃物污染防治等方面的环保工作协同,强化生态系统修复,优化区域生态格局。长三角区域应把以人为本作为生态保护的前提,优先发展生态产业,将原有的产品型经济转变为服务型经济。深化这一区域大气、土壤和水污染跨区域联防联控,建立地区间生态保护合作机制和补偿机制,根据各城市的资源环境承载能力,统筹谋划经济发展和生态保护。在注重区域生态环境的共同建设、共同保护、共同治理,联手解决大气污染、流域性水污染等问题的同时,积极创建生态环保领域跨区域司法协作机制。2018年6月,沪苏浙皖四地检察机关共同签署了《关于建立长三角区域生态环境保护司法协作机制的意见》,决定建立日常工作联络、信息资源共享、案件办理、研讨交流以及新闻宣传等5项司法协作机制,打造生态环境司法保护合力,为打击此类犯罪构建统一的司法平台。

民生共享方面。随着长三角地区经济社会联系更加紧密,区域内居民来往日益频繁,区域市场、公共服务、社会事业等民生工程一体化诉求越来越迫切。为构建长三角区域"幸福圈",推动区域内市场和民生资源进一步合理配置和共享,让百姓拥有更多的获得感,江苏应加快建设信息服务平台互联互通、大型科学设施协作共享、异地就医直接结算、公共交通异地扫码通行、民生档案异地查询、养老服务补贴异地结算等合作成果。同时可尝试探索建立跨界功能区,如文化保护区、水污染治理区、大气污染防治区、教育学区、医疗服务区等,促进跨界区域之间的公共服务均等化和高质量发展,打造高品质生活。

原文刊载于《新华日报》2019年3月26日。

法治民生

坚持系统思维　运用法治方式保护好流动的大运河文化带

夏锦文[*]

京杭大运河是祖先留给我们的宝贵遗产,是流动的文化,必须保护好、传承好、利用好。如今,中国特色社会主义进入了新时代,深化全面依法治国实践要求我们更好发挥法治在保护、传承和利用大运河文化遗产中的作用,通过制定和完善地方立法推进大运河文化带建设,以良法保护大运河文化遗产,弘扬地域特色文化,促进大运河文化传承,推动大运河沿线高质量发展。

大运河文化带建设涉及多个行政区域,关联几乎所有行政管理领域,涉及文化、生态、经济、社会、城市等诸多方面。保护好流动的大运河文化,需要对有关大运河文化带建设的地方立法进行科学规划,加强顶层设计,坚持系统思维,梳理各地大运河文化带建设的立法现状,吸收借鉴其他国家运河城市在运河立法保护和依法治理方面的有益经验,明确立法基本思路,从整体上协调完善大运河文化带建设相关地方立法。

文化、生态、经济建设一体推进。大运河文化带建设涉及文化、生态、经济等方面,要坚持以经济为基、文化为魂、生态为要。实现相关区域文化、生态、经济协调发展,是建设大运河文化带的重要目标。修改后的立

---

[*] 夏锦文,江苏省社会科学院党委书记、院长、教授。

法法准许设区的市制定城乡建设与管理、环境保护、历史文化保护等方面的地方性法规、地方政府规章。可以以此为契机,在加强省级层面大运河文化带建设立法调研、规划统筹工作的基础上,实现大运河沿线设区的市立法和省级立法同时有序推进。充分运用立法法修改后更加充实的地方立法权,协调好大运河文化传承、生态景观保护和经济发展的关系,把关于这三方面工作的地方立法做好做细做实,进一步提升依法治理水平。着重促进文化遗产保护和生态环境修复,弘扬文化价值,推进运河沿线环境建设。同时,寻找文化价值发掘与地方经济发展的结合点,发展生态经济、绿色经济,夯实沿线地区保护大运河生态、弘扬大运河文化的经济基础,努力把大运河文化带建设成富有魅力的高品位文化长廊、高颜值生态长廊、高效益经济长廊。

水、岸、城建设一体推进。水是大运河的根本,岸是大运河的经络,城是大运河的明珠。可以结合大运河沿线各地的特点和优势,采用水、岸、城建设一体推进的思路,抓住重点进行大运河文化带建设立法。一是净化运河水质。加强运河水域动态监测和科学管理,确保大运河水环境质量达标、航道畅通、水利功能完备。二是保护运河河岸。强化大运河的岸线管理,保护历史文化遗存,加强河岸生态修复,确保沿线两岸的生态景观与清洁畅通的运河水环境协调一致。三是增强运河沿线城市活力。大运河沿线文物保护单位多,历史街区多,历史文化名城也多。大运河丰富的物质遗产和非物质文化遗产对运河城市经济社会发展具有积极作用。应处理好文化遗产保护与运河城市发展的关系,将大运河文化遗产保护、传承、创新融入运河城市经济社会发展,丰富运河城市文化内涵,使大运河成为激发运河城市发展活力的新要素和新动能,实现运河城市发展与大运河文化繁荣共同推进。

保护、传承、利用一体推进。建设好大运河文化带,保护是基础,传承是核心,利用是关键。在大运河申遗过程中,江苏无锡、浙江宁波等运河沿岸城市陆续制定了大运河遗产保护办法。2014年大运河申遗成功后,大运河遗产保护地方立法进入新阶段。比如,2016年通过的《扬州市河道管理条例》明确规定了大运河扬州段列入世界遗产保护范围的河道,进行河道或航道整治应当符合大运河世界遗产的保护要求。2017年通过的《淮安市文物保护条例》设置了大运河世界文化遗产核心区、缓冲区建设的限制性内容,实行建设项目遗产影响评价制度。目前,大运河文化带建设地方立法主要针对大运河遗产保护。今后,还应注重发挥立法对大运河文化带建设的全面保障和引领功能,推动大运河文化传承创新,让大运河建设为社会主义文化强国建设作出更大贡献。为此,应进一步拓宽立法思路,从文化遗产保护立法扩展为文化遗产综合管理立法,激励对文化遗产的创造性转化和创新性发展,形成完备的大运河文化遗产保护、传承、利用的地方法律制度。

原文刊载于《人民日报》2018年12月24日。

以高水平法治推进大运河文化带江苏段建设

陈爱蓓*

建设大运河文化带是千年大计。习近平总书记先后两次就大运河文化遗产的保护、传承、利用作出重要指示批示,指出"大运河是祖先留给我们的宝贵遗产,是流动的文化,要统筹保护好、传承好、利用好"。江苏是大运河沿线 8 省市中开挖时间最早、河道最长、流经城市最多、运河遗产最为丰富的省份。省委明确提出,要推动大运河文化带江苏段建设走在全国前列。为此,必须以更高水平的法治推进大运河文化带江苏段建设。

立足流域文化特点,依法制定整体战略规划

立足大运河江苏段的流域特点和文化影响力,江苏可率先在省级和设区市层面启动立法程序,并编制《大运河江苏段文化保护传承利用规划》。

打通流域内的区域和部门壁垒。建设大运河文化带,需要科学立法并依法制定规划。一方面,与相邻省份建立省际常态化的沟通机制,处理好航运、堤防道路、水权等方面存在的纠纷。另一方面,省内沿运河城市

---

* 陈爱蓓,江苏省社会科学院副院长、研究员。

和南京、泰州、南通以及其他规划拓展区和辐射区市、县，要在江苏大运河文化带建设工作领导小组的统一指挥下，形成高效的城市间合作机制。省内现行的文化遗产保护、城乡建设、水利航道管理等政策和部门规划都需按照上位法进一步整合，确保工作思路、目标和步调一致。

立法保障大运河文化带建设与长江经济带建设、"一带一路"建设等深度融合。要促进大运河文化带建设对接长江经济带建设，强化江苏省内大运河与长江生态环境、河道水系、交通航运的协同管理。推动大运河文化带融入国家"一带一路"建设整体布局，突出大运河江苏段特色，发挥大运河重要节点城市的窗口作用，促进运河城市的人文国际交流。目前，江苏的"1+3"重点功能区战略，将淮安、宿迁以及部分里下河地区城镇划为江淮生态经济区。要以立法保障大运河文化带江苏段规划作为新的战略补充，更好地促进江淮生态经济带建设，打造富有文化气质的大运河城市群。

通过省和设区市的两级立法推动大运河保护的统一立法。从国际经验看，运河国家大都有统一的运河法。在我国，现行法律、法规已经无法涵盖在保护、管理和利用上所面临的各种问题，需要有一部专门的法规来统领。在这方面，省和设区市两级立法可率先探索，整合文物、交通、水利、建设、生态环境、自然资源等相关部门，科学规划大运河沿线的基础设施建设、城镇布局、生态岸线划定、污染排放标准和产业发展等。通过立法统一思想、凝聚共识，以法律的刚性规定规范运河城市的区域发展之路。

补正相关法律法规，合理界定大运河文化遗存保护范围

大运河江苏段文化遗存种类众多，要将这些分散的文化资源进行发掘和盘存，形成文字、图像和视频记录，建立权威、统一、动态的数据库。在此过程中，需要通过立法界定具体的保护范围。

细化具体的物质文化遗产保护办法。对于大运河物质文化遗产要强

化本体修缮,推行物质文化遗产保护管控清单,分类设置文化遗产保护标识和保护界桩,按照修旧如旧的原则分期、分批修复。要制定具体的《江苏大运河遗产保护条例》,在大运河江苏段统一保护要求和保护标准。建立完善省级大运河监测平台和动态更新数据库,开展24小时布点电子监控和定期人工巡视,及时公布监测报告和警示名录,提升对大运河物质文化遗产的保护水平。

界定合理的非物质文化遗产保护范围。大运河的主要功能是水上交通,将非物质文化遗产限定在历史与水上交通相关的文化形态上比较恰当。一是推行大运河江苏段非物质文化遗产记录工程,加大对运河沿线传统手工艺、传统生活方式和习俗等乡土特色文化资源的调研,建立数据库;二是做好遗产项目的评估鉴定和申报名录工作,寻访和命名其中的代表性传承人;三是加强对大运河非物质文化遗产重要载体和周边自然、人文环境的整体性保护;四是制定相关政策,合理开发和利用相关资源。

确立多样的大运河古城镇景观保护标准。江苏大运河沿线有19座中国历史文化名镇、7座中国历史文化名村,以及大量的省市县级文化遗产。这种文化与生活方式是大运河文化带江苏段建设的宝贵资源。运河沿线城市在实施城镇化战略时,应做好古城镇建设定位。在遗产保护方面,应更多关注历史价值对现代生活的影响,推动历史遗迹与当代运河沿线城镇居民生活的融合。

通过地方立法,促进运河文化事业和文化产业发展

以大文化为纽带,通过地方立法明确大运河文化价值的核心内涵,促进大运河相关的文化事业和文化产业发展,让大运河文化泽被当代、启迪未来。

因地制宜制定大运河文化事业发展目标。运河文化事业指能为居民提供公益性质的各类运河服务设施、活动、文艺作品等。要立法倡导相关文化事业发展,分级、分类建设一批大运河文化专题博物馆或展览馆,形

成富有特色的博物馆展示体系。可实施一批高水准的文物精品展示项目,规划大运河国家文化公园江苏示范段建设等流域文化标识示范工程,试点打造大运河国家文化公园江苏示范段。可结合运河文化梳理、运河城市源流、历史演进和当代状况,建构江苏大运河城市群的文化模式,为大运河区域经济社会发展提供指引。

四位一体确立大运河文化产业发展路径。组建大运河文化产业市场主体,确立投资、开发、产业、金融四位一体的组织架构,依法运作,提高资源整合效率,大力发展文化和旅游结合产业、文化创意产业。要制定相关法规,加强监管、协调规划,以大运河旅游业、文创业、演出业等为业态载体,以沿运河美丽乡村、水利景观、工业遗址、文化博物馆等为依托,加强运河特色文化产品的建设,构建大运河全域旅游体系,让"一条河尽显江苏文化之美"。

完善设区市的地方性法规,推动实现全流域综合治理

文化与自然相融相生。大运河的核心功能是水上运输,水是重要的文化和自然景观。因此,大运河文化带建设的前提是生态带规划,要做好水生态的保护和修复。

统筹规划运河沿线的污染防治、土地空间布局和湿地修复。相关设区市要从本地实际情况出发,制定与运河生态保护和修复相关的地方性法规。大运河沿线城市的水环境保护与修复立法,需要综合考虑本辖区内河流、湖泊、水库、地下水、湿地和城市水网等生态系统的特点。大运河是带状文化遗产,沿线的生态环境需要岸河湖三位一体规划,实现全流域综合治理。运河沿线要加快对重要的历史文化景观进行科学修复,对影响运河文化遗产和环境安全的沿岸住宅、单位等要整体搬迁。同时,要尽快实施河道两岸陆路交通工程,让大运河江苏段全线可以实现堤岸沿线车道贯通,为全域旅游打下基础。

建立评估大运河水生态和环境修复指标体系,理顺大运河水务管理

的体制、机制。要根据流域特点，设立大运河水体治理目标，提高污水达标排放和水质考核标准。特别是要逐步提高上游污水排放标准，进一步明确省际和市际间的断面责任，确保清水、活水向北流。大运河流域的综合管理颇为复杂，除水利、生态环境、交通、卫生健康等部门，还涉及文化旅游、自然资源、农业农村等部门。因此，应确立水利和生态环境、交通为共同主管部门，其他相关部门为分管部门，明晰各自的管理职责，强化常态化的沟通机制，共同做好生态保护和修复工作。

原文刊载于《群众》2019年第3期。

法治是民营企业发展的最优营商环境

方 明[*]

习近平总书记在民营企业座谈会上明确指出：市场经济是法治经济。我们要为民营经济发展营造良好法治环境，依法保护民营企业权益，大力支持民营企业发展壮大。从制度上而言，法治是保护民营企业生存和发展的重要手段，公权力的依法行使和企业的守法经营构成对所有民营企业最根本的保护，完善的法治是保障民营企业发展最优的营商环境。

公权力的依法行使是对民营企业最根本的保护。法治的根本要求在于政府必须依法行政，司法部门必须依法办案，一切都必须以法律为核心来运行，而不能以个人意志、部门利益、政绩要求等原因随意对待和处置民营企业。公权力必须依法行使，受到制约，方可为民营企业提供公开、稳定、安全的制度环境。

完善立法。我国宪法第六条规定，"国家在社会主义初级阶段，坚持公有制为主体、多种所有制经济共同发展的基本经济制度"。第十一条规定，"国家保护个体经济、私营经济等非公有制经济的合法的权利和利益"。当前面对民营经济快速发展的现实和需要，应进一步贯彻落实宪法规定，树立平等保护、促进发展的立法理念，确立民营企业"法无禁止即可

---

[*] 方明，江苏省社会科学院法学研究所研究员，江苏高校区域法治发展协同创新中心研究员。

为"原则,重点围绕民营企业在市场准入、产权保护、投融资、公平竞争、税收优惠等方面遇到的困难,加快推动修改、制定相关法律法规。全面清理不利于民营企业发展的法律法规和规范性文件,健全充分听取民营企业意见的立法工作机制。在全国开展民营企业法治保障专项督查活动,切实保护民营企业的人权和产权,为促进民营经济发展提供有力的法治支撑。

规范执法。构建新型政商关系,就是明确政府和企业的行为边界,形成法治化的市场经济。各级政府应依法规范政府职权,树立强烈的法治意识、制度规则意识、信用意识、权责对等意识、自觉接受监督意识,坚持依法行政,做到"法定职责必须为、法无授权不可为",不断提高政府的公信力和执行力。进一步完善涉及民营企业行政执法的权责清单,厘清职责边界,充分利用现代信息工具,建立网上信息共享平台,实现权力清单和权力运行可视化,将政府部门行政权、执法权等公权力的设置与运行置于法治监督之下,提高行政执法工作法治化、规范化、透明化水平。推进审批制度和"放管服"改革,降低制度性交易成本。打破各种"卷帘门""玻璃门""旋转门",在市场准入、审批许可、经营运行、招投标、军民融合等方面为民营企业打造公平竞争环境,给民营企业发展创造充足的市场空间。全面推行行政裁量权基准制度,细化、量化行政处罚标准,坚决杜绝随意检查、多重检查、重复处罚等执法歧视行为。切实改进执法方式,增强服务意识,严格规范执法。

公正司法。近年来,人民法院为保障民营企业发展,先后出台了一系列文件,不断加大产权司法保护力度,全方位、立体式构筑加强产权和企业家合法权益保护的制度体系。妥善处理民营企业涉纪涉法案件,既要查清问题,也要保障其合法的人身和财产权益,保障企业合法经营。对一些民营企业历史上曾经有过的一些不规范行为,应以发展的眼光看问题,按照罪刑法定、疑罪从无的原则处理。认真落实"两个坚决防止",即坚决防止将经济纠纷当作犯罪处理,坚决防止将民事责任变为刑事责任。加大民营企业与其他经济主体、社会主体之间案件纠纷的审理力度,依法保护公平竞争。加快甄别、纠正侵害企业产权和企业家合法权益的冤假错案,将中央保护产权和民营企业家权益的政策落到实处,让企业家专心创业、放心投资、安心经营。

加强服务。创新和拓展公共法律服务,组织律师、公证、仲裁等法律服务行业和法律援助、法治宣传机构为民营企业服务。建立健全民营企业多元化纠纷解决机制,加强民营企业矛盾纠纷排查,将处理涉及民营企业的矛盾纠纷作为重点,第一时间开展调处化解,既定纷止争,又帮助民营企业解决经营困难,为民营企业提供优质高效的司法服务。引导民营企业家讲正气、走正道,遵纪守法经营,合法合规竞争,做经济发展和法治建设的贡献者,树立良好的社会形象。加大法治宣传力度,提高全社会对民营经济的认同度和支持率,树立有利于民营经济发展的法治思维和价值导向。

守法经营是民营企业最好的自我保护。与我国改革开放同步成长起来的民营企业在成立初期和发展过程中,因为资金、人力、政策等原因,有些企业在生产经营方面存在着违规现象,很多民营企业的自身素质与法治观念尚需进一步提高。为加强自我保护,民营企业应树立遵纪守法意识,把守法诚信作为安身立命之本,不做以次充好、缺斤短两、质次价高的亏心事,不干制假售假、走私贩私、偷税漏税的违法事。自觉坚守契约精神、依法治企、依法管理、依法经营,通过转型升级和创新驱动,提升企业研发创新、风控管理能力,加强海外经营的法律、税收、环保等风险与防范意识。同时,国家应制定相关政策,鼓励企业家从满足人民群众美好生活出发,向社会提供优质产品和服务;鼓励企业家主动承担社会责任,胸怀祖国,成就自我,努力成为推动商业文明、社会进步的优秀民营企业,向世界传递中国的力量,展示民营企业的风采。

原文刊载于《新华日报》2019年5月7日。

为民营经济发展营造良好法治环境

方 明[*]

我国民营经济由小到大、由弱变强,已经成为促进经济发展、调整产业结构、繁荣城乡市场、扩大社会就业的重要力量。近年来,民营经济的整体实力、创新能力和竞争力都有了质的飞跃,行业分布、区域布局更趋合理,成为经济结构、产业结构和区域经济协调发展的重要推动力量。习近平总书记在民营企业座谈会上明确指出:"市场经济是法治经济。我们要为民营经济发展营造良好法治环境,依法保护民营企业权益,大力支持民营企业发展壮大。"近年来,从中央到地方都陆续出台了一系列鼓励和保护民营经济发展的政策措施,但实践中民营经济发展的制度环境和市场环境有待改善,依然需要加强对民营经济的法律保护,构建更加公平公正的法治环境。

——民营经济市场准入壁垒依然存在。尽管国家出台了一系列政策措施,希望在宏观政策层面为民营经济市场准入扫清障碍,但民营企业发展遭遇到的最大难题依然是市场准入问题。受固有观念、政策因素等方面制约,一些领域对民营企业采取不同程度的"限制进入"政策。打破各种市场准入的隐性壁垒,为民营经济发展创造真正公平竞争市场环境的

---

[*] 方明,江苏省社会科学院法学研究所研究员,江苏高校区域法治发展协同创新中心研究员。

任务依然艰巨。

——民营企业转型提升亟待法治保障。我国经济正处在转变发展方式、优化经济结构、转换增长动力的关键时期,中小规模的民营企业大多存在着发展方式粗放、创新能力不足、核心竞争力不强等诸多问题。当前,一些民营企业缺乏科学的管理理念和方法,企业的运行和发展几乎完全依赖于企业家个人,企业控制权也是通过个人继承进行家族传承,不利于引进专业化高端技术和管理人才、提高企业的技术创新能力和经营管理效率。

——民营经济健康发展的法治保障尚需进一步落实。法治的根本要求在于,对不同所有制经济产权,国家立法平等保护,政府依法行政,司法部门依法办案,一切都以法律为核心来运行,而不能以个人意志、部门利益、政绩要求等原因随意对待和处置。近年来,全国各地陆续出台了系列政策以鼓励和促进民营经济发展,这些政策不仅可操作性不强,也难以从政策上升为法律,执行力有限。同时,与我国改革开放同步成长起来的民营企业,在成立初期和发展过程中,因为资金、人力、政策等原因,有些企业在生产经营方面存在着违规现象,自身素质与法治观念也急需提高。

法治是保护民营企业生存和发展的重要手段,完善的法治是保障民营企业发展最优的营商环境。因此,为促进民营经济健康可持续发展,急需构建良好的法治环境。

一是加强顶层设计,落实产权的平等保护。平等是产权保护的重要原则。如果不同所有制经济主体的产权在实践中的地位不平等,民营企业在投资、融资、用工、用地等方面就缺乏安全感、稳定感和公平感。应加强顶层设计,构建法治化营商环境的制度框架,营造规范有序、公开平等的法治环境。在出台各项保障民营经济高质量发展政策的同时,还应加强政策实施的可操作性,增加检查和监督内容,落实民营经济产权的平等保护,保障民营企业在企业设立、融资信贷、市场准入、规费标准等方面享受与其他市场主体平等的地位和权利。

二是健全完善立法,构建公平合理的制度环境。确立民营企业"法无禁止即可为"原则,重点围绕民营企业在市场准入、产权保护、投融资、公平竞争、税收优惠等方面问题,加快推动修改和制定相关法律法规,加快推进民法典编纂工作,加大对私有财产的刑法保护力度,全面清理和废除阻碍民营经济发展的法律法规和规范性文件,健全充分听取民营企业意见的立法工作机制,开展民营企业法治保障专项督查活动等,使不同所有制产权保护的制度环境更加公平合理。

三是构建新型政商关系,促进民营经济健康发展。构建新型政商关系,就是明确政府和企业的行为边界,形成法治化的市场经济。公权力必须依法行使,受到制约。各级政府应牢固树立法治意识、制度规则意识、信用意识、权责对等意识、自觉接受监督意识,做到"法定职责必须为、法无授权不可为",不断提高政府的公信力和执行力。继续推进审批制度和"放管服"改革,降低制度性交易成本。逐步完善涉及民营企业行政执法的权责清单,厘清职责边界,充分利用现代信息工具,建立网上信息共享平台,实现权力清单和权力运行可视化,将政府部门的行政权、执法权等公权力的设置与运行置于法治监督之下,促进民营经济健康发展。

四是文明公正司法,维护民营企业的合法权益。近年来,人民法院以文明公正司法为目标,不断加大产权司法保护力度,妥善处理民营企业涉纪涉法案件,对于民营企业的不规范行为,应按照罪刑法定、疑罪从无的原则处理。认真落实"两个坚决防止",即坚决防止将经济纠纷当作犯罪处理,坚决防止将民事责任扩大为刑事责任。根据企业涉案性质的轻重,依法慎用查封、扣押、冻结等强制措施,以保障民营企业的合法正常经营。司法机关处理涉案财物时不可随意扩大范围,不可混淆企业法人财产和股东个人财产,混淆违法所得和合法财产,混淆涉案人员个人财产和家庭成员财产等,依法维护民营企业家合法的人身和财产权益。

五是建立现代企业制度,完善企业内部治理结构。我国民营企业大多采用家族管理模式,存在产权不明晰,企业内部缺乏民主机制、权力制衡机制、人才竞争及培养机制等弊端,阻碍了民营企业的健康发展。因此,建立现代企业管理制度,完善企业内部法人治理结构,要求民营企业应将所有权和经营权分离,不断健全董事会、监事会等民主治理结构,完善决策机制和权力制衡机制。民营企业可以通过产权界定,对以血缘和地缘为基础的家族式企业进行股份制改造,建立以资本为纽带的现代企业,健全科学决策机制,提高决策效率。同时,还需要制定科学有效的人才发展战略,完善现代企业人才激励机制,不断增强民营企业的创新力和竞争力,推动民营企业发展。

六是加快诚信体系建设,切实解决融资问题。运用数字化、信息化、互联网以及人工智能等现代化的科技手段,如实记载市场经济活动中的违约行为和失信行为,并将个人或企业的失信记录纳入个人诚信、企业诚信体系之中,建立法治信用的长效机制。为缓解民营企业融资难融资贵问题,可放宽金融市场准入,鼓励符合条件的民营企业设立和参与组建民营银行等金融机构,建立符合民营企业特点的信贷管理制度、风险控制制度和风险补偿机制,规范新兴互联网金融业态,拓宽民营企业直接融资渠道。金融监管机构应出台金融机构放贷风险防控细则,加强监管,减少和杜绝金融机构对民营企业、小微企业融资提出过高的增信条件和风控措施,单方抬高融资门槛。

原文刊载于《群众》2019年第13期。

行政强制法规制下"加处罚款"当克制

李小红*

罚款是一种重要的行政处罚类型,1996年10月1日起施行的行政处罚法规定"当事人对行政处罚决定不服申请行政复议或者提起行政诉讼的,行政处罚不停止执行";当事人逾期不缴纳罚款的,作出行政处罚决定的行政机关可以采取每日按罚款数额的3%加处罚款的强制执行措施。由此可见,加处罚款,本质上是执行罚,是一种行政强制执行手段。

2012年1月1日起施行的行政强制法对行政强制执行有专章规定,依据该法,行政强制执行程序有两类,即行政机关强制执行和行政机关申请人民法院强制执行。根据基本的法律适用原则,在实务中,行政机关和人民法院对待加处罚款问题均应克制。

一、具有行政强制执行权的行政机关加处罚款应克制

行政机关作出行政决定,同时负责强制执行,可以提高行政效率,但毕竟是一种运动员兼裁判员的制度,为防止行政权滥用,行政强制法对此进行了严格限制,即只有具有行政强制执行权的行政机关才可强制执行,

---

* 李小红,江苏省社会科学院法学研究所副研究员,江苏高校法治发展协同创新中心特约研究员。

同时执行程序必须严格依法进行。针对加处罚款问题，该法作了多方面限制：一是适用前提特定，即行政机关只能针对逾期不履行"金钱给付义务的行政决定"的当事人才可决定是否加处罚款。二是加处罚款上限特定，即加处罚款的数额不得超出金钱给付义务的数额。三是加处期间特定，即实施加处罚款或者滞纳金超过三十日，行政机关应启动催告、强制执行等后续程序。尽管有如上限制，但法律规定的依然模糊，比如"可以""不可以"加处罚款的裁量标准是什么？超过三十日之后行政机关怠于催告、强制执行是否还应继续加处罚款？等等，这些都给实务工作带来困扰。

笔者认为，具有行政强制执行权的行政机关加处罚款应克制。具体说来：一是如果通过查封、扣押、冻结等措施可以确保罚款得到执行，则不应再加处罚款。因为加处罚款的目的是促进相对人在法定期限内履行法定义务，如果这一目的已经达到，则加处罚款就失去正当性。二是对于基数较大的罚款，各地应设定更加具体的加处罚款上限。法律规定"加处罚款的数额不得超出金钱给付义务的数额"，但对于动辄上千万的罚款，任何一个主体筹集缴款都需要一定的时间，如果逾期不缴每日按罚款数额的3％加处罚款，则逾期三四十天后，加处罚款数额即可上千万，这相当于变相实施"一事二罚"。三是相对人逾期未缴罚款行政机关应及时启动催告、强制执行程序，不应为增加加处罚款而怠于履行职责。

二、无行政强制执行权的行政机关不宜直接决定加处罚款

加处罚款是执行罚，那么无行政强制执行权的行政机关即不宜直接决定加处罚款。当前，不少行政机关在制作处罚决定书时，一方面告知相对人收到处罚决定书之日起十五日即应缴纳罚款，逾期加处执行罚；另一方面又告知相对人如不复议、诉讼又不履行决定，将申请人民法院强制执行。这是一种自相矛盾的行政处罚决定，依法理及当前的法律规定，无行政强制执行权的行政机关不宜在罚款类行政处罚决定书中列入加处罚款

内容。

复议、诉讼期间不停止执行的法理在于行政行为效力先定，法律依据主要是行政处罚法第四十五条规定，即"当事人对行政处罚决定不服申请行政复议或者提起行政诉讼的，行政处罚不停止执行，法律另有规定的除外"。从法理角度看，行政行为效力先定的目的在于及时制止违法行为，维护行政主体执法权威，与"及时制止违法行为"法益相关的行政处罚主要是指行为罚，而罚款是典型的财产罚，财产罚不及时履行并不损害这一法益，先予执行财产罚反而会使后续执行工作陷入混乱；行政机关的执法权威也可以通过事后的强制执行程序予以保障。从法律角度看，行政强制法、行政诉讼法均有类似规定，即行政相对人如在法定期限内不申请行政复议或者提起行政诉讼，又不履行行政决定的，行政机关可以申请人民法院强制执行，或者依法强制执行。据此规定，强制执行行政处罚的条件是相对人在法定期限内既不进行权利救济也不履行，如果在相对人权利救济期间即加处执行罚，显然与上述法律规定相悖。

三、人民法院不应支持行政机关对相对人权利救济期间的加处罚款

除行政强制法、行政诉讼法的规定外，针对加处罚款问题，《最高人民法院行政审判庭关于行政处罚的加处罚款在诉讼期间应否计算问题的答复》（〔2005〕行他字第29号）明确规定"对于不履行行政处罚决定所加处罚款属于执行罚，在诉讼期间不应计算"。同时，实践中，还有一个问题需要引起复议机关和人民法院重视，即无行政强制执行权的行政机关在其行政处罚决定书中直接决定了加处罚款，在后续的行政复议、诉讼程序中各方当事人仅仅围绕行政处罚罚款进行辩、议、审，而对加处罚款问题不置可否，一旦行政处罚决定被维持，则其中的加处罚款同时生效。如此，行政机关在申请人民法院强制执行时，往往会请求既执行罚款本金，也执行加处罚款，此时，如果人民法院支持了行政机关对相对人权利救济期间

的加处罚款,则违反了行政强制法的立法本意,变相地给予无行政强制执行权的行政机关以执行权。换言之,如果行政机关的行政处罚决定书中载有加处罚款内容,行政复议、诉讼期间,复议机关和人民法院应对加处罚款加以理涉,不应漏议、漏审。如果行政机关申请人民法院直接执行加处罚款,人民法院不宜支持。

原文刊载于《人民法院报》2019年1月3日。

领跑法治现代化建设工作

李小红[*]

法治现代化建设是社会主义现代化建设的重要组成部分,法律可为现代化建设提供制度保障,现代化建设的推进则可夯实法治现代化建设之基础。当前,我国法治现代化建设的重点方向是以民主、法治社会主义核心价值观为驱动力,推进民主意识、法治理念的文化发展命题;以建成法治政府、民主社会为着力点,推进各方面制度更加完善,社会治理体系更加科学,社会治理能力现代化基本实现,各项社会工作实践更富有成效和特色。江苏应有法治现代化建设引领精神,在现有基础上做精做细、立标示范,领跑法治现代化建设工作。江苏应有法治现代化建设整体意识,重视上位法规定和法治体系一体化问题,不留死角,避免短腿,确保法治建设工程整体推进、全面兼顾。江苏应有法治现代化建设精品模块,建立工作部署通气机制、立法工作协同机制、执法合作机制,发展区域法治文化,培育法治工作队伍。

原文刊载于《新华日报》2019 年 10 月 29 日。

---

[*] 李小红,江苏省社会科学院法学研究所副研究员,江苏高校法治发展协同创新中心特约研究员。

多措并举　实现高质量稳就业

张　卫　鲍　磊[*]

在经济结构调整加快、经济增速放缓的关键时期,就业的"稳定器"功能十分重要和明显。就业稳则经济稳、社会稳、人心稳。稳就业不单是经济领域的任务,它需要同步推进经济与社会体制改革,需要全面系统推动出台各领域的社会政策,实现就业与经济社会发展良性互动。

挖潜力,拓宽就业新渠道新空间。支撑就业的基础是经济,经济稳则就业稳。当前,江苏应着力培育新动能、壮大新兴产业,为广大求职劳动者提供更多就业岗位,促进传统产业转型升级,推动劳动力实现提质转岗就业。瞄准先进制造业体系,聚焦集成电路、工程机械、新型电力等领域对于就业的需求,积极做好适任劳动力的开发与储备工作。在重点发展的金融服务、教育培训、现代物流、知识产权保护、检验检测等现代服务业领域,深挖创业就业的潜力。充分发挥数字经济、共享经济、现代供应链等新经济领域培育就业新潜能,在促进新产业、新模式、新业态加快成长的过程中拓展就业空间。

优政策,激发就业创业新活力。把稳就业放在突出位置,作为制定政策、发展产业、投资工程的重要导向。推动实施新一轮促进就业创业政策,加大对灵活就业和新就业形态支持力度,完善落实小微企业吸纳就

---

[*] 张卫,江苏省社会科学院社会学所所长、研究员,中特中心特聘研究员。
鲍磊,江苏省社会科学院社会学所副研究员。

业、失业保险稳岗补贴等政策。深入推进"放管服"改革,进一步优化营商环境,推动更多新企业落地。完善城乡公共就业扶持政策,将农村劳动力转移纳入城市就业工作体系,为外出务工人员搭建返乡就业平台,对有劳动能力和就业要求且处于无业状态的完全失地农民、进城落户农民进行失业登记,同等享受城镇居民的各项培训、创业补贴和贷款等待遇。

瞄重点,精准分类帮扶就业。聚焦大学生、农民、科研人员、留学回国人员、城镇失业人员、复员转业退役军人"六大群体",着力优化就业创业环境,强化政策支持,提升创业能力。深入实施高校毕业生就业促进、创业引领、基层成长等发展计划,启动青年就业启航行动,积极引导农村劳动力转移就业和农民工返乡就业创业,妥善做好去产能职工分流安置工作,加快健全城乡困难人员就业帮扶机制,精准施策,促进农村低收入劳动力就业脱贫。

强技能,提高劳动者就业素质。劳动者的素质水平决定了劳动者就业率的高低,掌握技能能够帮助劳动者得到更好的就业机会。不断深化劳动力供给侧改革,进一步健全劳动者就业素质提升联动机制,提高职业技能培训基础能力。实施职业技能提升行动计划,大力开展重点群体免费接受职业培训行动,促进劳动者整体素质提高。针对不同劳动群体提供相应的劳动技能培训,提高职业技能培训基础能力,提升就业培训的针对性和有效性。扩大创业培训对象,创新培训模式,建立创业服务绿色通道。调整培训补贴结构,加大创业培训补贴比重。

畅渠道,以"互联网+"搭建智慧就业信息平台。健全以城镇为核心、城乡社区全覆盖的公共就业服务信息网络,强化就业服务基本需求等相关信息的收集、汇总和发布,加强对城乡尤其是重点地区和重点群体就业状况的监测,实现城乡劳动力资源信息即时传输和共享。加快建立健全以社会保障卡持卡人基础信息库、用人单位基础信息库为基础的省级就业信息资源库。利用数据库平台提供的客观信息,做好持续更新和动态整理,进行大数据分析应用,为全省各地就业状况及形势分析研判提供支撑。

原文刊载于《新华日报》2019年3月19日。

提优补短　不断增进民生福祉

徐　琴[*]

在政府职能的总体框架中,民生服务类职能始终是占比最高、份额最大的工作,对于江苏而言更是如此。坚持系统化设计、制度化安排、规范化建设、长效化推进,一个覆盖城乡、普惠均衡、"兜住底"、"保基本"的基本公共服务体系在江苏初步建成。民生服务基本实现了"六有":有政策、有标准、有预算、有场所、有设施、有人员。责任主体明确,保障机制逐步建立。相应地,人民群众对民生工作的满意度也在逐年提升。

在此背景下,"人民群众对美好生活的向往"在民生领域也出现了诸多新需求、新期待和新特征;按照"强富美高"新目标和高质量发展新要求,亦需持续跟进、不断提优补缺,可持续地增进民生福祉。为此,需更加专注于建设一个政策体系更完善、资源配置更精准、服务扩容更主动、服务系统更智能的民生发展体系。

推动政策体系更完善,着力补齐一些新近出现的突出短板。江苏近年来的民生发展,总体上围绕2017年发布的《江苏省"十三五"时期基本公共服务清单》(以下简称《清单》)所列举的各个项目不断推进。这份清单涵盖了基本公共服务的主要领域和基本项目,高于国家水平,江苏的民

---

[*] 徐琴,江苏省社会科学院社会政策研究所所长,江苏区域现代化研究院常务副院长。

生体系建设总体上处于领先地位。

但也需看到,一些短板依然突出,仍然严重困扰百姓生活,典型的如"一老一小"两大民生痛点。0~3岁婴幼儿照护服务体系基本上处于空白。学前儿童的幼教,虽然在管理上较为成熟,但近年来二孩数量的增加也使得幼儿园"一位难求"。江苏是人口老龄化程度最为严重的省份之一,养老服务体系也在不断探索中,部分城市、部分社区也获得了不少经验。但总体上,人民群众急需的、服务质量有保障、政策支持有力度可持续、服务价格可承受的养老服务依然极为短缺;以居家养老为主体、社区养老为辅助、机构养老为补充的养老服务体系建设尚处于起步阶段。"一小"问题困扰着无数年轻父母,"一老"问题则成为若干中年儿女的不可承受之重。因此,在江苏各地已经基本落实了《清单》要求的前提下,亟待以补"一老一小"民生短板为重点,多视角分析各种实践案例,深入探讨新的政策着力点,积极推动"亲幼型"和"适老型"公共服务体系的建设,不断完善民生服务政策体系。

推动资源配置更精准,使有限而宝贵的公共服务资源能够得到有效利用。近年来民生服务的规范化程度不断提高,但同时也存在资源配置简单化和一刀切的问题,导致设施不足与设施闲置并存的现象较为普遍。典型的如农村环境问题,一方面农村环境治理任重道远,另一方面不少乡镇的环保设施,建成之后大面积闲置,特别是污水厂的设置,未按照农村实际的污水产生量,而是按照行政区划进行配置,对具体的技术方案缺少系统考虑和精准选用,建成后浪费严重。农村地区的公共文化、公共体育设施建设方面也有类似情况。此外,由于江苏农村进行过多轮乡镇撤并和村庄合并,也使很多被撤并乡镇的民生服务半径过大、可及性不足。因此,民生服务在标准化的基础上,应以精准化、有效性为原则,对相关的技术方案进行充分预研和评估,以适应城镇化后半程人口迁移的主流方向,不断提升、不断完善,更为精准地惠及广大人民群众。

推动服务扩容更主动,使民生保障更具动感、更有温度。人民群众对民生服务的需求是动态的,民生事项随着经济社会发展的水平也在不断扩容，江苏的民生实事工程既有延续性也有时代感。今后，民生服务的扩容应更为主动，应不断完善"需求调研→需求分析→项目列举→可行评估→项目确立→分类落实"的全系列工作流程。更好地运用大数据以及多种公众参与机制，及时捕捉和汇总分析各类新生的民生痛点难点，基于需求导向和问题导向，围绕群众的所急所盼、重点短板，按照轻重缓急进行梳理分类，并结合财力保障的可行性，确立民生服务的当年、中期和长期任务清单，分步推进。

推动服务系统更智慧，提升各类民生服务平台的集成水平，提高民生服务的效率效能。近年来，江苏各地积极探索信息技术和智能化技术在民生领域的应用，力求"让数据多跑路、让市民少跑腿"，同步提升公共服务效率和品质、政务系统效能和社会治理水平。南京市开设的客户端"我的南京"，高度集成了数十项民生服务事项，成为市民民生服务便利化、智慧化的重要技术平台。江阴市2017年起实施的"县级集成改革试点"，对各类政务系统特别是民生服务系统进行了"智慧化升级重组"，将庞杂的民生服务，集中于"新政务服务中心""综合管理服务指挥中心""社会救助中心"等几个集成性的共享服务平台，链接了不同条口、不同层级之间的服务节点，打通了各个部门、各级政府、各个空间网格之间的服务网络，使地域广阔、居住相对分散的县域居民，能够享受足不出户、手持一部手机即可办事的"智慧民生"红利。当下，需重点突破各职能部门之间的信息壁垒，提供各类基础信息的互通和共享水平。可适时跟踪并汲取南京、江阴等地"智慧民生"建设的有益经验，加快提升民生服务系统的信息化、智能化水平，不断扩大"智慧民生"红利。

原文刊载于《新华日报》2019年7月30日。

北欧国家高福利的背后支撑

张春龙[*]

社会保障是民生安全网、社会稳定器,更是人民高品质生活的重要体现之一。由于自然环境、历史发展、民族文化、社会制度、经济基础等方面的原因,北欧国家(瑞典、芬兰、挪威、丹麦和冰岛)的社会保障制度以"高税收、高福利"而著称于世,包括英美在内的一些发达国家都甚是羡慕。透视北欧国家社会保障制度的特征及其产生的经济、法律、社会基础,有助于我们认识社会保障制度建设的长期性和渐进性规律、了解一国社会保障制度的发展机理、理解社会保障水平与经济发展水平之间的关系。

经济基础之于社会福利——社会保障标准的制定要"循序渐进"

社会保障作为一项基本的公共服务,很大程度上依靠政府的公共财政支出,而政府的财政支出依赖于良好的经济发展。因此,社会保障在一定程度上受到经济发展的制约。与此同时,与经济发展相适应的社会保障制度和社会保障水平,能起到促进经济发展的作用。也就是说,经济发展需要与之相适应的社会保障水平,而与之配套的社会保障制度能够促

---

[*] 张春龙,江苏省社会科学院社会学研究所副所长、研究员,江苏省社会科学院中特中心特约研究员。

进经济的发展。

北欧国家基本上属于高度发达国家。芬兰人口仅540万,但2017年国内生产总值为2 518亿美元,人均国内生产总值为4.46万美元,该国的林业、泥炭资源丰富,已探明储量约690亿立方米,相当于40亿吨石油。丹麦人口520多万,2017年国内生产总值约3 248.72亿美元,人均国内生产总值约5.52万美元,该国的农牧渔业及食品加工业发达,有欧洲乳酪市场之称。应该说,发达的经济和丰富的资源成为北欧国家"高福利"的坚强后盾。

北欧国家社会保障体系的建立经历了一个逐步发展完善的过程,许多制度的建立和完善经历了很长的时间,比如丹麦和芬兰的养老保险制度,自19世纪晚期提出,直到20世纪30年代末才得以通过,其完善更是经历了一个长时间的过渡。这种由自愿性向义务性过渡、自愿性与义务性相结合的做法,以及满足基本保障和考虑社会可承受能力的原则,是一种符合实际、不超越现实的循序渐进地提高社会保障标准的有效路径。

法治之于社会保障体系——法律法规是社会保障"统一性"的保证

北欧国家社会保障制度遵循"公民权利"原则,这是受到国家法律保护的。从保障对象来看,只要是本国的永久居民,在获得社会保障方面均没有太大差异,充分体现了平等性。芬兰明确提出,每一个公民,包括国内原有居民和满足居住年限等要求的外来居民,都有权利享受相同的社会保障待遇。也就是说,不因种族、阶级、阶层、性别的不同而区别对待,高收入者、低收入者以及无收入者均被纳入同样的福利体系之中。正因为这样,北欧国家的居民无论处于一种什么样的状态(就业或失业、有或无劳动能力等),都能获得良好的教育、医疗、住房、养老,能够过上比较有品质、无后顾之忧的生活。

北欧国家高福利的"统一性"是由一整套社会保障制度支撑的,大到宪法、小到实施细则,基本做到了应有尽有。宪法保障每一个公民的基本权益,而具体的法律明确每一种社会保障项目的目的、原则、标准和实施办法。比如,丹麦从1891年颁布老年年金补助法开始,1892年和1898年先后建立疾病与健康保险法、工伤与职业病保险法,1907年、1921年和1950年又分别制定了失业保险法、残疾人年金法和家庭津贴法。1977年,丹麦颁布《社会救济法》,才最终确立了一个较为完备的社会保障体系。

高税收体系之于行政管理——社会保障基金收支应该"透明化"

对于高福利,"高税收"是其重要支撑。在"高福利"免除生活的后顾之忧后,北欧国家的居民普遍享有高标准的生活品质,这成为北欧国家征收高额所得税但仍然获得社会广泛认同和支持的主要原因。根据经合组织公布的最新数据,芬兰、丹麦税收收入占其GDP比例超过50%。芬兰所得税率从35%至60%不等。在丹麦买车,所需支付的税费更是高得惊人,增值税、牌照注册费等税费加起来约相当于汽车价格的200%。高税收是维系北欧国家引以为豪的高福利社会的重要保障,国家的税收体系给社会保障体系提供良好的经费支持。

政府公务员清廉高效,获得了国民的高度信任,这是北欧国民支持"高税收"的另一个重要原因。监督世界各国腐败行为的非政府组织"透明国际"公布2012年全球清廉指数报告,在176个国家和地区中,丹麦、芬兰同列第一,其余三国分别位列第四、第七、第十一。正是政府的高度廉洁使得人民相信政府,绝大部分人愿意将自己近一半的薪水以税的形式上交。

社保基金运作机制公开透明是北欧政府廉洁的表现,也是"高税收、高福利"社会保障制度获得支持的重要原因。一般来说,社保支出是一国最大的政府支出项目之一,人们对社保的满意度及自身保障的安全感,往往与社保透明度密切相关。如果社保基金不透明、税收又高,极易影响社会互信及相关制度、政策的执行。一个鲜明的例子就是同样执行高福利制度的南欧诸国,由于制度不透明,富裕阶层通过地下经济逃税、通过家庭保障来养老的现象普遍,社会公众对公共机构的信任度很低,导致其福利模式基本破产。可见,只有政府的管理水平提高,透明度增加,加大社保基金的信息披露强度,公开社保基金的管理流程,社会大众保险缴费遵从度才能有效提高,在此基础上的社会保障政策才能真正有效运转。

竞争力培育隐忧之于可持续——与经济同步的社会保障调整机制

福利社会如何不养"懒汉"?虽然,政策设计者在制度建立之初就预想到这个问题,且耗费心力地完善福利体系,但从长期实践效果来看,北欧国家的"高税收、高福利"产生的消极影响仍客观存在,不能完全避免。比如,芬兰的失业率一直居高不下,高于很多发达国家,这与其"高福利"在一定程度上具有"养懒汉"效应是很有关联的。其实,为了避免高福利滋生"懒人和不劳而获者",提高社会整体效率,芬兰等北欧国家对社会福利制度建立的原则进行了改革,但总体来看,由于操作难度较大而发挥的效用有限。另外,"高福利"非常依赖国家的经济发展,在这些年经济较为疲软的时候,社会保障支出也开始有一定压缩,比如丹麦目前就要求提高养老机构准入条件以控制数量,减少相关支出。

由此可见,社会保障支出离不开经济基础,有必要建立与经济同步的社会保障调整机制。也就是说,各项社会保障待遇水平的提高必须以经济增长为条件,否则就会给财政支出造成很大压力。研究确定社会保障待遇水平需要科学的方法,需要考虑城镇居民消费价格指数、社会平均工资增长、经济发展水平以及财政承受能力、就业状况等一系列因素。因此,需要建立社会保障待遇正常调节机制,通过适时调节社保待遇水平,使保障水平持续、有序、合理增长。

原文刊载于《群众》2019年第22期。

"智慧养老"如何更具智慧更有温度

马岚 张卫[*]

随着人口老龄化程度日益严重,老年人对养老服务的需求更加旺盛、更加迫切、更加多样。而江苏人口老龄化具有的新特点,增加了全省老龄工作的复杂性、艰巨性,给养老服务的发展带来了挑战。近年来,"智慧养老"作为一种新模式,成为江苏养老服务中的一个热点,其核心在于依靠科技力量加强养老服务供给侧结构性改革,引领养老服务方式转变。这是解决江苏养老服务供需结构问题的新探索,也初步解决了一些现实性问题。

"智慧养老"发展空间巨大

目前,江苏养老服务消费正逐渐从生存型、物质型向发展型、文化型转变。而现代制造业基础雄厚、科教资源丰富、信息网络技术与养老服务业的深度融合等,都为全省智慧养老发展提供了巨大的空间和持续动力。2015年12月4日通过的《江苏省养老服务条例》提出,要加快实施"智慧养老"工程,建立养老服务信息化平台,这为促进智慧养老服务业健康发

---

[*] 马岚,江苏省社会科学院社会学所副研究员。
张卫,江苏省社会科学院社会学所所长、研究员,中特中心特聘研究员。

展提供了有力的政策支撑。

第一,在"智慧养老"理念引领下,众多科技型企业纷纷投身养老服务业,开发出了一系列相关产品,涌现出了一批领军品牌。一大批企业敏锐地洞察到社会对"智慧养老"产品的需求以及"智慧养老"技术的发展潜力和市场前景,利用互联网、云计算、人工智能等技术研制开发了大量相关产品。Ebay、江苏金康信息技术、索酷科技、福康通、太仓市康辉科技、江苏慧明智能科技、东方惠乐健康有限公司等企业在智能养老设备照护系统、智能环境监护系统、智慧健康服务机器人等方面已经研发出了较为成熟的方案和产品,成为"智慧养老"的领军品牌。

第二,"智慧养老"的相关产品已经开展试点和应用,产生了一定的社会效益和经济效益。南京市玄武区试点建立了养老服务统一呼叫平台,全区的服务数据被汇总到智慧养老平台,最终绘制成一张"玄武区养老大数据地图",为精确了解老年人的需求情况、开展精准服务提供了数据支撑。无锡的"11311"建设工程,包括建立一个数据仓库,建设一个云服务平台,建设机构、居家、社区三大养老服务应用系统,实现涵盖居家和社区养老服务、评估、监管等多位一体的智慧养老新模式,整合养老服务资源,提高养老服务效率,极大地延伸养老服务供给的广度与深度,节约了众多人力。扬州市文昌花园社区开启"互联网+养老"新模式,积极打造"智慧社区",通过实行智能看护、虚拟养老平台等手段,使得老年人不用离开自己熟悉的生活环境,就能获得便捷、多元化的养老服务。

第三,"智慧养老"大多通过政府购买的途径实现,创新了养老服务模式,提升了养老服务质量。现阶段"智慧养老"获得全省各地的大力扶持,通过购买服务的方式服务本地老人。服务模式的转变,意味着政府仅仅作为监督员的角色,提出项目需求,监督项目实施。企业作为市场参与的主体,利用信息技术为高层次、多元化的养老需求提供有偿服务,实现了养老服务的专业化和广覆盖。

短板不容忽视:"智慧"不足、"温度"缺乏

尽管国家大力推动"智慧养老",但因其尚处于起步阶段,仍面临诸多挑战,主要体现在"智慧"不足、"温度"缺乏。所谓"智慧",主要是指突破单纯由人服务的传统模式,提升养老服务的质量、效率和便捷性,发挥在节省人力、降低成本、整合资源、产业联动等方面的作用;所谓"温度",则是指产品本身所体现出的人文关怀,充分考虑老年人的身体特征和心理特质,注重老人的接受程度、使用体验,便于操作、注重隐私,给予老年人有尊严、高质量的养老服务。

"智慧养老"尚未真正体现和实现"智慧"。一是对于"智慧养老"的概念、特征及具体实现方式还缺乏明确、清晰的界定。"智慧养老"大部分时候是作为一个笼统的概念而存在,主要是相对于传统养老方式而言的,在实际应用中存在诸多的含混和滥用——比如将"智慧"产品简单等同于数控产品,在实际使用中缺乏交互性和智能性,并不能真正达到"智慧养老"的预期目标,因而直接影响到"智慧养老"服务的发展导向和最终效果。二是"智慧养老"产业化、规模化、市场化程度较低,"智慧"缺乏实现的基础和渠道。当前称为"智慧养老"的公司多为中小企业,产品都只在小范围试点推广,缺乏规模经营和成熟的产业链。"智慧养老"模式尚处于起步阶段,其运营模式多采用企业运营、政府买单的方式,形式单一,过于依赖政府的产业保护政策。大多数项目还没有很清晰的商业模式或盈利模式,仍需不断探索创新。三是"智慧养老"呈现出一种"碎片化"的状态,没有发挥"智慧"的整合作用。"智慧养老"的相关产品与养老服务之间,没有结合成一个整体的系统,协同推进机制尚未形成。智慧健康养老涉及诸多领域,包括信息技术、医疗健康、养老服务等,目前各领域间的协同和联合机制仍不完备。比如,做智能家居和穿戴设备的、做信息平台的与做实体性养老服务的,没有完全融合在一起,还是各做各的事,尚未真正做到整合资源,实现"智慧养老"。"智慧养老"的试点,存在"政府搭台,企业

唱戏,观众却不买单"的情况,除了少部分居家场景的产品及服务外,相关产品在养老机构、日间照料中心、社区驿站等地方的使用面、覆盖面还较低。

"智慧养老"人性化色彩有待提升,尚未体现出"温度"。一方面,部分"智慧养老"产品未能体现老人的实际需求,出现被弃用的情况。目前的"智慧养老"产品物化色彩较重,重心大多聚焦于产品的前期设计和研发,而对于产品投入使用后的用户体验和后续反馈则相对缺乏。有些研发机构人员不了解老年人的身体状况、心理特征和实际需求,产品虽然有很高端的功能,但不符合老年人的使用习惯。比如,有的产品因老人记不住操作步骤、看不清手机屏幕、不知如何网上付费等而使用率不高。还有一些产品设计时目标群体不清晰,功能繁杂不接地气,导致能够自理的老人认为自己不需要,而不能自理的老人却不会、不能使用,智能化设备还需要照料人员代为操作,反而增加了护理人员的工作量,时间一长,就被弃用,仍旧回归到传统的服务方法。另一方面,民众对智慧养老产品认知度不高,消费习惯尚需培养。目前65岁以上的老人大多出生于20世纪50年代,由于特殊的历史环境,他们经历过较为艰苦的生活,形成了"勤俭节约"的生活方式,以及"舍不得消费,宁愿省吃俭用也要留给下一代"的传统观念,这也在很大程度上影响了智慧养老相关产品的接受程度,使得对"智慧养老"的有效需求不足。针对老年人的这种观念,目前"智慧养老"相应的市场推介和消费习惯培育还非常欠缺,很多老年人对其仍旧是"习惯性无视和拒绝"。

着力提升"智慧"程度和产品"温度"

一是深化认识"智慧养老"的"温度"内涵。科技作为"智慧养老"的核心,是对养老服务的一种补充和提升,但科技的使用不能脱离人,必须充分考虑人的需要,发挥人的作用。应改变对"智慧养老"单纯的物化思维,改变重产品轻服务的现状,从以研发产品为主转向产品研发与生活照料、精神服务相结合的全方位专业化服务。这种服务不仅指对老年人的服务，还包括对照料者的培训、辅助和支持。在此基础上，要实现技术性和人文性的统一。智慧养老的发展不仅要实现老人生活的智能化、自动化，更要促进老人生活的便捷化、人性化。产品在设计时应充分考虑老年人的生理和心理特征，操作界面简洁清晰，功能突出，让老人能够轻松地找到所需的服务功能，重视老年人的使用体验，开发出符合市场实际需求的适老产品。"智慧养老"不是代替老人做所有事，而是要通过技术挖掘老人的潜能。还应通过一定的科技手段调动亲属、子女参与关怀老人，并为这种互动提供便利，改善老人生存的家庭氛围和社会环境，让"智慧养老"不再是一件冷冰冰的事。

二是为"智慧养老"创造良好的产业发展环境。目前，"智慧养老"基本靠政府投入支持，但投入毕竟有限，难以支撑整个产业体系的发展。政府应发挥主导作用，为"智慧养老"产业化、规模化、高质量发展提供良好的外部环境。应放开市场，积极引导社会资本进入养老服务业，同时加大落实财政等相关方面的扶持和优惠政策，充分激发各类市场主体活力。这样才能不断衍生新的市场机遇，推动形成产业规模。同时，还要培育不同业态的适老服务，探索多样化运营模式。加快培育一批创新能力强、信息化应用水平高、品牌辐射示范效应大的创新型养老服务企业，在此基础上建设和发展健康养老服务业聚集区，打造适老科技产业园区，引入机构运营商、服务提供商、终端产品提供商等各类优质主体，完善"智慧养老"产业链。

三是完善养老的基础数据库和服务信息平台。服务对象的基础数据是进行一切产品研发的基础，应完善养老基础数据库的建设，加强对老年人情况和需求的调研和评估，其中包含老人的基本情况、家庭、亲属、健康、经济、住房、医疗、社会活动等全方位信息，并实时更新，识别和研究老龄人口的真实需求。从供需对接来讲，一个统一的、标准化的"智慧养老"服务信息平台是必需的，它有助于打通各部门的信息孤岛，实现信息快速共享和资源优化配置，以充分挖掘、了解、共享"智慧养老"业的发展需求，并且提供精准的动态服务。政府已有的相关基础数据应该向社会公布，从而降低企业运营成本。

四是激发潜在需求，增强"智慧养老"的认知度和接受度。虽然当前老年人的养老服务需求普遍且迫切，但是很多需求仍旧是潜在需求，"智慧养老"的发展需要将潜在需求变成有效需求。应培养老年人的消费习惯，增加对"智慧养老"的认知度和接受度。提供试用机会，当老人初次试用后感受到智慧养老服务与传统养老的区别和优势后，就会真心购买。通过这种方式，就可以培养养老服务消费新观念，形成智慧养老的忠诚度。相关的智慧养老企业可以利用信息技术的"智慧"对老人的个性特征、行为习惯和兴趣爱好进行分析，进而为老年人提供个性化的服务，通过"点对点"的智慧服务模式，来激发老年人对智慧养老的需求。另外，还要积极探索建立合理的付费制度，构建社会多方共担机制，促进智慧养老模式的推广，使得智慧养老能更快被广大群众所接受。

五是强化部门合力，发挥"智慧"的整合作用。养老服务是一个综合类、跨部门的服务项目，更是系统工程。做好这个项目不仅是运营部门、卫生健康部门、民政部门、规划部门、劳动部门以及文化部门的责任，街道和社区也要积极配合支持。针对当前技术产品应用"碎片化"的问题，在鼓励支持各运营服务平台发展的基础上，应做好统筹协调，推进智慧养老数据和设备标准化工作，解决相关系统和产品间互联互通的问题。

原文刊载于《群众》2019年第6期。

国家治理

国家治理体系和治理能力现代化的中国探索

夏锦文[*]

党的十九届四中全会审议通过的《中共中央关于坚持和完善中国特色社会主义制度、推进国家治理体系和治理能力现代化若干重大问题的决定》指出,坚持和完善中国特色社会主义制度、推进国家治理体系和治理能力现代化,是全党的一项重大战略任务,必须在党中央统一领导下进行,科学谋划、精心组织、远近结合、整体推进。回顾历史,中华人民共和国成立70年来,我们党根据不断变化的时空环境,与时俱进地探索国家治理体系和治理能力问题并取得重大成果,实现了政治稳定、经济发展、社会和谐、民族团结。实践证明,不断提升国家治理体系和治理能力现代化水平,是充分发挥社会主义制度优越性的有力支撑。

一、国家治理体系和治理能力现代化是实现社会主义现代化的题中应有之义

放在社会主义现代化这个宏大背景之下,可以看到,推进国家治理体系和治理能力现代化是实现社会主义现代化的题中应有之义。

---

[*] 夏锦文,江苏省社会科学院党委书记、院长、教授。

现代化是20世纪以来世界各国共同关注的重要话题,是一个国家在历史变迁过程中所经历和展现出来的经济、政治、文化、社会、生态等各领域的重大变革。世界上并不存在一模一样的现代化模式,正反两方面的经验教训表明,只有把现代化的一般理论与本国实际紧密结合在一起,才能形成契合自身需求、体现自身特点的现代化道路。

作为后发国家,中国在追求现代化的道路上不断探索。中华人民共和国成立以后,中国人民就在中国共产党的领导下着力恢复国民经济并进行社会主义改造,为现代化建设奠定基础。党的八大将党在当时的重要任务确定为:使中国具有强大的现代化的工业、现代化的农业、现代化的交通运输业和现代化的国防。改革开放以后,我们党逐渐认识到,中国所追求的现代化不仅是要在20世纪末"达到第三世界中比较富裕一点的国家的水平",而且还包括经济、政治、法治、社会、教育和人的现代化等诸多方面。随后,党的十五大在此基础上明确提出,到下世纪中叶,基本实现现代化,建成富强、民主、文明的社会主义国家。党的十七大又在此基础上提出,要"建设富强民主文明和谐的社会主义现代化国家"。

党的十八大以来,以习近平同志为核心的党中央进一步聚焦现代化,强调要从经济建设、政治建设、文化建设、社会建设和生态文明建设"五位一体"总体布局的高度推进社会主义现代化。党的十八届三中全会提出"国家治理体系和治理能力现代化"这一概念,强调"全面深化改革的总目标,就是完善和发展中国特色社会主义制度、推进国家治理体系和治理能力现代化"。在此基础上,党的十九大提出,到21世纪中叶,我国物质文明、政治文明、精神文明、社会文明、生态文明将全面提升,实现国家治理体系和治理能力现代化,成为综合国力和国际影响力领先的国家。这些都说明,在社会主义现代化进程的不断探索中,我们党始终在丰富拓展社会主义现代化的内涵,逐渐认识到推进国家治理体系和治理能力现代化既是坚持和发展中国特色社会主义的必然要求,也是实现社会主义现代化的题中应有之义,要适应国家现代化总进程,从各个领域推进国家治理体系和治理能力现代化。

二、我国推进国家治理体系和治理能力现代化的实践探索

历史和实践证明,我们的国家治理体系和治理能力总体上是好的,是适应我国国情和发展要求的,具有独特优势。这源于我们党带领广大人民群众在推进政党治理、政府治理、社会治理等方面作出了坚持不懈的实践探索。

主动推进政党治理。从众多现代国家的发展历程可以发现,政党是现代国家治理的重要组织力量,并在其间扮演着重要角色。在中国,中国共产党是最高政治领导力量。推进国家治理体系和治理能力现代化,必须重视党在国家治理中的重要作用,必然要求党把加强自身治理摆在突出重要位置,否则就无法担当推进国家治理体系和治理能力现代化的职责使命。我们党始终保持高度忧患意识,强调要持之以恒地加强政党治理,以加强党的长期执政能力建设为主线,以制度治党、思想建党和理论强党为支撑,以党的政治建设为统领,以坚定理想信念为根基,以正风肃纪、严惩腐败为有力抓手,全面加强党的政治建设、思想建设、组织建设、作风建设、纪律建设,并把制度建设贯穿其中。实践证明,一系列管党治党举措让党推进国家治理体系和治理能力现代化所需的政治领导力、思想引领力、群众组织力、社会号召力等得到极大提升。

及时改进政府治理。政府是推动国家治理体系和治理能力现代化的重要主体力量,其自身的结构和能力水平既是检验国家治理体系和治理能力现代化水平的重要标识,又是影响国家治理效能发挥的重要因素。中华人民共和国成立之初,我们党借鉴苏联模式,政府对经济、社会、文化等领域实施统一管理,这种政府管理模式一定程度上适应了中华人民共和国成立初期政治社会生活的基本要求。但是,随着经济社会的不断发展,特别是改革开放之后社会结构的日趋多元,统一的计划管理模式已经难以适应现实的需要。针对这种情况,我们通过推动多轮政府机构改革以优化政府结构体系、改革创新行政审批制度以激发释放行政效能、正确

处理政府与市场的关系以充分发挥市场在资源配置中的决定性作用并更好地发挥政府作用、全面推行依法治国以营造良好的制度环境等举措，及时改进政府治理模式，较好地推动了国家治理水平的提升。

着力优化社会治理。社会安定有序同时又充满活力，是国家治理体系和治理能力现代化的内在诉求。在国家治理体系中，社会既是主体也是客体。作为主体，社会是共同参与国家治理的重要依托力量；作为客体，社会是国家治理的重要领域。这就意味着要根据社会结构的不断变化和国家治理的内在需求，着力优化社会治理。1992年党的十四大之后，在建立社会主义市场经济体制的新形势下，明确提出各级政府要注重履行社会管理、公共服务的职能；2004年党的十六届四中全会提出"建立健全党委领导、政府负责、社会协同、公众参与的社会管理格局"；党的十八届三中全会通过的《中共中央关于全面深化改革若干重大问题的决定》第一次以正式文件的形式提出"社会治理"概念，明确提出创新社会治理体制、提高社会治理水平；党的十九大明确提出打造共建共治共享的社会治理格局。这些都表明我们党对社会治理的认识在不断升华，实践探索在不断推进。社会治理的不断优化，首先体现在坚持系统治理、依法治理、源头治理、综合施策与营造良好的社会秩序上，同时还体现在生态环境建设上。近年来，通过构建生态文明制度体系、加快主体功能区建设、积极推进国家公园体制试点、有效推进重大生态保护和修复工程等工作，人们充分认识到，生态环境问题不仅是经济问题，而且是一个社会问题，要把它纳入国家治理总体框架之中，引导人们走出一条人与自然和谐共生的现代化道路。

三、不断完善和发展我国国家制度和治理体系

在实践探索中，我们党在国家治理体系和治理能力上积累了宝贵的经验，我国国家制度和国家治理体系具有了多方面的显著优势，新时代需要继续完善和发展我国国家制度和治理体系，推进国家治理体系和治理

能力现代化。

始终坚持党的全面领导。正反两方面的诸多经验教训表明,治理一个大国必须有一个坚强有力的领导核心。在中国,"党政军民学,东西南北中,党是领导一切的"。中国共产党是各项事业的坚强领导核心,是最高政治领导力量,各个领域、各个方面都必须坚持党的领导。历史和实践一再启示我们,始终把坚持党的领导置于国家治理的首要位置,既保证国家治理具有坚强的组织保障,又能很好地贯彻落实党对推进国家治理体系和治理能力现代化的各项主张。正因如此,党的十九届四中全会明确提出,必须坚持党政军民学,东西南北中,党是领导一切的,坚决维护党中央权威,健全总揽全局、协调各方的党的领导制度体系,把党的领导落实到国家治理各领域各方面各环节。

系统谋划顶层设计。推进国家治理体系和治理能力现代化是一项复杂的系统工程,需要统筹布局、全面协调推进。基于此,我们党始终坚持推进国家治理体系和治理能力现代化的系统谋划、顶层设计。一是与坚持和完善中国特色社会主义制度紧密结合在一起。党的十八届三中全会将完善和发展中国特色社会主义制度、推进国家治理体系和治理能力现代化确定为全面深化改革的总目标。这就意味着国家治理体系和治理能力现代化是在中国特色社会主义制度总体框架下进行的。这种顶层设计能确保它沿着中国特色社会主义道路而不是其他什么道路前进。党的十九届四中全会审议通过的《中共中央关于坚持和完善中国特色社会主义制度、推进国家治理体系和治理能力现代化若干重大问题的决定》强调,必须在坚持和完善中国特色社会主义制度、推进国家治理体系和治理能力现代化上下更大功夫。二是着力打造科学合理的治理体系。实践证明,无论是推进政党治理、政府治理还是社会治理,都应注重治理体系的整体性和协同性,着力把依托力量、治理方式、所需资源等要素全面结合起来。

把推动制度优势转化为治理效能作为重要取向。中国特色社会主义制度是党和人民在长期实践探索中形成的科学制度体系,我国国家治理一切工作和活动都依照中国特色社会主义制度展开,我国国家治理体系和治理能力是中国特色社会主义制度及其执行能力的集中体现。中国特色社会主义制度契合中国国情、具有独特优势,能最大限度整合资源、集中力量办大事、聚焦最大公约数、形成最大同心圆,从而为提升国家治理效能奠定坚实基础。因此,在推进国家治理体系和治理能力现代化的进程中,我们党始终把推动制度优势转化为治理效能作为重要取向,经济建设取得重大成就,全面深化改革取得重大突破,民主法治建设迈出重大步伐,人民生活不断改善,社会秩序和谐安定,中国特色社会主义制度优势得到彰显。

坚持从实际出发。纵观当今世界,在推进国家治理体系和治理能力现代化的进程中,有的国家成功,有的却失败了,其失败的原因错综复杂,其中一个重要原因便在于未能坚持实事求是,照搬照抄别国的制度,忽略了客观情况对各国建构治理体系、调整治理方式所产生的内在影响。习近平总书记指出,一个国家选择什么样的治理体系,是由这个国家的历史传承、文化传统、经济社会发展水平决定的,是由这个国家的人民决定的。只有坚持从实际出发,不断完善和发展我国国家制度和治理体系,才能够真正推进国家治理体系和治理能力现代化。

原文刊载于《光明日报》2019年11月19日06版。

以系统性思维推进改革

夏锦文[*]

40年前,以党的十一届三中全会为标志,我国改革开放拉开大幕。40年的快速发展证明,改革开放是决定当代中国命运的关键一招,也是决定实现"两个一百年"奋斗目标、实现中华民族伟大复兴的关键一招。

正如习近平总书记所言,"改革只有进行时,没有完成时"。在社会主义现代化建设征程中,高举改革开放旗帜,任何时候都不能有丝毫动摇。在日趋复杂的形势面前,坚定的改革意志十分重要。同时,掌握科学的工作方法也不可或缺。其中,一个重要方法,就是坚持和运用系统性思维。党的十八大以来,以习近平同志为核心的党中央正是以系统性思维来推进改革的。从谋划改革的顶层设计、总体布局到统筹协调、整体推进,逐渐形成了集中统一的改革领导体制、务实高效的统筹决策机制、上下联动的协调推进机制。实践证明,这是艰巨复杂的改革工作得以顺利推进的重要保障。

当前,改革已经走到了一个新的历史关头,很多问题牵一发而动全身,从深层次上要求全面考量、协同推进。这既是全面深化改革的内在要求,也是推进改革必须坚持的重要方法论。在全面深化改革过程中,唯有

---

[*] 夏锦文,江苏省社会科学院党委书记、院长、教授。

坚持系统性思维,注重顶层设计和整体谋划,才能使各项改革举措在政策取向上相互配合、在实施过程中相互促进、在实际成效上相得益彰。

以系统性思维推进全面深化改革,知易行难。当前,需重点关注的是处理好整体推进与重点突破的关系。全面深化改革是一个系统性工程,涉及各个领域,自然需要全面推进,但同时也要厘清重大改革的逻辑关系,抓住关键环节和主要矛盾。比如,当前急需注重在国有企业改革、科技体制改革、农村土地制度改革、生态文明体制改革、司法体制改革、国家监察体制改革、产业结构布局、动能转换等方面集中攻坚,形成重点改革领域的"组合拳"和有效精准突破。

坚持系统性思维还要注重促进基层探索与顶层设计的良性互动。40年前安徽省凤阳县小岗村18位村民冒着巨大风险,按下承包责任制的鲜红手印。自此,我国农村开始了家庭联产承包责任制的历史性变革。这说明,基层蕴含着巨大的改革潜能。改革的每一个进展和突破,无不来自群众的创造。对这些积极探索,采取包容宽容、鼓励激励的态度,既是推进改革的一种策略和方法,也符合事物发展的客观规律。当然,在鼓励各地开展积极探索的同时,也要及时总结典型经验,做好顶层设计,进而以"一马当先"引领"万马奔腾",着力形成上下良性互动的融合共进格局。

对处于现代化进程中的中国来说,改革和发展已经高度融合,发展前进一步就需要改革前进一步;改革前进一步,必定能为发展提供强劲动力。因此,我们不仅要矢志不移地坚定意志,还要不断革新改革方法论,这样才能把改革全面推向前进。

原文刊载于《经济日报》2018年12月5日。

减负也是赋能

陈　朋[*]

基础不牢,地动山摇。基层基础工作事关国家安定和社会进步。因此,我们党一直高度重视基层干部群众的呼声和期待。不久前,中共中央办公厅印发了《关于解决形式主义突出问题为基层减负的通知》,将2019年作为"基层减负年",着力解决一些困扰基层的形式主义问题,切实为基层干部松绑减负,激励广大干部担当作为。这不仅是对当前基层干部减轻工作负担这一热切期盼的积极回应,而且将会赋予基层干部更多动能,激励广大干部更好担当作为。

基层减负有其深刻缘由,这就是长期困扰基层干部的负担过重问题。一段时间以来,文山会海、频繁督查、多头考核、过度留痕、压力"甩锅"、层层加码等问题让基层干部捉襟见肘、苦不堪言。这些问题不仅大大消耗了基层干部本已有限的精力,而且滋生诸多形式主义顽疾,广大干部群众对此强烈关注。习近平总书记高度重视这些问题,充分彰显出党中央对广大基层干部的关怀、对重大现实问题的积极正视。当然,基层减负是一项全面的工作,减负的目的是要让他们把有限的精力投入到更重要的工作中去。

---

[*] 陈朋,江苏省社会科学院马克思主义研究所副所长、研究员,江苏省中国特色社会主义理论体系研究中心特约研究员。

减负与赋能是有机统一的整体。一方面，它是政策举措的原初取向。中央一直高度重视基层基础工作，不仅要求广大基层干部认真贯彻落实各项重大决策部署，更好地服务人民群众，而且强调要关心关爱、激励鼓励广大基层干部，给其注入充足动能。习近平总书记强调："对广大基层干部要充分理解、充分信任，格外关心、格外爱护，多为他们办一些雪中送炭的事情。"党的十九大以来，中央先后出台激励干部新时代新担当新作为、统筹规范督查检查考核工作、减轻基层负担等一系列政策举措。这些措施既聚焦突出问题、紧盯关键节点，严肃整治"四风"问题，又果敢正视、积极回应困扰基层干部的现实问题，切实保护干部干事创业的积极性，为担当者担当、为负责者负责，着力推动基层干部从一些无谓的事务之中解放出来；另一方面，它响应了广大基层干部的热切期待。给广大基层干部压担子，可以推动他们将压力变为动力，但压力过大也容易走向反面，出工不出力等现象就是鲜明写照。对此，一些想干事的基层干部难免产生"心有余而力不足"之感。事实上，减负与赋能实质上是辩证统一的，减负是基础，赋能是目标，二者相互促进。减负的主要目的在于激励广大基层干部把更多的精力投入改革发展之中，而不能片面地将减负理解为减工作、减责任。

给基层赋能并不是一件简单的事情，而是一项复杂的系统工程，需要从多方面入手。首先要给广大基层干部注入强大的心理动能。减负赋能并不只是从物理层面减轻不必要的工作量，还应从心理层面纾解基层干部的心理负担。可以通过舆论引导和心理疏导，及时把握基层干部的思想脉搏和心理状态，让广大基层干部内心深处充分体会到以习近平同志为核心的党中央与自己永远都是心连心，全党上下始终都是心往一处想、劲往一处使，以此激发其立足基层、扎实工作、建功立业的热情。其次要切实减轻基层负担。在中央已经明确为基层减负、赋能之后，各地应该不折不扣、因地制宜地抓落实。当然，最重要的是提高广大基层干部的能力水平。减负不能减能力。当前，可通过实施富有针对性的教育培训和轮岗锻炼，让广大基层干部"充电、加油"，着力升级打造能力素质，使其政治过硬、本领高强。

客观而言，今天基层干部所面临的问题与挑战比以前更复杂、更严峻，所承担的任务比以前更繁重、更艰巨。但是，这也为广大基层干部提供了施展才华、实现人生价值的大好机遇。广大基层干部应主动自觉地在减负同时赋能，勤勉敬业做实事，干出一番无愧于时代和人民的事业。

原文刊载于《光明日报》2019年5月28日。

社会治理顶层设计的三个关键词

陈 朋[*]

● 共建共治共享是中国共产党治理理念不断提升和治理实践不断拓展的结果,体现了对公共治理理念的吸纳认同、上层建筑对经济基础的积极调整、国家治理对社会主要矛盾变化的正确回应。

● 共建共治共享既是新时代社会治理格局的建设方向,也为社会组织参与社会治理的功能定位提供了依据。要理解共建共治共享社会治理格局内涵,则须抓住三个关键词。

社会治理是国家治理的重要基础,也是一段时间内影响经济社会协调发展的重大挑战。特别是随着社会主要矛盾深刻变化、社会流动日益增强和利益诉求急剧增长等新情况的不断涌现,一系列问题从深层次上对传统的社会治理思路提出严峻挑战。基于此,党的十九大提出"打造共建共治共享的社会治理格局",着力从优化顶层设计的角度促进社会治理效能提升。客观而言,社会治理并不是一个新问题,但"共建共治共享"则提出了社会治理领域的新命题。实践证明,对于这个新命题,不仅需要从实践层面作出积极探索,还应从理论层面解析其基本内涵。忽视理论层面的解释,难免会使实践探索偏离方向。因此,当人们在实践层面不断推

---

[*] 陈朋,江苏省社会科学院马克思主义研究所副所长、研究员,江苏省中国特色社会主义理论体系研究中心特约研究员。

进共建共治共享社会治理格局时,必须准确理解其基本内涵。而要理解共建共治共享社会治理格局内涵,则须抓住三个关键词。

共建:凸显社会治理的导向。在现代社会治理中,共建简而言之就是提倡共同参与建设。之所以需要"共建",主要源于对秩序的渴求。"历史经验告诉我们,社会要进步,首要的问题是要有社会秩序。社会秩序之于人类的重要意义在于它是人类生活和实践的社会环境,社会秩序是社会行动的前提和基础。"对正处于增长速度换挡期、结构调整阵痛期和前期政策刺激消化期"三期叠加"的当代中国来讲,秩序尤为重要。社会治理的重要诉求就是构建良好的社会秩序,为社会运行提供安全稳定的社会基础。这足可见秩序的重要价值,但如何获得秩序却有着不同的方式。是通过强硬手段整合社会资源进而实现全面而又严密的掌控,还是通过民主和谐的协商合作共同构建秩序,既拷问着政府的治理理念和治理方式,也直接影响着秩序构建的效率和可持续性。从现代社会看,通过协商共建的方式构建秩序才是理性和健康的。事实证明,单纯依靠政府"独自打保龄球"的传统模式,既不符合现代社会治理的现实需求,还会产生更多的问题。因而,应努力倡导共建方式,鼓励各种参与主体在政府的引导下共同参与社会治理。在共建的格局下,推动社会治理的基础是共同参与、共同安排和共同主事。它不仅可以使政府变指导代替领导,还可以塑造"伙伴文化",形成基于共同参与、共同出力、共同安排、共同主事等互动关系,进而凝聚共识、促进合作。因此,通过共建的方式来实现社会治理过程中的秩序与活力的有机均衡,继而寻求既有秩序也有活力的现代生活,成为人们共同关注的焦点。正是在这种现实诉求的推动下,共建为人们所需要。

共治:强调社会治理的过程。现代社会的一个显著特点是,各种参与主体在意愿诉求和行动能力等方面不可避免地存在差异,但又无时无刻不生活在一个共同体之中。因此,一定意义上讲,共建共治共享社会治理实质上就是各大主体通过协商合作、共同参与的办法来共同参与公共事务治理。进一步讲,现代社会是由多元主体因素构成的复杂结构,每一个

221

参与主体的基本诉求和目标取向都不一样。特别是在开放、流动、多元的社会里，社会问题日益复杂、社会诉求日渐多样、社会价值日趋多元，社会治理的复杂性、艰巨性和挑战性与日俱增。面对这样一种复杂情势，无论是政府、市场还是社会，都无法单独回应和满足多样化的社会诉求，而必须寻求协同合作、互利共赢。诸多事实证明，在纷繁复杂的公共事务面前，任何人或组织都不可能独善其身，也不可能单枪匹马行动，必须通过协同合作的方式来实现力量的均衡、互补，进而寻找解决问题的方式。因此，社会治理必须注重发挥多元主体的积极作用。调研发现，如果单纯依靠某一个主体来应对处理某项公共事务，不仅会遭受能力有限的掣肘，而且还会形成隔岸观火式的参与冷漠。相反，如果寻求所有主体的共同参与，情况则会朝着积极向上的方向发生变化。因而，共治成为现代社会治理的共同期待。

共享：彰显社会治理的目标指向。从社会治理的终极目标和行动趋向看，如果社会治理不能致力于公共利益、公共价值，那么就无法构建社会共同体，更不可能促进治理成果的共享共荣。对于社会治理来讲，共享包含四个层面的含义：一是所有参与者共享，即所有参与主体都能享受社会治理的成果，而不是一部分或少数参与主体能享受社会治理成果。二是全面共享，即社区建设、民生改善、公共安全等社会治理各领域的成果都能为所有参与主体共享。三是共建共享，即只有参与共建共治的过程，才能共享社会治理成果。没有共同参与社会治理则无法共享治理成果。四是渐进共享，即共享的过程是从低级到高级、从粗层次到高层次、从不均衡到均衡的渐进有序过程，而不是片面、绝对均衡的。客观而言，过去一段时间，社会治理在共享层面存在诸多不容忽视的问题。比如，共享的领域不均衡：更多的是关注政府及其附属机构的利益，而很少关注政府之外的组织和领域；共享的结构不均衡：对经济成果的共享要多于对社会建设成果的共享；共享的区域不均衡：发达地区的共享程度要远远高于落后地区。因此，在社会治理过程中，这些问题都应得到纠正，要最大限度地克服其个体私利，进而更好地维护公共价值。但是，值得注意的是，共享要避免平均主义做法，不能把"共享成果"理解为平均分配改革发展成果。真正有效的共享乃是通过有效的制度安排，使全体人民在共建共治的社会治理过程中都有更好的获得感，能持续、不断地增进物质精神层面的收益。

原文刊载于《学习时报》2019年3月6日。

社会治理重在"社会"

陈 朋[*]

核心阅读

在社会治理中,社会既是主体也是客体,二者共同构成社会治理的完整含义。重视社会治理中"社会"的作用,可以很大程度上降低政府负担,弥补治理空白,更好地培育公共精神。因此,需要从树立协商合作的治理理念、合理划分政府行动边界、充分激发社会主体自身作用等方面加强社会建设。

加强和创新社会治理既是国家治理的重要内容,也是新时代推进社会建设的重要任务。近年来,在提升国家治理现代化水平的内在驱动和社会建设外在问题"倒逼"的合力推动下,社会治理日渐引起人们的重视。但是,调研发现,当前社会治理仍存在一些突出问题。比如,社会力量尚未充分激发出来,其主体作用发挥尚不尽如人意。这些都说明,当前在推进社会治理过程中,需要更加重视"社会"。

---

[*] 陈朋,江苏省社会科学院马克思主义研究所副所长、研究员,江苏省中国特色社会主义理论体系研究中心特约研究员。

"社会"是社会治理的应有之义

从词源学的角度看,社会治理由社会管理逐渐演化而来。在党的文献中,社会管理最早见于1998年《关于国务院机构改革方案的说明》中,它提出政府有宏观调控、社会管理和公共服务这三项基本职能。伴随着经济社会的快速发展特别是多元社会的日益形成和社会流动性的日益增强,人们逐渐认识到社会管理应该走向社会治理。正是基于这种认识,进入新时代中央审时度势地提出要推进社会治理。比如,党的十八届三中全会从改进社会治理方式、激发社会组织活力、创新有效预防和化解社会矛盾体制等方面部署社会治理体制创新。这是第一次以正式文件的形式提出"社会治理"概念。党的十九大则提出要打造共建共治共享的社会治理格局,推动社会治理重心向基层下移,实现政府治理和社会调节、居民自治的良性互动。

在实践探索和理论建构过程中,人们逐渐形成一种共识:社会治理是基于谋求良性社会秩序的目标,多元主体对社会系统的组成部分、社会生活的不同领域、社会公共事务以及社会发展的各个环节进行组织、协调和管理,进而推动个人发展和社会有序的过程。由此可见,"社会"永远是社会治理的重要一维。

这里,它包含两层意思:一是对社会的治理。此时,"社会"是客体。如前所述,社会治理是多元主体对纷繁复杂的社会事务展开的合作治理,社会系统、社会事务、社会生活等社会领域自然构成社会治理的重要范畴。实际上,从社会学的角度看,社会是相对于国家的一个相对独立的复合系统。它虽然可以自治,但是也离不开政府的引导和规范。此时,社会就成为一种客观存在的治理对象。二是社会参与的治理。此时,"社会"是主体。之所以把"社会"看作社会治理的重要主体,是因为在社会转型期,各种纷繁复杂的社会事务蜂拥而至,单纯依靠政府单打独斗将力所不逮,必须重视激发社会主体力量的积极性,推动社会、公众等多元主体在政府的主导下开展广泛而又深入的合作。

对"社会"的忽视带来的消极影响

当前,对"社会"的忽视是社会治理领域存在的一大突出问题,由此产生了一系列消极影响。

其一,增加政府负担。从原初设计看,政府和社会都是推动社会治理的重要力量,只是二者所发挥的作用不同而已。但是,当前"社会"缺位的情况比较明显。大量原本可以由社会自己承担、自己解决的问题最后不得不转移到政府身上。这就不可避免地导致政府既要当"运动员"又要当"裁判员",在诸多场合不得不"冲在一线""打头阵",继而被动地大包大揽。相反,公众、社会组织等社会主体的作用尚未充分激发出来。当前,广受人们诟病的基层背负沉重负担问题,一定程度上讲与此不无关联。作为国家政权的神经末梢,基层政府本身就承担着大量公共事务治理的任务,政权系统内部的各种考核也使其疲于应付。此时,再把原本可以由社会自主调控的诸多事务转移到政府手上,则无异于给其增加沉重负担。

其二,形成治理盲点。在"社会"缺席的情况下,社会治理难免会出现自我矛盾的悖论情况:一方面政府承担了大量原本可以放手的事务,继而形成了巨大负担;另一方面政府原以为通过社会自身努力会形成良好的社会秩序,但在实际生活中并未出现,相反产生了治理空白。所谓治理空白,就是有些领域,该管的无人管或者管不了,进而出现治理盲点。治理空白所产生的不良后果是极为严重的。比如,在社区养老问题上,政府以为社会组织可以独立承担相应职责,便将建设、运营、管理乃至自我监督等都放手给社区或社会组织。但是,囿于自身能力有限,社区和社会组织又无法承担或者说无力有效承担起相应职责,继而导致要么是根本无力提供养老服务,要么是留下了安全隐患等问题。

其三,导致公共精神不足。有效的社会治理,往往浸润着充沛的公共精神。公共精神是有关公共生活的准则,是现代公共领域的道德准则,它能够引导社会成员自主地作出判断和选择,帮助社会成员形成理性品质。现代社会治理实践表明,社会既是滋养公共精神的主要场所,也是检验公共精神效度的试金石。然而,在"社会"缺席的情况下,公共精神很难培养起来。在城市,公共自行车给人们出行带来了便利,但是人们的公共精神似乎没有随之同步增长,很多人用完后随地停放,毫无顾忌地挤占人行道、地铁站口甚至绿地等公共空间;在农村,社会原子化、人与人关系的疏离化带来的公共精神缺失,使得诸多公共事务无以开展。这些都说明,对"社会"的忽视导致了公共精神的缺失。

把"社会"摆在社会治理的重要位置

重视"社会"、关注"社会",是社会治理的必然要求。因此,在打造共建共治共享社会治理格局的过程中,要从多方面把"社会"摆在社会治理的重要位置,发挥社会力量的重要作用。

树立协商合作的治理理念。当前的社会不仅面临开放、无界的信息传播环境,而且还有多元的参与主体。这种客观情况意味着社会治理不能再沿用传统、简单的思路,应摈弃"独自打保龄球"的理念,转而坚持"协商合作"的理念。实践证明,这种理念强调在政府的引导下,寻求多方合作。它不仅可以使政府以指导代替领导,还可以从中塑造"伙伴文化"。作为一种基于共同参与、共同出力的伙伴情谊治理形式,它主张社会治理应形成由政府、公众、社会组织等主体共同参与的格局。

合理划分政府的行动边界。无数事实证明,在社会治理中,政府与社会并不是两个完全独立的主体。它们在互动合作中可以构建一种共赢而非零和博弈的关系。而要达至这种良善状态,就必须明确划分政府的行动边界。把政府的行动边界明确下来,其重点是政府要树立包容性、融合性思维。比如,政府应正视社会组织的成长和发展,把可以放手给社会组织的事情交给社会组织去承办。在此基础之上,还应遵循"权力下放、资金下拨、服务下沉""权随责走、费随事转"的原则,合理划分政府行政管理与社会治理的权责边界,将负担过重的行政事务从群众自治的任务中剥离开来,以解决长期困扰基层的行政化难题。

积极发挥社会自身的主体作用。社会组织在培育公众合作意识、提高公民素质等方面具有重要优势。因此,发挥社会自身主体作用的重点是要推动社会组织健康稳步发展。客观而言,近年来社会组织逐渐呈现蓬勃发展的良好态势,但是,总体能力不足、参与度不深等问题依然存在。这说明,要把社会组织的积极作用充分挖掘出来。推动社会组织发展,可以坚持内外联合的方略。所谓内,就是要加强社会组织自身建设,比如,加快建立完善社会组织内部管理机制,以制度约束的方式推动社会组织规范有序运行,不断提高社会组织自身建设水平。所谓外,就是要加大对社会组织的扶持力度,从准入门槛、资金支持、规范引导、管理监督等方面作出配套设置。同时,还可以通过开办扶持、税前扣除、以奖代补、经济奖励、提供信贷等方式为社会组织发展提供有力支撑。

原文刊载于《学习时报》2019年4月10日。

健全问责机制　激励担当作为

陈　朋[*]

习近平总书记强调,要"坚持有责必问、问责必严,把监督检查、目标考核、责任追究有机结合起来,形成法规制度执行强大推动力"。这为新时代加强问责制度建设、全面从严治党提供了基本遵循。问责本身不是目的,它意在唤醒人们的责任意识、激发担当精神。历史和实践一再证明,担当就是责任,"干部就要有担当,有多大担当才能干多大事业,尽多大责任才会有多大成就"。近期中办印发的《关于解决形式主义突出问题为基层减负的通知》中强调,"坚持严管和厚爱结合,实事求是、依规依纪依法严肃问责、规范问责、精准问责、慎重问责,真正起到问责一个、警醒一片的效果"。这既是对"问责""追责"的科学部署,也是对"担当""负责"的鲜明号召。问责能不能发挥震慑威力、释放激励效能,同人们对问责的准确理解程度和问责体系是否健全密切相关。当前,亟须通过科学规范问责来激励广大党员干部担当作为。

重视责任担当是马克思主义政党的政治品格和优良传统。肩负重要历史使命的中国共产党始终高度重视党员干部的责任问题。如党的十二大通过的党章规定:"坚决维护党的纪律,是党的每个组织的重要责任。

---

[*] 陈朋,江苏省社会科学院马克思主义研究所副所长、研究员,江苏省中国特色社会主义理论体系研究中心特约研究员。

党组织如果在维护党的纪律方面失职,必须受到追究。"随着历史实践的不断发展,我们党对问责的理解日渐成熟。特别是党的十八大以来,以习近平同志为核心的党中央不断强化问责,着力通过科学规范问责让各级党组织和党员干部扛起全面从严治党的责任。习近平总书记强调,"从严治党,必须增强管党治党意识、落实管党治党责任","不明确责任,不落实责任,不追究责任,从严治党是做不到的","我们要健全权力运行制约和监督体系,有权必有责,用权受监督,失职要问责,违法要追究,保证人民赋予的权力始终用来为人民谋利益"。这就告诉我们,要牢固树立责任意识,并通过强化问责来倒逼责任落实。同时,这也表明问责作为一种督促手段,其本质目的在于"负责",推动权力规范运行,激发干部担当作为。2015年5月,习近平总书记在浙江调研时曾指出,"要从健全工作目标责任制入手,使每个岗位都职责和分工清晰、每项工作都程序和目标清晰、每项奖惩都认定和执行清晰,促使广大干部勤奋敬业、勇于担当、甘于奉献"。诸多事例表明,如果把问责仅仅看作是一种约束,则是对其科学内涵的误读,也不利于激发干部干事创业的"精气神"。事实上,问责的本质含义是既要对不作为行为追责,也要对干事创业者负责。只有通过科学规范问责,才能唤醒责任意识、激励担当作为,才能克服"多干多错、不干不错"的心态,营造"为担当者担当,为负责者负责"的氛围,才能回归问责的原初价值旨向。

习近平总书记在主持中共中央政治局第二十四次集体学习时强调指出,"问责的内容、对象、事项、主体、程序、方式都要制度化、程序化"。在十八届中央纪律检查委员会第六次全体会议上,习近平总书记进一步强调要整合问责制度,健全问责机制,坚持有责必问、问责必严。在系统规划的基础上,2016年颁布的《中国共产党问责条例》使党内问责有了正式的党内法规依据,从问责主体、通报、归档、处置以及信息公开等方面对问责程序进行了详细规定,提高了党内问责机制的可操作性。这些都说明,问责必须严格规范程序、科学稳妥推进。当前,还需着力构建结构完善、运转协调、执行有力、权责明晰的问责机制和环环相扣的问责程序,使"健全责任分解、检查监督、倒查追究的完整链条"的要求得到落实,防止问责不力或问责泛化、简单化,真正做到有错必纠、有责必问,精准问责、有效问责。这既是全面从严治党的内在要求,也是对当前问责领域存在突出问题的积极回应。

实践证明,问责本身不是目的,不只是一个处理结果,更不是一"问"了之,而是要通过问责查摆突出问题,抓好后续跟踪督办,防止再次出现类似情况,进而解决根本性、长远性、深层次的问题。对此,问责后需要加强对"人"和"事"的跟踪管理。就对"人"的跟踪管理而言,要加强教育培训,引导其不断增强理想信念和规范用权的意识和能力,自觉"补钙""强骨",练就"金刚不坏之身",经受住各种风险和困难考验。同时还要加强心理疏导,防止当事人出现心理问题。党的十八大以来,习近平总书记反复强调要关心、关爱干部。对待被问责的党员干部也应该有这种关怀关爱,让其依然体会到组织和人民的信赖和支持。就对"事"的跟踪管理而言,重点是要举一反三,系统思考引发问题的主要原因何在、有无政策漏洞、问责后的整改措施是否落实到位、如何防止再次出现类似问题等。这实际上就是运用系统性思维从相互联系、相互作用中去把握事物、思考问题。在这个过程中,特别是要加强对整改措施的督查,以防将问责简单化地理解为仅仅是惩处,而不是要系统性地解决问题。只有将后续跟踪管理一并纳入问责的系统性工程中来,才能真正释放问责的正能量,彰显问责的原初价值,更好地激发干部担当作为。总之,科学规范的问责能引导广大党员干部增强责任意识,拧紧责任"发条",激励干事创业。

原文刊载于《光明日报》2019 年 6 月 13 日 06 版。

警惕痕迹管理变成"痕迹主义"

陈 朋[*]

近年来,在安全检查、环境保护、数据分析等领域,"痕迹管理"逐渐得以应用,并显现出重要作用。保留下来的图片、文字、音频等资料,既能还原工作落实的具体情况,还可以检验决策程序的正当性、工作过程的完整性和实施结果的有效性。出现问题时,痕迹还能作为调查取证的重要参考。不过,任何事情都有其限度和边界,否则就会偏离方向、走向极端,重"痕"不重"绩"、留"迹"不留"心","痕迹管理"就会变成形式化的"痕迹主义"。

当前,"痕迹主义"在一些地方已经显现并有蔓延之势。比如,在扶贫工作中,有些地方要求扶贫干部每到贫困户家中都要与当事户主合影,并发送到扶贫工作微信群或 QQ 群,一些村民对此特别反感;有的要求扶贫干部每天都要登录扶贫 APP 或相关网站,做到事事要登记、件件要台账,导致一些基层干部排队等电脑;有的地方还举办"脱贫攻坚资料大比武"现场比赛,通过一排排、一摞摞的材料来比拼扶贫成绩。显然,这些"填表式"帮扶、"留影式"入户都是痕迹管理异化后的"痕迹主义",其结果只能是削足适履、本末倒置。试想,检验扶贫攻坚工作成效,不是看贫困户是

---

[*] 陈朋,江苏省社会科学院马克思主义研究所副所长、研究员,江苏省中国特色社会主义理论体系研究中心特约研究员。

否增收、是否改善生产生活条件,而是武断地看扶贫工作是否留痕、留了多少痕,既偏离了其本来方向,也苦了基层干部、贻误了贫困户。

其实,像这种"痕迹主义"的做法在社区治理、教育问题整治等领域也不同程度地存在。原因是多方面的,尤其是层层加码的考核压力让基层干部不得不被动应付。有的地方甚至单纯以痕迹论"英雄"、靠台账评优劣,客观上变相鼓励留痕。对问责的误解也在很大程度上助长了"痕迹主义"的滋生和蔓延,有些人为了避免在上级检查时被问责,便选择在"留痕"上大做文章。但归根结底,还是形式主义、官僚主义,唯上不唯实的政绩观、权力观和作风,导致"痕迹主义"产生和蔓延。

因此,根治"痕迹主义",还痕迹管理本来面目,需要从多方面着手,但关键在于通过优化考核机制、改进考核方法来治理形式主义、官僚主义。比如,可以探索实施综合考核和鼓励激励机制,从优化检查方式、开发运用大数据技术等方面入手,全面客观地衡量基层干部政绩和效能,用科学合理的考核"指挥棒"把干部从一些无谓的事务中解脱出来,引导基层干部把更多精力用在为民办实事上,而不是停留在留痕、造痕上。

原文刊载于《经济日报》2019年1月17日。

用好"三项机制",激励担当作为

陈 朋[*]

智库专家看两会

改革开放再出发,打赢打好脱贫攻坚战,都离不开攻坚克难的担当者。如何充分运用鼓励激励、容错纠错、能上能下"三项机制",改善干部作风,激励担当作为?记者就此专访了江苏省委党校常务副校长桑学成、江苏省社科院中国特色社会主义理论体系研究中心研究员陈朋。

记者:当前我省干部作风建设主要存在哪些问题?"三项机制"重点解决哪些问题?

桑学成:江苏干部作风总体是好的,绝大多数干部真抓实干,奋发有为,为推动高质量发展走在前列、建设"强富美高"新江苏作出重要贡献。但也有少数干部缺乏动力"不想为"、缺乏担当"不敢为"、缺乏本领"不会为"。江苏处于改革开放前沿,遇到的矛盾问题比其他地方早,很多工作没有现成经验可循,更需要广大干部带领群众敢闯敢试、先行先试。因此,健全"三项机制",有利于让能干实干者扬眉吐气、敢闯敢干者不挫锐

---

[*] 陈朋,江苏省社会科学院马克思主义研究所副所长、研究员,江苏省中国特色社会主义理论体系研究中心特约研究员。

气、得过且过者羞愧服气,不断激发干部群众干事创业的激情和活力。

陈朋:"三项机制"是省委进一步推动广大干部担当作为的有力举措。调研发现,当前江苏干部队伍的整体精神面貌是积极向上的,"撸起袖子加油干"的精气神是足的。但是,在一些地方和单位,仍存在"不想为""不敢为""差口气"的消极心态,"多干多错、少干少错、不干不错"的思想包袱,"牢骚多""挑岗位""温吞水"的庸懒散作风。"三项机制"通过建立正面清单和负面清单的方式来规范权力运行,引导干部积极作为。

记者:"三项机制"有着怎样的内在联系?

桑学成:"三项机制"是一个有机的制度体系,三者相辅相成,有机统一。鼓励激励机制是前提,重点解决干部干事创业内生动力不足的问题,让想干事者有机会,肯干事者有舞台,干成事者受重用,激励广大干部担当新使命、展现新作为;容错纠错机制是保障,目的是通过合理容错,鼓励探索,宽容失败,善待挫折,让敢担当者放下包袱,甩开膀子,轻装上阵,使干部愿意担当作为;能上能下机制是导向,目的是让平庸者出列,让优秀者进位,最大限度地激发干部干事创业的积极性、主动性、创造性。

陈朋:"三项机制"坚持系统谋划、综合施策,将干部选、育、管、用的各个环节衔接起来。容错纠错机制主要是告诉广大干部如何少出错,出错以后怎么办,让出于公心干事的干部不会轻易被问责,为他们撑腰鼓劲;鼓励激励机制着眼于倡导积极作为的导向,告诉广大干部大胆干事、积极作为的结果会怎样,传递出不会亏待任何一个善为者的鲜明信号;能上能下机制强调要加强跟踪管理,让"下"的干部还能看到"上"的机会,继续保持奋斗的动力。"三项机制"既与中央精神高度契合,又与江苏实际特别是广大干部队伍的现实需求相契合;既强化正向激励,又注重规范约束,彰显人文关怀。

记者:好的体制机制,关键在于落实。请问在实践中应该如何用好案例,有效发挥"三项机制"的作用?

桑学成:落实好"三项机制"需要强化系统思维,完善配套政策,细化具体举措。要重视案例收集整理工作,鼓励基层进行案例积累,支持市县大胆实践创新，尽快推出一批典型案例，以案析理、以案引路，以案例来推动"三项机制"细化、实化、具体化。

在容错纠错实施过程中，全省各地都是摸着石头过河，没有成功的现成经验可供借鉴，这就需要举证典型案例，发挥典型作用，不断放大典型案例导向功能。前不久，省纪检监察机关发布一批各地容错纠错案例。下一步要以典型案例为导向，突出案例示范作用，探索建立案例指导制度，及时编选发布流程规范、效果良好、具有普遍指导价值的案例，使之成为推动容错纠错工作更规范、更高效的样本和标准，为基层在具体操作实践中提供借鉴和参考。同时，要做好政策解读，加强典型案例宣传，让不想为、不敢为、不会为的干部，深切体会到"三项机制"的鲜明导向，让更多干部看到先行者的成果，推动党员干部提振精气神，让敢于担当、奋发作为在江苏蔚然成风。

原文刊载于《新华日报》2019年3月12日。

社会治理重心下移与社会组织协同参与

张 卫 鲍 磊[*]

党的十九大报告指出,要加强社区治理体系建设,推动社会治理重心向基层下移,发挥社会组织作用,实现政府治理和社会调节、居民自治良性互动。理解和把握好推动社会治理重心下移的要求及这一治国理念的重要转变,就是要打破原来单一的、自上而下的垂直管理结构,形成多元化、合作互动的治理网络。社会组织以其独特的民间性、非营利性、志愿性和自治性,弥补了市场与政府在提供公共物品和处理社会事务方面的不足,其实际效能的发挥更是社会治理体系不可或缺的重要依托。

当前我国发展大背景下治理重心向基层下移十分必要

从经济社会发展的协调性看。改革开放 40 余年来,我国社会治理体制机制和方式方法取得了长足的进步。但我们也必须看到,在整个社会治理领域,包括城市社区、村庄在内的基层社会治理还存在诸多的薄弱环节和进一步发展的瓶颈制约,亟须在发挥社会治理多主体作用、加大对基层治理的人力物力财力投入等方面,作出有效的制度安排,补齐基层社会

---

[*] 张卫,江苏省社会科学院社会学所所长、研究员,中特中心特聘研究员。
鲍磊,江苏省社会科学院社会学所副研究员。

组织在治理上的短板。

从社会主要矛盾的变化看。进入新时代,人民日益增长的美好生活需要和不平衡不充分的发展之间的矛盾,已成为我国社会主要矛盾。这种主要矛盾的变化关涉到全局性、历史性的变化,对于区域间、城乡间、人群间的协调发展提出了新的要求。此外,在全球化、市场化、城镇化、信息化交叠推进的背景下,社会环境发生深刻的变化,基层社会的矛盾和问题从原来的邻里纠纷等小问题,逐渐演变为治安稳定、环境卫生、物业服务等复杂问题,成为各种矛盾纠纷的聚焦点,成为各种利益诉求的交汇点。

从改革发展的全局看。无论是推进改革发展稳定,还是推动党和国家各项政策落地,乃至推进国家治理体系和治理能力现代化,重点、难点、关键环节以及主要着力点都在基层。作为城市和乡村的"细胞",城市社区和乡镇村庄能够最直接、最敏锐地感知居民对美好生活的向往。同时,它们既是激发社会活力的重要载体,也是推动社会治理重心向基层下移的重要落脚点。在改革开放持续深入和社会加速转型的情形下,基层社会治理革新也需要新的气象。与此同时,基层社区发展好了,存量改革和社会增量改革也才能同步推进。

社会治理模式转变亟须社会组织的协同参与

参与治理的主体由一元向多元转变。以往的社会管理,更多强调政府的权威和绝对地位,呈现出典型的一元化特征。在社会转型过程中,以政府为主的一元管理模式具有很大弊端,政府权力无法触及社会生活的全部,也很难实现信息的完全把控,政府无法逾越自身障碍成为"全能政府"。相比较而言,新社会治理格局强调的是"党委领导、政府负责、社会协同、公众参与、法治保障",在这种格局下,政府与市场、政府与社会组织、公共机构与私人机构之间的协同共进,属于一种多元参与的结构体系。在中国社会的变迁中,秩序的重建迫切需要第三方力量的参与,以实现政府、市场和社会力量共同参与协作的多元治理格局,从而形成与之相应的广泛的社会公共责任机制。

参与方式由绝对服从向鼓励参与转变。一元化管理多推崇权力的唯一性及绝对性,主要的担纲者和权威的来源都是政府,社会扮演着服从的角色。良性的社会治理机制,鼓励不同主体相互合作、相互学习、相互支持,各自承担自己的利益责任,既相互激发各自的潜能和动力,又能够给社会增加生机和活力。

治理的手段由单一向多样化转变。面对当代社会更加复杂的结构,社会多元化成为时代的新特征,与之相应的是,社会治理的手段也开始由平面化向立体复合化转变。换言之,当前社会所需的公共产品和公共服务,既有政府通过行政或借助市场手段提供,也有市场化组织通过市场手段提供,还有社会组织通过市场化手段或社会动员的方式来提供。因此,加强社会治理,必须创新治理手段,由单一治理向多重社会治理转变成为大势所趋。应坚持系统治理、依法治理、综合治理、源头治理多管齐下,坚持法律、行政、经济、技术等多种手段并用。社会组织协同参与基层社会治理具有积极的效能。

有利于推动政府职能转变,促进服务型政府建设。基层社会治理的目标之一就是通过治理,推动各级政府改革现有管理体制,重新定位地方政府的管理职能,理顺政府与社会的关系,推动政府职能转变。一方面,社会组织可以有效承接政府部分职能,尤其是行业协会类的社会组织在承担政府职能方面表现出明显的专业优势,如决策咨询、行业标准制定、资质资格类的考核、行业调查与统计、诚信建设、展览展销、价格协调以及行业性的集体谈判等。另一方面,社会组织可以有效协助政府处理一些棘手问题,比如对于民众的沟通、社会矛盾的调节、突发事件的应对等。此外,社会组织还能有效推动政府决策的科学化,在传递行业领域意见、反映百姓诉求等方面,社会组织可以发挥桥梁和纽带的作用。

有利于优化治理结构,实现有效的社会治理。基层社会治理是一个涉及各个生活领域、内容庞大、工作繁杂的开放性系统工程,不断探索创新社会组织参与基层社会治理的活动方式和内容,是社会组织在基层社会治理中充分发挥作用的关键性因素。作为推动社会健康持续发展的重要机制之一,社会组织积极参与公共事务治理、发挥自身作用与其所具有的特点和优势密不可分。社会组织具有自愿性、自治性、公益性等特点,组织规模小,结构灵活,往往在事务管理方面具有明显的专业优势和技术优势,尤其是在联系基层、贴近现实方面,更具有天然的优势。

有利于推动民主政治发展,增强社会建设。一个良善的社会,必然是各社会主体能有效参与其中的社会。社会组织的发展某种程度上能够推动民主政治的进步。作为民众与政府之间的桥梁,社会组织通过各种活动的组织与运行,切实有效地增强了民众对自身的权利意识和责任观念。通过更加有效的社会监督,民众在合法权利受到侵犯时,可以通过社会组织进行维权,如消费者协会等,能够增强民众的依法维权意识和能力。

原文刊载于《学习时报》2019 年 11 月 6 日。

坚持培育与监管并重　提升社会组织自身效能

张　卫　后梦婷[*]

习近平总书记在党的十九大报告中强调指出,加强社区治理体系建设,推动社会治理重心向基层下移,发挥社会组织作用,实现政府治理和社会调节、居民自治良性互动。社会组织作为参与主体之一,以其独特的民间性、非营利性、志愿性和自治性,弥补了市场与政府在提供公共物品和处理社会事务方面的不足,其实际效能的发挥更是社会治理体系不可或缺的重要依托。社会组织参与基层社会治理要在完善法律法规的前提下,坚持"培育发展与监督管理"并重,建立社会组织多维规范体系,在制度框架内优化自身治理结构,增强自主性、独立性和服务能力,积极提高参与基层社会治理水平和成效。

第一,健全法律法规,保证基层社会治理有法可依。社会组织管理的各项行政法规要和当前社会组织管理制度改革要求及相关内容有效衔接,充分考虑新时代社会结构变迁的发展趋势与公众日益多样的社会需求,为各级民政部门依法开展登记管理和执法监察工作提供法律依据,也为基层政府与社会组织高效协同合作、保证社会组织在参与基层公共服务过程中发挥效能提供依据。

---

[*] 张卫,江苏省社会科学院社会学所所长、研究员,中特中心特聘研究员。
后梦婷,江苏省社会科学院社会学研究所副研究员。

第二，打造基层社会组织网络，推进组织化协同发展。社会组织的组织化就是要充分降低不同社会组织之间的资源浪费，形成抱团发展、优势叠加的良好效应。一方面，已经具有一定规模实力的社会组织要发挥核心辐射效应，吸纳联合目标、类型、原则相似的中小组织，形成团队发展组织网络，共同承担社会服务项目。另一方面，不同类型的社会组织要加强链式合作，让资金、人才、项目在不同社会组织间流动起来，形成合作链条，改变目前有项目没有资金、有资金没有人才、有人才没有项目的尴尬境地，有效整合各项资源。

第三，扶持精品项目，推动社会组织协同参与品牌化。政府购买公共服务是当前社会组织参与社会治理的主要方式之一，也是推进政府职能转变的重要手段。各级政府要按照"政府支持、民间兴办、专业管理"创建模式加强社会组织孵化基地建设，为社会组织提供综合性培育和服务平台。一方面，要通过加强公共服务项目的需求评估，将反映现实需求的地区性项目挑选出来，给予一定的政策扶持。另一方面，要在项目申请和运行过程中不断促进项目设计和操作的规范化，通过审核、监督、评估等环节打磨优势项目。

第四，规范社会组织内部结构，强化协同参与竞争力。未来社会组织在发展过程中如何依法规范、有序引导是十分重要的议题。社会组织要练好内功，提高自身的运作活力和治理效能，这是社会组织参与社会治理的重要前提。各级政府要指导社会组织健全权责明晰、运转协调、制衡有效的法人治理结构，完善财务、人事等各项内部制度。规范用人制度，完善保障和激励机制，实行劳动合同制度，保障工作人员合法权益。建立健全财务决策、管理和监督制度，鼓励大中规模的社会组织引入外部审计机制，保证社会组织运行的公开透明。要鼓励培养与退出淘汰并举，建立健全具有可操作性的社会组织退出机制，对社会组织的违法违规行为依法追究责任，对活动不正常、运作能力弱和社会认可度低的社会组织，应引导其合并或注销。

第五，加强社会组织人才队伍建设，提高协同参与水平。建立健全社会组织从业人员行为准则、职业道德规范，实行可操作的评价指标体系。建立社会组织人才库，规范开展从业人员培训，提高从业人员的整体素质，重点加强社会组织从业人员的执业规范和执业纪律的培训考核，加快社会组织从业人员的专业化、职业化进程。对业务能力过硬、人品作风优良的社会组织人才，要打破体制、系统、身份、职业等传统界限，在政策上坚持平等对待、一视同仁、适当照顾的原则，建立一支思想进步、专业过硬、影响力强的队伍。

第六，搭建"互联网＋"平台，实现基层社会治理智能化。积极利用互联网技术降低社会组织参与基层社会治理的实际运行成本，优化社会组织网上办事服务，通过云空间增加公共服务覆盖面和利用率。通过在基层政府搭建智慧平台，吸引公众参与，形成基层社区治理的一体化网络，为政府、公众、社会组织提供开放化、社会化、互动性的信息平台。同时以互联网为依托，建立社会组织多方监管、信息公开、过程评估的网络机制，推动社会组织在数据管理以及数据共享等方面实现不同层级、部门间的信息互通，打破信息孤岛。

原文刊载于《中国社会报》2019年7月5日。

城乡融合背景下的乡村治理机制创新

徐志明[*]

新型城镇化和城乡一体化不断推进,人口和其他生产要素流动不断加速,原有的乡村治理机制已很难适应,乡村治理正面临许多新的挑战。为此,需要不断创新乡村治理体制机制,既发挥行政的力量,也要将现代治理要素引入乡村治理之中,激发乡村的自治活力,发挥群众的主体作用。

乡村治理面临的新问题

新型城镇化和城乡一体化加速推进,乡村治理正面临户籍人口的"人户分离",非户籍人口大量涌入,村民利益诉求增加,各种矛盾交错,基层自治组织功能和作用亟待增强等新情况新问题,原有的乡村治理机制已很难适应现代社会的要求。

乡村权力不对等,村级治理呈现行政化趋势。随着经济的发展和改革的深入,农村经济成分日益复杂,乡村经济社会事务日益增多。作为国家政权体系基础的乡镇政府是"行政"主体,具有公共性和强制性,"村治"则是以村民意愿为后盾,具有自治性和群众性。有些情况下,两者关系表

---

[*] 徐志明,江苏省社会科学院农村发展研究所所长、研究员。

现为乡镇政府对村民组织的行政干预,村民组织承担了许多行政性事务,乡镇政府、村党支部和村级自治组织各自的职权边界不清,部分地方出现村社一体、政经不分等问题,村民自治的主体地位难以真正行使。

人口流动性增加,村民自治整体水平不高。当前,村民自治存在着整体水平不高且发展不平衡等问题。一方面,随着城镇化进程的加速,大批农村青壮年劳动力选择进城务工,导致农业生产力下降,乡村活力不足,留守妇女、留守儿童、留守老人成为较为严重的社会问题,乡村空心化已成为不争的事实,村民参与自治的意愿和能力都明显下降。村民自治既缺少高素质、能够带领村民致富的村干部,也缺少有文化、善经营、懂技术的新型农民。另一方面,随着土地流转的深入以及外来涉农投资企业的增加,一些乡村外来人口数量激增。乡村的一些公共事务,如农村道路建设、环境保护、社会治安等,与他们的切身利益息息相关,其参与社区自治的意愿呈上升趋势。但由于缺乏相应的法律依据和参与渠道,他们参与乡村治理的程度主要取决于当地乡镇政府和村级组织的态度,具有很大的不确定性和随意性。

乡村财力有限,乡村公共产品提供不足。城乡一体化要求城乡基本公共服务均等化。充足的财力是乡村开展有效治理的基础。在乡镇财政退缩的背景下,乡镇政府缺乏相应的财权,又要完成上级政府的任务和检查,承担了相对多的事权,这种财权与事权的不平衡,弱化了乡镇政府提供公共产品和服务的职能。与此同时,城乡融合背景下,乡村振兴战略的实施,村级治理工作因为治理事务增多、治理标准更高而加重。在村级集体经济收入增加有限以及村民要求减负的情况下,部分行政村村级治理陷入"无钱办事"的困境,难以胜任向村民提供公共产品和公共服务之重要职责。

推进乡村治理体制机制创新

党的十九大提出,加强社会治理制度建设,完善党委领导、政府负责、社会协同、公众参与、法治保障的社会治理体制。城乡一体化进程中,需要将现代治理要素引入乡村治理之中,既发挥行政的力量,又激发乡村的自治活力,发挥群众的主体作用。

加快转变政府职能,构建多元协同治理新格局。要厘清乡镇政府的财权与事权,尽快完善县乡间分税制改革,建立规范的财政转移支付制度,改变预算制度的分散化格局,建设统一的预算制度,理顺县与乡镇的财政关系。要进一步明确乡镇政府与村级自治组织的关系,明确村两委职责,厘清乡镇政府、村党支部和村级自治组织各自的职权范围。在经济发达地区,积极探索农村集体经济组织与村委会财务事务分离改革,探索村级公共开支由公共财政和集体经济组织按比例共同承担机制。

提高村民的主体地位,完善乡村自治机制。在城乡一体化进程中,要激发乡村的自治活力,发挥群众的主体作用。不久前,中央办公厅、国务院办公厅发布的《关于加强和改进乡村治理的指导意见》指出,健全党组织领导的村民自治机制,完善村民(代表)会议制度,推进民主选举、民主协商、民主决策、民主管理、民主监督实践。要培育和发展村民的现代公民意识和公共精神,树立参与乡村社区公共事务管理和社会公共服务的意识和意愿。要进一步健全村级议事协商制度,建立畅通的参与渠道,为村民建言献策提供平台,提升乡村治理的民主性;开展多样性的社区活动,鼓励村民树立共同的生活理念,提升其对乡村治理的认同感。

大力发展社会组织,增强乡村服务功能。城乡一体化进程中,乡村治理的服务元素愈来愈重要,服务内容愈来愈多,服务要求也愈来愈高。要在乡村治理中引入市场机制,政府所承担的经营性事务可以推向市场,通过项目发包、公开招标向社会组织购买服务使其与社会组织形成互惠关系,节约行政成本。村组合并后行政村的管理范围扩大,农村民间组织获得了更大的成长和发挥作用的空间。要大力发展村民议事会、老年协会、老年娱乐宣传队、红白理事会、美德善行促进会等社会组织,有效增强乡村的服务能力,扩大服务的规模,不断发挥社会组织在乡村治理中的积极作用。

建立村治优秀人才的培育机制，提高村干部治理能力。当今农村社会生活愈来愈丰富和复杂，基层政府不可能包揽所有事务，大量社会事务需要村民自己处理。优秀人才是政府与村民互动的中介与桥梁，在政府与村民之间的互动与博弈中起着举足轻重的作用。要建立村治优秀人才的产生机制，引入外部力量尤其是大学生村官、乡村教师、乡村医生、涉农科研人员以及下乡扶贫干部等优秀的青年人参与乡村治理；积极实施村党支部书记、村委会主任等乡村发展带头人整体优化提升行动，健全科学合理的激励机制，真正将村级班子打造成一支有信念、有思路、有能力的基层实干家队伍。

原文刊载于《学习时报》2019年11月20日。

完善"政区合一"体制　激发开发区创新动能

徐琴　孟静　宋颖弘[*]

在江苏的区域经济发展中,类型多样的开发区(包括经开区、高新区、综合保税区等)始终是国际化的排头兵、工业化的主引擎和区域经济发展的领跑者,也是产业集聚、城市化推进和创新引领的强大载体。江苏各级各类开发区走过了三个阶段的发展历程:早期主要以招商引资快速实现资本和产业的集聚;中期以提升环境品质和强化服务功能推动产城融合;当前以转型升级寻求新的发展动能、实现创新发展为主要目标和任务。

江苏各级各类开发区一般采用管委会管理体制,为更好地推动创新发展,苏锡常地区一些开发区不断探索开发区管理体制的改革,"政区合一"体制是目前认可度较高的管理体制。作为一项积极的制度创新,"政区合一"体制极大地弥补了开发区管委会法律地位不明、行政主体缺失、服务能力不足的缺陷,有效提升了开发区的公共服务与社会治理能力,又较好地保留了开发区管委会体制灵活高效的优势,有力地推动了开发区的产城融合发展。

"政区合一"体制是在管委会体制之上的创新和升级,主要有以下几

---

[*] 徐琴,江苏省社会科学院社会政策研究所所长,江苏区域现代化研究院常务副院长。
孟静,江苏省社会科学院社会政策研究所助理研究员。
宋颖弘,江苏省社会科学院社会政策研究所助理研究员。

方面的特色。

"政区合一"解决了开发区行政主体缺失的问题,提高了开发区的服务和治理能力。2002年,苏州、常州两市的高新技术开发区最早实行了"政区合一"体制,机构设置上采用两块牌子一套机构,开发区的管理机构因此具备了较为全面的行政能力,公共服务和社会治理事务也有明确的行政主体来承担,而管委会则继续保持精简高效的特色和涉企服务的优势,以及其在促进产业集聚和区域经济发展方面的创新性和高效率。此后,这一体制被不少开发区采用并复制,如无锡市新吴区和高新区、昆山市玉山镇和高新区(区镇合一)等多个开发区。

"政区合一"体制融合了管委会和行政区两方面的优势,具备"小政府、大服务、强服务"的体制优势和特色。该体制既吸纳了管委会体制的突破行政层级限制、简化行政流程、服务企业能力强等优势,又能提供更全面的服务和更有效的社会治理,使其服务能力明显高于一般行政区和仅有管委会的开发区。

"政区合一"促进了开发区的规范行政。管委会体制在快速集聚要素、形成产业规模等方面曾发挥了极大的作用。但随着开发区规模的不断扩大,开发区从最初单一的产业园区逐步转为"城市新区",居住人口陆续集聚,城市功能不断丰富。其中发展较好的开发区,还经历了从"产"到"城"的演化,无论是城市品质的进一步提高、产业功能的进一步夯实还是开发区创新动能的进一步集聚,都需要走产城融合之路。因此,开发区所涉及的行政事项随之大幅度增加,作为"非行政主体"的管委会,面临着两难困境:如果不担负各类行政事务,则开发区的城市功能无所依托,产城融合发展无从实现;如果管委会承担各类行政事务,则陷入行政不规范、越权越位的窘境。

"政区合一"体制很好地破解了上述两难困境,将开发区的行政行为纳入了规范化的轨道。将开发区划为一个行政区域并设立一级政府,既确保了行政履职的合法性和规范性,又促进了开发区的行政行为不缺位不越位不错位。

进入新时代，开发区要更好地承担起在经济转型、城市建设、社会治理等方面不断增加的职能，同时更要担当好创新发展探路者和领头羊的职责。为充分激发开发区持续的创新动力，进一步探索完善"政区合一"体制，至关重要。

注重处理好规范化与创新性之间的关系。与普通行政区相比，开发区始终担负着探路与创新发展的特殊职责，急需为各种体制机制的改革探路，创新是其重点任务。"政区合一"体制下，开发区的定位从一个特殊功能区到一级正式的行政区划，进入行政序列，必须规范行政，尤其要注重处理好规范化与创新性之间的关系。一方面，更好地发挥管委会体制的精简、高效、自主、灵活的优势，使开发区在行政行为规范化的同时，继续保持发展的自主性和创新性。继续赋予开发区一些特殊政策和经济管理权限，确保开发区相关决策的自主权，包括在区域规划、经济发展、财政税收、工商管理、资金融通、项目审批、工程管理、人才引进、干部使用等方面的决策权，确保其能够立足实际、及时高效地作出决策。另一方面，制定适用于开发区的行政考核指标体系与相关标准。对于开发区的考核指标体系，既要与开发区的行政资源和权力职责相匹配，不宜求全求细，又要本着规范化与因地制宜相兼容的原则，剔除不适应开发区特点和主要职责定位的考核指标，将考核重点放在创新能力、创新绩效、服务供给水平和品质、企业满意度和百姓获得感等核心层面。

破解"政""区"分工不明、职责不清的问题。实现"政区合一"的开发区，事实上存在两大体制模块，即"政"和"区"，为更好地推动创新，需进一步加强协调、明确分工，破解"政""区"分工不明、职责不清的问题。在决策层面，以加强协调为主，在坚持党委领导的前提下，对重大问题实行"大办公会议决策制度"，"政""区"共同决策，避免"多头决策"导致方向分散以及执行困难。在执行层面，强调明确分工，建立"政""区"两大模块各自的职能与权力清单，"政"模块以各职能部门为主体，确保机构设置与上级主管部门更好对接，以更好地协调和有关部门的关系，提供一站式服务，进一步简化行政流程，提供优质公共服务，实现社会良性治理。"区"模块则以管委会为主体,继续聚焦创新驱动与经济发展主职能,使开发区管理机构与行政区政府部门实现功能互补、优势整合,形成"一专多长"、引领能力强的创新发展极。

以更加开放的干部人事制度激发创新活力。开发区要引领创新,需要集聚各类高端管理人才和专业技术人才,实行更为多元化、开放性以及具有旋转门机制的干部人事制度。目前,由于开发区一直以来的"小政府、大服务"传统,行政和事业编制管控极为严格,由此带来了体制内外待遇和职业晋升机会的差距,亟待干部人事制度更具多元化和开放性。在体制内干部的使用中,应建立地方政府、有关职能部门与开发区干部畅通的、开放式的交流制度,并给予开发区更多的选人用人自主权。认真落实"三项机制",旗帜鲜明,为那些敢于担当、踏实做事、不谋私利的干部撑腰鼓劲,提高开发区干部和工作人员干事创业的积极性,提升服务效能。同时,开发区应加快建立多元化的人才招聘和人事管理制度,招揽各方面的专业管理人才。采用更加平等但灵活的薪酬制度以增强开发区各个工作岗位的吸引力。更为重要的,需加快建立开发区不同身份人员的弹性转化机制,即旋转门机制,以充分吸收经过实践检验、业绩优秀的人才进入体制,不断提升人才队伍水平。

推动有条件有需求的开发区实行"政区合一"体制。苏南等地探索实行的"政区合一"体制,在合理定位、逐步完善的情况下,有利于开发区的创新发展。实行"政区合一"体制,既确保管委会专注于创新资源的集聚和创新氛围的培育,专注于经济发展服务能力的提升,又能使政府各职能部门专注于公共服务、社会治理,以及整体营商环境的改善和提升。推动开发区实行"政区合一",可重点从国家级开发区着手。国家级开发区一般区域范围较大,公共服务供给和社会治理责任也更大,且对动力转换、创新驱动的需求也更为强烈,急需"政区合一"体制予以充分支持。

原文刊载于《群众》2019年第14期。

因地制宜推进农村垃圾分类治理

王 婷[*]

农村垃圾分类治理是实施乡村振兴战略的重要内容。因地制宜、全面推进农村生活垃圾分类工作势在必行。推进农村垃圾分类治理,应明确责任,形成协同运行的组织合力;应坚持简单易行、经济适用的原则,加强农村垃圾分类处理技术的开发和推广;应完善制度建设,落实农村垃圾分类治理的各项保障;还需培养广大村民的环保意识,树牢生态文明理念。

从7月1日起,特大城市上海市"强制"垃圾分类引发社会广泛关注。其实,垃圾分类并不是大城市面临的特有课题,中小城市乃至广大乡村都难以置身事外。去年6月份发布的《中共中央 国务院关于全面加强生态环境保护 坚决打好污染防治攻坚战的意见》明确指出,"推进农村垃圾就地分类、资源化利用和处理,建立农村有机废弃物收集、转化、利用网络体系",为因地制宜地推进农村垃圾分类工作指明方向。

农村垃圾分类治理是实施乡村振兴战略的重要内容。随着经济发展和农村城镇化水平提高,农民的生活方式早已发生了根本改变,生活垃圾日均增量大幅上涨。然而,相比城市,农村地区面积广阔,人口分布呈现

---

[*] 王婷,江苏省社会科学院《学海》研究员、中国特色社会主义理论体系研究中心特约研究员。

"大分散、小聚居"的特征,农村生活垃圾来源分散,生活垃圾类型也有很大差异。再加上农村垃圾处理运行机制不健全、垃圾收集和运输成本较高、有的农户环保意识薄弱等因素,致使农村垃圾难以收运处理、存量规模不断增加等问题难以解决,带来了一定的环境污染和安全隐患。

可喜的是,近年来各地在推进美丽乡村建设实践中,探索出了以浙江省金华市、湖南省宁乡市等地为代表的农村生活垃圾分类处理新模式,为农村垃圾分类和集中收集处理积累了重要经验。在此基础上,因地制宜、全面推进农村生活垃圾分类工作势在必行。

推进农村垃圾分类治理,应明确责任,形成协同运行的组织合力。地方各级党委政府发挥主导作用,农办、环保、财政、住建等部门实现有机联动,企业、社会组织、保洁队伍各尽其责,农村居民全员参与,建立健全农村生活垃圾"户集、村收、乡运、县处理"的工作机制,系统推进农村垃圾分类投放、分类收集、分类运输、分类处理,不断优化从源头到终端全流程的减量化、资源化、无害化处理链条。

推进农村垃圾分类治理,应坚持简单易行、经济适用的原则,加强农村垃圾分类处理技术的开发和推广。厨余、家畜粪便、废弃农作物、秸秆、树叶等有机垃圾占农村生活垃圾的50%以上,这些垃圾可通过太阳能发酵、机器发酵等方式就近堆肥回田,与农业种植有机结合起来;燃煤灰渣和建筑类的无机垃圾多为惰性物质,基本不会产生污染,可采用就近填坑堆存的处理方式;可回收利用的废品集中送至废品收购站以便回收利用,提高资源利用率;对于农药类等含有害物质的垃圾,应建立独立的收运体系,集中收集后单独送至环保部门无害化处理;塑料等其他垃圾可采用"村收+镇运+县市处理"的模式集中收运处理。

推进农村垃圾分类治理,应完善制度建设,落实农村垃圾分类治理的各项保障。可探索制定出台农村垃圾分类管理办法,扎实推进农村垃圾分类、投放、收集、处置各环节的制度建设,规范垃圾分类治理操作流程;制定切实可行的垃圾分类考核验收标准,健全完善逐级督查、定期考核制度,引入第三方绩效评估制度,强化、细化对农村垃圾分类治理的全程监管；按照"政府主导、分级负担、社会参与"的方式，建立多元化筹资机制，确保资金、设备、设施的落实，为农村垃圾分类和资源化利用提供充实的要素保障。

推进农村垃圾分类治理，还需培养广大村民的环保意识，树牢生态文明理念。农村地区基本是熟人社会，开展垃圾分类治理动员教育活动具有得天独厚的优势，可以通过集体讲授、入户指导、现场教学等宣传教育方式把广大农民组织动员起来，形成垃圾分类的村规民约，使村民自觉养成垃圾分类的生活习惯。

我国地域辽阔，不同地区农村自然地理环境差异明显、经济社会发展水平差别较大。推进农村垃圾分类治理需要同农村自身实际、未来城镇化发展方向等有机结合，因地制宜，循序渐进，形成更加科学合理的战略部署。这样才能更顺利地推进美丽乡村建设，更好地实施乡村振兴战略。

原文刊载于《经济日报》2019年7月15日。

构建一体化的长三角公共安全防控体系

王树华　宋颖弘*

党的十九大提出"实施区域协调发展战略""建立更加有效的区域协调发展新机制"。长三角地区在区域一体化发展过程中呈现出区位优势互补、功能要素融合和区域创新协同等重要特征。同时，也应该清醒地认识到，当前长三角地区公共安全在新时期呈现出新变化、新特点，给公共安全治理带来了新压力、新挑战，迫切需要在长三角区域一体化发展上升为国家战略的新形势下提出新思路、新举措。

长三角公共安全形势呈现新变化、面临新挑战

长三角地区涵盖上海市、江苏省、浙江省和安徽省一市三省，以占全国16%的人口和2.2%的土地，贡献了全国近四分之一的经济总量，已成为国家经济发展的重要载体和依托。当前，随着长三角区域发展一体化上升为国家战略，作为区域经济社会发展的重要保障，公共安全特别是跨区域公共安全的重要性进一步凸显，各领域对公共安全需求不断上升。但从总体上看，当前长三角地区公共安全形势依然比较复杂，公共安全治

---

* 王树华，江苏省社会科学院社会政策研究所副所长、区域现代化研究院副院长、副研究员。
宋颖弘，江苏省社会科学院社会政策研究所助理研究员。

理任务依然比较繁重。

首先，从国际发展经验看，当一个地区的城市化率超过60%时，城市将进入快速发展期，同时也是人口、资源、公共卫生、环境等因素的社会矛盾制约比较严重、突发性灾害极易发生的时期。目前，长三角地区的城市化率接近70%，正处于城市化的快速增长期和社会矛盾凸显期。其次，从区域人口结构来看，在长三角地区生活、就业、学习或经商的外地和外籍人员数量相对较多并来源复杂。据统计，近年来长三角地区流动人口近5 000万人，外来人口和社会弱势群体对公共服务的诉求与政府供给之间的矛盾在部分地区逐渐显现。最后，网络通信诈骗等新型犯罪不断增多，但网络金融、电子支付等领域仍存在监管盲区，对公共安全治理提出了新的挑战。

长三角公共安全治理存在的突出问题

传统的以行政区域内部自防自控为主的工作模式已不能有效应对长三角当前错综复杂的公共安全形势，突出体现为两大问题：一是公共安全治理"系统性"不够；二是行政区之间公共安全治理"协同性"不够。

公共安全治理"系统性"不够。一是长三角各地总体规划更多侧重于经济与社会发展，缺乏对公共安全风险防范的统筹考虑。同时，各地对公共安全的政策实践仅仅集中在一般应急管理和防灾减灾层面，而从区域可持续发展和安全发展的角度对公共安全进行全方位的战略部署仍显不够。二是各地防灾规划大多侧重于专项防灾，缺乏对整体防灾意识的系统把握。这实际上是一个全国普遍性存在的问题。虽然从国家到各省、市地方政府都出台了综合防灾减灾规划，但从各地实际情况来看，多数地方的防灾规划涉及城市空间的内容分散于各单灾种规划中，且涉及的内容多是针对某个功能空间体系的局部研究，忽略了城市空间系统的整体防灾研究。一旦发生连锁性的城市公共安全事件，现有的防灾设施便难以从整体上提供城市的安全保障。

公共安全治理"协同性"不够。一是对应急资源的利用管理缺乏区域协同。当前长三角地区在突发事件应急协作方面虽取得一定成效,但各行政区域之间的突发事件协调机制仍然不够完善,跨区域突发公共事件"应而不急、联而不动"现象仍然存在。二是对新型犯罪的监督管理缺乏区域协同。尤其是对于网络金融、电子支付等领域的监督管理仍然存在一定"盲区",对人民群众财产安全和利益的侵害难以全过程监控和追溯。

多措并举,加快构建一体化的长三角公共安全防控体系

公共安全防控体系建设是一项系统工程。从结构层次来看,公共安全处在承上启下的地位,下有个体、企业、团体等私域安全,上有国家安全;从参与主体来看,公共安全既包括履行监管责任的政府,也包括承担主体责任的企业,还包括发挥重要作用的社会力量。在安徽芜湖召开的2019年度长三角地区主要领导座谈会明确提出,要坚持以树立"一体化"意识和"一盘棋"思想为重点,进一步构建多主体、多领域、多层次的工作推进机制。

因此,有效推进长三角地区公共安全治理,必须立足于公共安全的系统属性,紧扣"一体化"和"高质量"两个关键,用系统思维与系统方法指导公共安全防控体系构建。要科学分析公共安全形势的新变化、新特点,以习近平总书记关于长三角区域一体化发展重要指示要求为指引,从全局视野和长远角度对公共安全防控体系的各要素、各领域进行统筹规划,做好公共安全体系建设的顶层设计和战略部署,着力构建一体化的长三角公共安全防控体系。

规划引领,实现公共安全防控科学化。将公共安全纳入长三角经济社会发展的总体规划中,在制定长三角地区经济社会发展规划的同时,同步制定公共安全规划。确立安全规划在区域整体发展规划中的刚性地位,克服只考虑经济因素而忽视公共安全防控的倾向。

制度先行,实现公共安全防控法治化。公共安全工作的效能来源于

科学完备的制度保障。为此,要在城市群层面建立覆盖全面、内容科学、程序严密、配套完备、有效管用的公共安全制度体系。制度的生命力在于严格的、不折不扣的执行。为此,要提高政府各部门对公共安全制度的熟知度和认同度,让制度真正成为各部门开展公共安全工作的行为规范和行动准则。

防治结合,实现公共安全防控长效化。进一步健全长三角公共安全应急管理体制和社会治安防控体系,做到"预防为主、防治结合",把主要公共安全资源投入到事前监督检查上,尽量杜绝人为的公共安全事故,尽量降低自然安全事故所带来的损失,切实做到"重防范";在公共安全事故发生后,要积极采取措施,制定科学及时的处理方案,切实做到"重治理"。

部门协同,实现公共安全防控联动化。传统的公共安全工作,是一种"各人自扫门前雪"的部门化、碎片化管理模式,部门业务分割、政府部门分割,公共安全体系各个子系统自成一体,相互独立,无法发挥整体合力作用。以系统化思维推动长三角地区公共安全治理,必须着力于构建"横向协同"的公共安全应急联动反应机制,充分利用和发掘各领域知识、各方面信息、各种技术手段,建立统一指挥、分工明确、信息共享、协同联动的工作机制。推动重点部位联动防控、重大风险联动稳控和重要领域联动管控,提升联动指挥能力。加强重要情报和情况信息通报,启动建设长三角一体化情报指挥联动工作平台。健全跨区域公共安全信息收集与快速响应机制,细化完善情报线索传递、核查、反馈机制,提升核查处置联动能力。

区域协调,实现公共安全防控一体化。加强公共安全治理一体化,构建跨区域的协调管理体制必不可少。推动长三角地区在突发自然灾害防治、重大风险防范化解、污染联防联治、群体性事件应对、新型犯罪处治等领域实现"城市群与城市""城市与城镇""城镇与乡村"三个层级的协同,实现"人员""设施""行动"三个方面的联动,将公共安全治理工作网络覆盖到都市圈每一个角落,精准清除公共安全治理"盲区"。

教育引导,实现公共安全防控社会化。公共安全知识涉及社会生活的各个领域,对公共安全管理具有持久、潜在的影响。要加强公共安全知识的宣传、教育、培训和演练,提高大众的安全意识和安全素养,奠定安全文化建设的社会基础。此外,针对长三角地区人口密集、城市化程度高的特点,应进一步理顺和优化各行政区域公共安全防控体系,注重对安全风险点和突发性安全事件防控并重的同时,建立兼顾政府主导和社会参与的多主体公共安全治理方式,整合都市圈内各层次各类型职能部门,从政策层面吸引、激励社会组织积极参与其中,在多主体参与的前提下倡导并建立不同参与主体之间的平等交流、协商合作的互动模式。

原文刊载于《群众》2019年第12期。

准确把握乡村治理新要求

刘明轩[*]

现实中,一些基层工作者觉得与农民打交道难度增加,担任村干部成了"吃力不讨好"的苦差事。从一定意义上讲,这与我国正处于农业农村现代化的转型期相关。当前,要做好乡村治理工作,需要准确把握基层治理所处转型期的典型特征,以及由此产生的治理新要求。

与传统农业生产和农村生活所形成的共同劳作、就近而居、依靠地缘血缘关系形成非正式治理规范有所不同,当前的乡村治理面临着全新变化。特别是随着工业化、城镇化和农业农村现代化的推进,农村人口流动性增强,农业生产方式和农村社会结构都发生了较大变化。

一方面,工业化和城镇化加速,在客观上带动并增强了乡村人口的流动性,不同程度地减少了农民对农业生产和乡村生活的依赖,留守在乡村的农民彼此之间的生产生活依存度也因此降低。另一方面,这也源于新型农业经营主体的出现,让一部分新型群体加入乡村社会生活中,在一定程度上稀释了原来的"乡村共同体"。再加上近年来很多地方在实施撤村并居和农民集中居住,使原先居住在邻近村庄但彼此并不熟悉的村民生活在一个社区空间内,并归为同一个行政单元,在一定程度上减弱了原有

---

[*] 刘明轩,江苏省社会科学院农村发展研究所助理研究员,中国特色社会主义理论体系研究中心特约研究员。

村民的地域联结和情感纽带。

总之，诸多因素综合在一起，使现代乡村的相对独立性不断增强、人员结构日趋复杂、生产生活需求日渐多元化，乡村治理呈现出一番新景象。对此，如何积极回应新的治理需求，并努力形成有效治理的良好格局，显然是需要认真思考和及时解答的重大现实问题。

笔者认为，乡村治理是一个复杂系统工程，需从多方面形成合力，基础性工程莫过于重塑乡村治理的权威和规范。

所谓重塑乡村治理权威，首先需要乡村贤能主动担当，特别是要鼓励基层党员争当先锋。除了党政因素，以往多年村干部的权威由乡村社会内部赋予。新型农村社区治理理念则由管治变为服务，村干部权威的树立自然也必须通过为乡村居民提供高效优质的公共服务来积累和获得。这就对村干部个人思想素质和实干能力提出了较高要求，既要能深入理解和贯彻党的思想方针，对接和执行上级政府下达的各项任务，又要能迅速了解和满足转型中农村社会各类群体产生的多元化公共服务需求。更重要的是，这种权威的获得要以放弃个人"权威感"为前提，要沉下基层，为村民悉心服务，才能赢得村民信赖。

也正是基于这种对思想觉悟和个人能力的双重要求，各地应该鼓励基层党员争先担当。这既是现代乡村治理中权威重塑的要求，也是加强党对乡村基层全面领导的要求。同时，基层党组织也要努力提供人才培养和提升平台，将培养基层党员和培育村（社区）后备干部有机结合起来。县乡级政府要积极配合参与"塑造"，给有志于服务乡村基层的精英和党员提供机会，给优秀村干部提供优先选拔上升的通道和渠道。

时至今日，乡村内部千百年原有的"约定俗成"早已不足以支撑现代农村社区正常运转，必须建立起以相关法律、法规、条例等正式规则为主、公开透明的规范体系。这既有助于现代乡村治理模式的建立，提高基层行政效率，也有利于与上级政府沟通对接，提升监管效能。当然，也要灵活运用乡规民约、道德人情等非正式乡土性规则，实现柔性管理。

乡村治理的现代化不是静态目标，而是基于农业农村现代化的动态调整和全程适应。只有根据乡村社会的变化和需求,不断调整乡村治理的权威和规范,才能不断提高基层治理能力,真正实现乡村治理的现代化。

原文刊载于《经济日报》2019年12月9日。

推动乡村治理有效运转

刘明轩[*]

有效的乡村治理是构建良好秩序、实现乡村振兴的有力保障,同时也是推进国家治理体系与治理能力现代化建设的重要基石。但是,当前乡村治理尚面临一些困境:乡村人口流动导致村民参与自治的主观意愿不足,对上级财政转移支付的依赖导致村民自治自我驱动能力不足,监督虚化导致村级自治组织权力的腐化风险日益提高。只有充分调动村民的积极性,赋予其更多的自主性,让村民参与治理、分享成果,实现真正意义上的自我管理、自我监督,才能真正发挥农村基层群众的力量,为乡村治理带来地气和活力。

当前乡村治理面临的问题

从总体上看,当前乡村治理契合国家治理需求,但是有些地区的村民自治仍然停留于表层,自治的基础还需再筑牢。自下来看,乡村人口流动性加大造成了村民对自治的主观意愿不强、自治动力不足;自上来看,过多的行政事务和僵化的"村账镇管"财政体制,导致了乡村基层组织行政

---

[*] 刘明轩,江苏省社会科学院农村发展研究所助理研究员,中国特色社会主义理论体系研究中心特约研究员。

化趋势明显,自治程度被削弱。在上述两个因素的综合作用下,当前出现了乡村基层组织集权化的现象。这都与增强自治能力、增添乡村治理活力的初衷背道而驰。

第一,乡村人口流动导致村民参与自治的主观意愿不足。自治要有一定的群众基础。在传统乡村社会,乡村居民大多从事农业生产,地块相近,劳作相近,居住相近,在生产和生活上利益密切相关,共享如道路、水利、村庄环境、民风氛围等许多公共产品,自然会产生参与乡村公共事务治理的诉求。但是,当前我国正处于工业化和城镇化的快速发展期,大规模的人口流出破坏了乡村居民原先共同劳作和生活的经济社会基础,外出务工的村民减少了对乡村日常公共服务的需求,导致村民参与自治的内在动力不足。同时,撤村并居、集中居住使得地缘相近的村居被合并,但合并后的集体心理归属感较弱,不少村民在参与乡村社区公共决策和处理乡村社区公共事务时,仍然习惯以原村庄或者原村民小组为基础,这客观上对新型农村社区的共同治理形成了阻碍。

第二,对上级财政转移支付的依赖导致村民自治自我驱动能力不足。村级自治组织运行需要经费支撑。在取消农业税之前,村级自治组织的运行经费多来自由村民支付的"村提留、乡统筹"。取消农业税之后,许多行政村失去了这部分收入来源,本身又缺乏发展的资源和能力,造血功能弱,这就造成村级自治组织对上级财政转移支付的严重依赖。现在不少地方探索实行的"村账镇管"财务管理模式,同样也面临类似问题。这些都导致传统的政府行政管理模式仍占据主导地位,村级自治组织承担了大量行政事务,又要忙于应付各种检查评比,已无暇顾及社区自治管理。

第三,监督虚化导致村级自治组织权力的腐化风险日益提高。目前对村级自治组织的管理和监督,实际处于虚化状态。诸多案例表明,失去来自基层党员、民众与社会的有效监督,村组织的权力难以受到有效制约。再加上近年来,惠农政策增多,土地快速增值,村组干部手中掌握可支配的资源日益增多。特别是部分经济发达地区经济强村村集体经济发展迅速,"村企合一"的发展模式使得集体资产的剩余控制权实际上掌握在少数乡村基层组织的领导人手中。这就导致了在土地征收、土地流转、专项项目资金的使用与招标、发展乡村社会事业和增进农民福利等政策的执行中,村组干部贪腐犯罪的风险大大增加,基层组织权力运行脱轨失序的事件频频发生。

走好推动乡村治理的"三步曲"

使乡村治理有效运转起来,是一项复杂的系统工程。但是,加快乡村社区转型、稳固村民自治的主体基础;理顺地方政府、村级组织及自治组织等之间的关系,明确自治组织的权力基础;健全多元化的监督机制,完善组织有序运行的监管基础,则是急需走好的"三步曲"。

其一,加快推进农业现代化转型,构建新型乡村社区。乡村社区自治需要村民作为主体参与,提高村民的参与意愿需要有居住地相近的、享有共同利益的、一定规模的乡村居民作为基础。为达成这一条件,必须加快农业现代化的进程,确立现代乡村的产业基础。乡村有了产业基础,社会基础才能稳固,进而形成新型的乡村社区。加快培育各类新型农业经营主体、新型职业农民、农业生产性服务组织以及其他乡村社区组织,并使上述主体和组织成为参与新型农村社区自治的主要力量。要加快推进户籍制度、农村集体产权等相关体制机制改革,破除人口在部门和区域间自由流动的障碍,让经济和社会关系已经基本不在乡村的外出务工人员在居留地安居落户,也要让流入的新农民、新村民在乡村的土地上落地生根。对于乡村人口净流出较多的地区,特别是空心村较多的地区,要继续推进撤村并乡,形成适度人口规模,并探索将自治功能下沉到村民小组或自然村一级,作为撤村并乡融合期的过渡。最终构建一个人员相对稳定、参与自治意愿强烈、自治能力较强的新型乡村社区。

其二,深化乡村财政体制改革,明确村级自治组织权责。乡村治理必须要厘清上级政府与村级组织之间的事权、财权和责任关系。在行政管理体制上,要充分考虑村级自治组织的承接能力,严格管理,并对总量进行控制。对于确实需要村级自治组织协助完成的公共性事务,应做到事权与财权对等。逐步健全以财政投入为主的稳定的村级组织运转经费保障制度,确保村级自治组织服务乡村居民的能力。同时,要理顺乡村治理组织与村集体经济组织的关系,开展农村集体产权股份合作制改革,探索推进自治组织与经济组织的政经分离,明确各自的权责。

其三,重点强化民主监督约束机制,健全多元监督体系。有效的监督是自治规范进行的保障。村民是实施日常监督的主体,来自村庄内部的民主监督本身就是自治的一部分,需要重点加强。另一方面,来自县乡党政机关的外部监督能够对内部监督形成有力的补充。因此需要在建立村务监督委员会的基础上,加强行政村内外部监督力量的协同合作,形成多元复合的监督体系。严格执行中央《关于建立健全村务监督委员会的指导意见》,不断完善村务监督委员会的工作机制、激励机制与问责机制,由党员担任村务监督委员会的主任。基层党员要充分发挥村务监督的带头示范作用,带领群众合法、合规、有序地对乡村基层组织开展有效的监督。同时,坚持抓乡促村,落实县乡党委对农村基层党建和治理的主体责任,加强对村务决议和执行的外部监督。村务监督委员会和县乡党委的纪检组织间要确立起监督工作上的合作关系,在村庄内部监督中获得县乡纪检组织的指导、支持和帮助,并协助其对村庄事务进行外部监督。

原文刊载于《学习时报》2019年11月14日。

加强和创新社会治理

孟　静[*]

实现社会现代化就是要把党的领导和我国社会主义制度优势转化为社会治理优势,使改革发展成果更公平惠及人民群众,兼顾社会发展与社会公正,实现社会治理体系和社会治理能力的现代化。一是坚持效率与公平并重,全力保障和改善民生。坚持发展是第一要务,优化营商环境,以产业发展增加居民工资性收入。精准对接居民需求,确保公共服务供给。促进社会公平正义,给予每个个体充分的尊重。二是坚持党建引领,实现社会治理的多元共治。切实发挥党委领导在社会治理中的核心作用,在服务群众中引导群众。强化社会治理中的政府责任,打造服务型政府。推动各方社会力量共同参与治理,畅通参与渠道。厘清多元主体的权力边界,实现有机团结。三是标本兼治,深入推动社会治理专业化。推进全要素网格化治理,为精细、精准决策提供依据。培育社会组织和专业人才,为社会组织发展提供全方位支持。推进大数据技术手段的运用,实现社会治理智能化。四是法治保障,深入推动社会治理法治化。进行自上而下的制度设计,构建完善的制度矩阵和计划体系。以法律为最高权威,提高政府依法决策、依法行政的能力。形成区域社会治理的非正式规

---

[*] 孟静,江苏省社会科学院社会政策研究所助理研究员。

则，引导多元主体明确什么行为是恰当的。

原文刊载于《新华日报》2019年10月29日。

依靠人民推进国家治理现代化

曹晗蓉[*]

人民是历史的创造者,人民是真正的英雄。历史和实践证明,"为什么人"的问题,是检验一个政党和政权性质的"试金石"。

人民性是马克思主义最鲜明的品格。始终同人民群众在一起,与广大人民群众同呼吸、共命运,为人民群众利益而斗争,是马克思主义政党同其他政党的根本区别。作为马克思主义先进政党,中国共产党始终坚持党性与人民性的有机统一,坚持除了国家利益和人民利益,没有自己的任何私利。纵观历史,我们党带领广大人民群众干革命、搞建设、抓改革,都是依靠人民、为了人民。这一切都表明,毫不动摇地依靠人民、矢志不移地为了人民,永远都是推动国家善治和民族进步的最持久动力。

"民齐者强",人心是最大的政治。人心向背关乎国家兴衰、事业成败。诸多正反两方面的经验教训一再启示人们,万众齐心、内外协同、心往一处想、劲往一处使,才会击水中流、攻坚克难、所向披靡。特别是进入新时代,思想观念深刻变化、利益格局深刻调整、社会结构深刻变革已经成为经济社会发展的常态,多元而又复杂的情势在多领域不断显现。今天,面对这些复杂情况,依靠什么力量才能有序推进国家治理现代化?从

---

[*] 曹晗蓉,江苏省社会科学院马克思主义研究所助理研究员,中国特色社会主义理论体系研究中心特约研究员。

根本上讲,这需要紧紧依靠人民群众,坚持人民导向,彰显人民至上的价值取向。只有依靠人民,与人民风雨同舟、生死与共,始终与人民群众保持血肉联系,才能战胜前进道路上的一切艰难险阻。正因为此,习近平总书记多次强调,在推进国家治理现代化进程中,要努力找到体现全社会意愿和要求的"最大公约数"。

我们不仅要深刻洞察依靠人民群众推进国家治理现代化的内在逻辑,还要拿出具体有效的实际举措。对此,最为基础性的莫过于要准确了解群众的利益诉求。常言道,"知屋漏者在宇下,知政失者在草野"。广大人民群众蕴含着巨大力量,同时也蕴藏着无穷智慧。这就意味着,在一个纷繁复杂的现代国家推进治理现代化必须全方位、多渠道了解群众诉求、知晓群众疾苦。要了解群众诉求,就必须深入群众开展调研,走到群众中间了解实情。

"人民对美好生活的向往,就是我们的奋斗目标。"坚持和完善中国特色社会主义制度、推进国家治理体系和治理能力现代化,其源泉动力在于依靠人民,其根本目的在于人民。无论时空环境如何变化,人民始终是我们检验事业发展成效的最终评判者。进入新时代,推进国家治理现代化,健全完善中国特色社会主义制度,就必须牢固树立以人民为中心的发展思想,把人民答不答应、拥不拥护、赞不赞成作为一切工作举措的根本标准。

原文刊载于《新华日报》2019年11月12日。

重构公共空间的公共性

何 雨[*]

时间与空间共同构成了人类社会活动的二维坐标。相对于抽象的时间,空间是具体的、生动的、实践的。实践性构建起了空间与社会的关系,即空间是社会的空间,社会是空间的社会。与自然状态不同,自人类有意识地利用空间起,空间就具有了社会属性,成为人类争夺、占有、使用与改造的对象,因此,空间是社会的空间。一切人类社会活动都必须依托于一定的空间载体,在一定的空间尺度内展开,所以说,社会是空间的社会。作为一种稀缺资源,人类社会的竞争本质上就是对空间区位的竞争,而各种社会问题的源头也可以直接追溯到空间或区位的竞争上。

不同标准就会有不同的空间形态,其中一个极为重要的分类标准就是基于所有权关系而形成的空间形态两分法:私人空间与公共空间。私人空间是为个体私人支配、占有、使用、管理等权限的排他性空间,公共空间则是为公众集体共同支配、占有、使用与管理的非排他性空间。改革开放40年来,包括《物权法》在内的一系列民法,在推动空间产权归属明确化上取得了巨大进步。但是,空间总体属性的公有性——农村土地集体所有、城市土地国家所有,天然地限定了私人空间的有限性,也赋予了公共空间的极大弹性,换言之,在私人空间之外,公共空间是一个高度模糊化的地带。

---

[*] 何雨,江苏省社会科学院社会政策研究所副研究员、江苏高校区域法治发展协同创新中心。

公共空间归属上的模糊性，直接导致了公共空间秩序的模糊性。公地悲剧是经济学中的著名假说，指的是在没有外界约束的情况下，个体会无止境地争夺、占有、使用公共资源，最终导致公共资源崩溃。这一假设不同程度地在我国公共空间的支配、占有、使用与管理等方面上得到了印证。在农村，对集体道路、灌溉沟渠、山坡水塘等公共空间的挤占与侵蚀；在城市，违搭违建、车辆乱停乱放，以及对公共绿地、体育设施等公共空间的破坏等等，都是公地悲剧的具体反映。个体实现了利益最大化，付出的却是集体利益严重受损的代价，对灌溉沟渠的挤占直接影响农田的泄洪与灌溉，占有公共道路停车加剧交通拥挤，搭建违章建筑破坏小区整体环境，等等。更为重要的是，由于缺乏合法的、正当的共识性规则，个体对公共空间的占领往往奉行先占先得、拳头为王的丛林法则，而这必然导致各种纠纷，成为社会矛盾甚至重大群体事件爆发的导火索。

公共空间的各种乱象，源自作为公共空间的所有者与管理者主体的缺位与失位，解决这一问题的关键就在于要重新明确公共空间的公共性，让公共空间的所有者与管理者重新复位、归位。这也是邳州在公共空间社会治理创新上的精髓与要义所在。一方面，从产权上对公共空间的归属进行清晰化，明确公共空间的边界与范围，为公共空间的集体支配、占有、使用与管理等提供法理基础。另一方面，在坚守私有空间不受侵犯的同时，同样坚守公共空间不得侵犯的底线。承担公共空间日常使用与管理的职能部门要全面复位、归位，切实维护公共空间的公共性。

在此过程中，邳州创新性地赋权、赋能于"95%"的绝大多数群众，让他们拥有捍卫公共空间秩序正当的、充分的底气与依据。从实践效果看，邳州的努力改变了城乡公共空间的形象与面貌，改善了党群关系、官民关系、群众关系，有效地减少了社会矛盾，促进了社会稳定与和谐。更为重要的是，这一努力也得到了广大人民群众的衷心拥护与积极支持。毕竟，人民群众是社会治理创新的力量来源，也是社会治理创新的价值归属。

原文刊载于《群众》2019年第2期。

把握党和国家机构改革的"立"与"破"

王 婷[*]

在深化党和国家机构改革总结会议上,习近平总书记概括提出了我们党推进党和国家机构改革的宝贵经验,"坚持不立不破、先立后破"是其中一条。这一重要论断,深刻体现了我们党运用辩证思维谋划党和国家机构改革的理论自觉,科学阐释了机构改革的方法论内涵,并为新时代进一步深化机构改革确立了鲜明导向。

一

党的十九届三中全会闭幕后,各地区各部门坚持不立不破、先立后破的原则,协调有序推进党和国家机构改革。在"立"上,把深化党和国家机构改革放在全面深化改革的大盘子里谋划推进,整体性推进中央和地方各级各类机构改革,重构性健全党的领导体系、政府治理体系、武装力量体系、群团工作体系,建立适应要求的党和国家机构职能体系主体框架;在"破"上,坚持以改革为动力,破除党和国家机构职能体系中存在的障碍和弊端,推动机构、职能和人员的深度融合,实现由"物理组合"向"化学融

---

[*] 王婷,江苏省社会科学院《学海》研究员、中国特色社会主义理论体系研究中心特约研究员。

合"的转变。一年多来,各项改革部署基本落实到位,积极成效逐步显现。具体而言,主要表现在以下几个方面。

"立"职责整合,"破"政出多门。坚持"一类事项原则上由一个部门统筹、一件事情原则上由一个部门负责"的改革思路,在中央和国家机关层面,组建和重新组建部级机构25个,调整优化领导管理体制和职责部级机构31个。解决了60多项长期存在的部门职责交叉、关系不顺事项。比如,新组建的应急管理部,整合了13个部门和单位的相关职能,把安全生产、消防、防汛抗旱等与应急管理相关的职责整合在一起,推动形成统一指挥、专常兼备、反应灵敏、上下联动、平战结合的中国特色应急管理体制,打破了应急管理中长期存在的条块分割、资源分散、重复建设的碎片化分工格局。

"立"服务高效,"破"机构重叠。本次机构改革,中央层面有39个部门重新制定了"三定"规定、25个部门调整了职责;重新制定"三定"规定的部门,同划入基数相比,共精简内设机构107个,精简15.4%,精简司局领导职数274名,精简10.8%,精简编制713名,精简3.1%;地方省市县等各个层面的党政机构和行政编制也进行了精简。涉改部门以转隶组建为着力点,以"三定"为核心,坚持"先转隶、后三定"的原则,全部完成合署办公、人员转隶、机构挂牌等工作,确保改革平稳推进。

"立"央地协同,"破"层级梗阻。一年多来,全国各省市地方机构在中共中央的统一部署下,已基本完成机构改革的任务。省市县主要机构设置和职能配置同中央保持基本对应,构建起从中央到地方运行顺畅、充满活力的工作体系,为在2019年至2020年基本完成主要领域改革、形成中央与地方财政事权和支出责任划分的清晰框架做好准备。

"立"集中统筹,"破"分散管理。党中央决策议事协调机构承担着顶层设计、总体布局、统筹协调、整体推进的重要职责。本次机构改革新组建了中央全面依法治国委员会、中央审计委员会、中央教育工作领导小组,把中央全面深化改革领导小组、中央网络安全和信息化领导小组、中央财经领导小组、中央外事工作领导小组改为委员会,推动了议事协调机构向议事协调机制建设的全面转型,进一步加强了党的集中统一领导和统筹协调能力,充分发挥党中央领导一切工作的体制优势和过程优势。

二

新时代深化党和国家机构改革,必须运用发展的、全面的、系统的、普遍联系的方式,妥善处理各种重大关系,坚持不立不破、先立后破,以辩证思维进行战略谋划。

进一步加强党的全面领导。深化党和国家机构改革是对党和国家组织结构和管理体制的一次系统性、整体性重构,横向上包括党政军群四大体系的重构性健全,纵向上涉及中央和地方各级各类机构改革的整体性推进,改革力度前所未有、任务艰巨繁重。必须进一步加强党的全面领导,健全党对重大工作的领导体制,保持不立不破、先立后破的战略定力,保障改革的连续性、稳定性、有序性,推进各项工作有条不紊、无缝对接。

进一步推进机构职能优化、协同高效。在机构改革过程中,要始终贯彻落实不立不破、先立后破的原则,抓住职能体系这一中枢主线,统筹优化党政军群机构职能配置,强化权责一致、协同高效;抓住转隶组建这一关键环节,在人员划转、班子到位、部门挂牌的基础上,不断完善人员融合、思想融合、业务融合,有序推进日常工作与机构改革工作、老机构工作与新机构工作、省级机构改革与市县机构改革工作的协调统筹;抓住"三定"这一根本依据,明确部门职责、优化内设机构、科学配置编制,聚焦主责主业,突出重点关键,不断提高机构履职尽责能力和水平。

进一步深化央地统筹协调。发挥好中央和地方的积极性。中央和国家机关要做好对本行业本系统的指导和监督,各地各部门要提高政治站位、严明政治规矩,坚决贯彻落实党中央的决策部署,高质量完成具体改革任务,形成上下贯通、层层负责、全面落实的责任链条,坚决杜绝有令不行、有禁不止的行为;省市县乡镇机构改革要发挥主观能动性,结合地方实际创造性开展工作,以解决实际问题为出发点,简政放权、放管结合、优化服务。

进一步发挥法治的引领推动作用。"凡属重大改革都要于法有据。"厉行法治可以为改革确立明确的制度规范,确保改革有序可持续地推进,避免改革异化走偏。深化党和国家机构改革,要充分发挥法治的引领和推动作用,通过制定、修改、废除相关法律,使改革举措得到法律的授权,明确改的章法,为改革进程的深化、改革秩序的维护、改革成果的巩固奠定坚实基础,确保改革和法治相统一、相协调。

原文刊载于《光明日报》2019年7月19日11版。

初心使命

身心齐入练脚力

夏锦文[*]

"为时代画像、为时代立传、为时代明德""抒写人民、描绘人民、歌唱人民"……在今年的全国两会上,习近平总书记对文化文艺工作者、哲学社会科学工作者提出新的要求。如何"走进实践深处"?增强脚力是一个关键。

中国的改革发展,孕育着无数动人的"中国故事",也沉淀了无数深刻的"中国经验"。从民营企业的发展到乡村振兴的探索,从科技创新的前沿到城市社区的治理,这都是我们工作的时代景深。只有走向广阔的天地,才能发现最新鲜的探索、最壮阔的变革。要写出打动人心的文章、做出引领社会的学问,就需要像树一样,把根深深地扎进这一片大地。迈开步子,走出院子,"一身汗、两腿泥",才有沉甸甸的收获。

练就好脚力,是一种工作方法,更是一种工作态度。毛泽东同志曾说,"没有满腔的热忱,没有眼睛向下的决心,没有求知的渴望,没有放下臭架子、甘当小学生的精神,是一定不能做,也一定做不好的"。要俯下身、扎下根,需要的是一种踏踏实实的态度。心浮气躁,心高气傲,只能让自己飘在上面、浮在表面。

---

[*] 夏锦文,江苏省社会科学院党委书记、院长、教授。

身入，更要心至。练好脚力，仅仅走到基层是不够的，更需要用心贴近群众。身入解决的，仅仅是"在场"问题；而心至，解决的才是"在状态"的问题。这样的心，是"爱民、忧民、为民、惠民之心"，是"虚心向群众学习，真心对群众负责，热心为群众服务，诚心接受群众监督"。深入群众生产生活，才能走进群众内心世界；了解百姓生存状态，才能体会群众冷暖诉求。不仅要走出去、走下去，更要走进去，真心诚意回答好"为了谁、依靠谁、我是谁"的问题。

增强脚力，要带着感情，也要带着思考。能不能由点到面、由此及彼、由表及里，是能力和水平的检验器。著名的社会学家费孝通先生，26次走访江苏一个村，每次调研都认真思考，真正做到了"沉下去成为农民，走出来再成为研究者"。今天，我们要增强"脚力"，正应该带着思考走下去，多维度看问题、多角度解难题，否则难免是宝山空回了。心中没有思考、胸中没有全局，如何在千头万绪中把握社情民意、在千变万化中扣紧时代脉搏，写下属于我们时代的新篇章？

反观现实，有些人虽然走下去了，却只走"常规线路"，只看"盆景式"典型，满足于"蜻蜓点水""飞轮观花"，既听不到群众的真声音、真想法，也看不到基层的真情况、真问题。迈进群众的门槛容易，走进群众的心坎不易；下到田间地头容易，摸清治理脉搏不易。以清醒的认识和坚定的立场，以深厚的感情和高度的自觉，放下架子、扑下身子，拜人民为师、向人民学习，才能接地气、通民情。这样的文艺创作、学术研究，也才能带上社会的质感和温度、推动时代的发展和进步。

练就一双"铁脚板"，并不是一件轻而易举的事情。身心齐入练脚力，归根结底是要有强烈的使命感和担当精神。保持为天地立心、为生民立命的情怀，把一颗火热的心奉献给人民、奉献给时代，才能不虚不浮、不骄不躁，把工作做到家，才能把学问写进群众心坎里，也写在时代进程中。

原文刊载于《人民日报》2019年9月26日。

在伟大改革开放精神引领下谱写改革开放新篇章

夏锦文[*]

一个国家的繁荣发展,离不开精神的支撑;一个民族的前行进步,离不开精神的指引。时代既是孕育精神的沃土,也是彰显精神的载体。改革开放是中国共产党在新的时代条件下带领全国各族人民进行的新的伟大革命。在这场伟大实践中,中国人民铸就和激发了伟大改革开放精神。在庆祝改革开放40周年大会上,习近平总书记指出:"改革开放铸就的伟大改革开放精神,极大丰富了民族精神内涵,成为当代中国人民最鲜明的精神标识!"这既是对改革开放的高度礼赞,又是对新时代民族精神的崭新概括。伟大改革开放精神的内涵丰富而又鲜活,包含着革故鼎新的创新精神、迎难而上的奋斗精神和求真务实的实干精神等。新时代要继续推进改革开放,就必须大力弘扬改革开放精神,让它在新时代熠熠生辉,为推进新时代中国特色社会主义伟大事业提供强大精神动力。

一

"苟日新,日日新,又日新。"创新是一个民族进步的灵魂,是一个国家

---

[*] 夏锦文,江苏省社会科学院党委书记、院长、教授。

兴旺发达的不竭动力。社会主义要想在不断变化的时代中保持旺盛的生命力，就必须始终保持创新的精神风貌。恩格斯说，"所谓'社会主义社会'不是一种一成不变的东西，而应当和任何其他社会制度一样，把它看成是经常变化和改革的社会"。作为中国人民对社会主义的积极探索，改革开放是中国现代化发展进程中的一次创新实践。习近平总书记指出，"创新是改革开放的生命"。我们牢牢坚持马克思主义指导地位，不断推进实践基础上的理论创新。中国人民既不走封闭僵化的老路，也不走改旗易帜的邪路，而是坚持走中国特色社会主义道路。实践证明，这条道路既不是对马克思主义的简单复制，也不是对传统社会主义的简单延续，而是中国人民在中国共产党的带领下作出的原创性探索。它不仅让中国人民走上康庄大道，而且让社会主义焕发勃勃生机。

改革开放40年来，中国人民在中国共产党的领导下，以革故鼎新的创新精神，破除思想观念束缚，谋划中国未来发展的航向。从破除"一大二公"的所有制结构和"计划经济等于社会主义，市场经济等于资本主义"的传统思维观念，到作出"计划经济不等于社会主义，资本主义也有计划，市场经济不等于资本主义，社会主义也有市场"的判断；从实行家庭联产承包责任制到农村承包地"三权"分置；从乡镇企业异军突起到国企改革稳步推进；从发展个体私营经济，到引入外资企业、发展混合所有制经济；从兴办经济特区到设立自贸区；从坚持对外开放的基本国策，到建立多层次、宽领域的全面开放新格局，推进"一带一路"建设；等等。这段波澜壮阔的历程表明，一个国家、一个民族要振兴，就必须始终坚持改革创新。习近平总书记指出："变革创新是推动人类社会向前发展的根本动力。谁排斥变革，谁拒绝创新，谁就会落后于时代，谁就会被历史淘汰。"唯改革者进，唯创新者强，唯改革创新者胜。这既是中国改革开放伟大征程留给人们的经验启示，也是伟大改革开放精神的真实写照。

二

艰难困苦、玉汝于成。唯有勇于艰苦奋斗,才能净化灵魂、磨砺意志、坚定信念、取得成功。奋斗者是精神最为富足的人,也是最幸福的人。习近平总书记指出,中国人民是具有伟大奋斗精神的人民。在几千年历史长河中,中国人民始终革故鼎新、自强不息,开发和建设了祖国辽阔秀丽的大好河山,开拓了波涛万顷的辽阔海疆,开垦了物产丰富的广袤粮田,治理了桀骜不驯的千百条大江大河,战胜了数不清的自然灾害,建设了星罗棋布的城镇乡村,发展了门类齐全的产业,形成了多姿多彩的生活。中国人民自古就明白,世界上没有坐享其成的好事,要幸福就要奋斗。这是对中华民族始终保持昂扬向上奋斗精神状态的高度概括。

历史通常是循着曲折的道路发展的。设想事情会一帆风顺、按部就班地向前发展,那是不辩证的,不科学的,在理论上是不正确的。因此,一个国家、一个民族要发展,就必须始终具备奋斗精神。在改革开放之初,虽然不存在革命战争年代那样血与火的斗争,但是仍面临着巨大的困难和挑战,我们党始终坚信"没有一点闯的精神,没有一点'冒'的精神,没有一股气呀、劲呀,就走不出一条好路,走不出一条新路,就干不出新的事业",带领亿万人民勇敢地推进中国特色社会主义伟大事业,以时不我待、只争朝夕的胆识,展现出昂扬向上的精神风貌。正是在这种不懈奋斗的精神激励下,我们用几十年时间走完了发达国家几百年走过的工业化历程。在中国人民手中,不可能成为可能。当改革开放进入攻坚期和深水区,我们依然凭着"明知山有虎、偏向虎山行"的勇气和坚持不懈的奋斗精神,敢于攻克体制机制痼疾,突破利益固化藩篱。实践证明,正是依靠"撸起袖子加油干"的奋斗精神,我们啃下了不少硬骨头,闯过了不少急流险滩,跨过了一道又一道沟坎,清除了妨碍社会生产力发展的体制机制障碍,取得了举世瞩目的成就,中国特色社会主义进入新时代,中华民族迎来了从站起来、富起来到强起来的伟大飞跃。

三

邓小平同志强调:"世界上的事情都是干出来的,不干,半点马克思主义都没有。"事实上,每一个新生事物的诞生和发展,归根结底都是实实在在干出来的。习近平总书记谆谆告诫我们:清谈误国、实干兴邦,一分部署、九分落实。这些彰显的都是求真务实的实干精神。改革开放40年来的历程启示我们,一切事业和工作都是干出来的。敢不敢真抓实干,能不能真抓实干,考验着我们的政治品格,考验着我们的工作作风,也考验着我们的能力水平。

改革开放以来,凭借实干精神,我国在经济社会发展各领域取得了巨大成就。我们不断解放和发展社会生产力,已成为世界第二大经济体、制造业第一大国、货物贸易第一大国、商品消费第二大国、外资流入第二大国;我国国内生产总值由3 679亿元增长到2017年的82.7万亿元,年均实际增长9.5%,多年来对世界经济增长贡献率超过30%,货物进出口总额从206亿美元增长到超过4万亿美元;全国居民人均可支配收入由171元增加到2.6万元,中等收入群体持续扩大,我国贫困人口累计减少7.4亿人,贫困发生率下降94.4个百分点,谱写了人类反贫困史上的辉煌篇章。国家统计局1月21日发布数据显示,2018年我国国内生产总值(GDP)900 309亿元,首次突破90万亿元大关。总之,凭着实干精神,我们干出了一片新天地,极大改变了中国的面貌、中华民族的面貌、中国人民的面貌、中国共产党的面貌。中国特色社会主义迎来了从创立、发展到完善的伟大飞跃!中国人民迎来了从温饱不足到小康富裕的伟大飞跃!中华民族正以崭新姿态屹立于世界的东方!这段历史也证明,改革开放40年来取得的成就不是天上掉下来的,更不是别人恩赐施舍的,而是全党全国各族人民用勤劳、智慧、勇气干出来的!实干既是中国人民取得改革开放巨大成就的重要法宝,也是在改革开放进程中积累的宝贵精神财富。我们要拿出抓铁有痕、踏石留印的韧劲,以钉钉子精神抓好落实,确保各项重大改革举措落到实处。

行之力则知愈进,知之深则行愈达。改革开放40年来,从开启新时期到跨入新世纪,从站上新起点到进入新时代,40年风雨同舟,40年披荆斩棘,40年砥砺奋进,我们党引领人民绘就了一幅波澜壮阔、气势恢宏的历史画卷,谱写了一曲感天动地、气壮山河的奋斗赞歌。中国人民挺起了脊梁、创造了奇迹、书写了历史、铸就了伟大精神。伟大改革开放精神是党和人民弥足珍贵的精神财富,是新时代坚持和发展中国特色社会主义的重要动力源泉,必将激励亿万人民在新时代改革开放征程中砥砺奋进、再创辉煌。

原文刊载于《光明日报》2019年2月12日06版。

涵养坚守初心的自我革命精神

夏锦文[*]

我们党作为百年大党,如何永葆先进性和纯洁性、永葆青春活力,如何永远得到人民拥护和支持,如何实现长期执政,是必须回答好、解决好的一个根本性问题。党的初心和使命是党的性质宗旨、理想信念、奋斗目标的集中体现,越是长期执政,越不能忘记党的初心使命,越不能丧失自我革命精神。为进一步深刻领会"不忘初心、牢记使命"主题教育的重大意义、贯彻落实其目标要求和重点措施,本报邀请专家学者撰文解读,以飨读者。

不忘初心,方得始终。中国共产党是一个坚守初心和使命的先进政党。但是,做到不忘初心、牢记使命,并不是一件容易的事情,必须有强烈的自我革命精神。正如习近平总书记前不久在主持中央政治局第十五次集体学习时所强调的:"越是长期执政,越不能忘记党的初心使命,越不能丧失自我革命精神,在新时代把党的自我革命推向深入,把党建设成为始终走在时代前列、人民衷心拥护、勇于自我革命、经得起各种风浪考验、朝气蓬勃的马克思主义执政党。"这就告诉我们,要始终涵养坚守初心的自我革命精神,不断给党和人民的事业发展注入持久动力。

---

[*] 夏锦文,江苏省社会科学院党委书记、院长、教授。

敢于刮骨疗毒　勇于直面问题

勇于自我革命,是我们党最鲜明的品格,也是我们党最大的优势。这种品格和优势的一个重要来源就是,无论在革命还是在建设和改革征程中,我们党都在认真总结成长发展经验的同时,敢于正视并切实解决自身存在的问题。习近平总书记指出:我们党之所以有自我革命的勇气,是因为我们党除了国家、民族、人民的利益,没有任何自己的特殊利益。不谋私利才能谋根本、谋大利,才能从党的性质和根本宗旨出发,从人民根本利益出发,检视自己;才能不掩饰缺点、不回避问题、不文过饰非,有缺点克服缺点,有问题解决问题,有错误承认并纠正错误。以习近平同志为核心的党中央决定开展"不忘初心、牢记使命"主题教育,并且列出了"问题清单"。这些问题都是可能动摇党的根基、阻碍党的事业的问题,必须以彻底的自我革命精神加以解决。历史和实践一再证明,面对问题不退缩,分析问题不浮漂,解决问题不畏惧,才是我们党永葆先进性和纯洁性的"制胜秘诀"。进入新时代,我们既面临大有可为的光明前景,也面临前所未有的巨大挑战,特别是面临着"四大考验""四种危险"。这就意味着,要以勇于自我革命的精神,坚决破除一切顽瘴痼疾,同任何贪图享受、消极懈怠、回避矛盾的错误思想和行为作斗争,努力消除一切损害党的先进性和纯洁性的因素,清除一切侵蚀党的健康肌体的病毒,确保我们党永葆旺盛生命力和强大战斗力。

守好"压舱石"　掌握思想武器

马克思主义基本理论既是指导我们夺取革命、建设和改革等各项斗争胜利的强大思想武器,也是各级领导干部必备的基本理论素养。它不仅体现了经典作家勇攀科学理论高峰的不懈追求和艰辛探索,而且还蕴含着经典作家坚定的政治立场、政治信仰和献身共产主义事业的品格。

通过持久深入地学习马克思主义经典著作,我们不仅可以增长知识、开阔眼界、分辨是非、辨别真伪,还能培养观察分析问题的战略洞察力和战胜困难的坚定信心。各级领导干部要重视学习马克思主义基本理论,要充分认识到马克思主义是指导我们改造客观世界和主观世界的锐利思想武器。回望党的历史可以发现,在长期的革命、建设和改革过程中,我们党继承和发展马克思主义建党学说,形成了一系列有关自我革命的丰富思想成果。这些都是推进党自我革命的重要经验,要充分运用并不断发展。但是,诚如马克思所言:在科学上没有平坦的大道,只有不畏劳苦沿着陡峭山路攀登的人,才有希望达到光辉的顶点。当前学习马克思主义基本理论特别是习近平新时代中国特色社会主义思想这一马克思主义中国化最新成果,并不是轻轻松松就可以完成的,必须专心致志、融会贯通,而不能浮光掠影、浅尝辄止。只有这样,才能在感悟马克思主义基本理论历久弥新的思想价值中坚守初心。

革除"行为之诟" 强化责任担当

习近平总书记强调,"干部就要有担当,有多大担当才能干多大事业"。共产党人之所以要不断强化使命担当,从根本上讲是因为党的性质和宗旨决定了我们必须时刻把"为人民服务"铭记在心,矢志不移地坚持为中国人民谋幸福、为中华民族谋复兴。改革开放40多年来,我们党带领广大人民群众以敢闯敢干的勇气和自我革新的担当,闯出了一条新路、好路,实现了从"赶上时代"到"引领时代"的伟大跨越。但是,在继续"赶考"的路上,一些党员干部仍存在担当不足的问题。有的遇到问题"绕着走",不敢担当;有的遇到问题"踢皮球",不愿担当;有的遇到问题"低头走",不能担当。凡此种种,其原因固然错综复杂,但主要还是思想"总开关"出了问题。思想"跑冒滴漏",必然导致行动迟滞不前。这说明,要清除这些"行为之诟",必须继续涵养自我革命精神,始终牢记权力是党和人民赋予的,是为党和人民做事用的,只能用来为党分忧、为国干事、为民谋利，自觉用党和人民赋予的权力为群众谋利益、办实事、解难事，以实际行动强化勇于担当的使命追求。

恪守清正廉洁　永葆政治本色

清正廉洁是党员干部的安身立命之本和为官从政之基。习近平总书记语重心长地告诫各级领导干部：一个人能否廉洁自律，最大的诱惑是自己，最难战胜的敌人也是自己。一个人战胜不了自己，制度设计得再缜密，也会"法令滋彰，盗贼多有"。可见，保持清正廉洁归根结底还是要靠自己来坚守。只有始终以自我革命的精神警醒自己练好"硬气功"、戴牢"紧箍咒"，才能练就"金刚不坏之身"，才不会陷入"被围猎"的各种圈套，才能真正做到耐得住寂寞、守得住清贫、经得住诱惑、经得起考验、稳得住心神。坚持清正廉洁，根基在于以强烈的自我革命意识守住做人、处事、用权、交友的底线。反观一些典型案例，腐化堕落往往肇始于一些不起眼的小事。正是这些小事逐渐让原本应该固守的原则失守，让理应坚守的底线变成可以随意突破的防线。正所谓，一次守不住，次次做让步。"针尖大的窟窿能透过斗大的风"，底线的丧失最终必然诱发腐败。对于各级领导干部来讲，唯有永葆自我革命的警醒，时刻把握分寸、拿捏尺度、分辨轻重，把做人做事的底线划出来，把合格的标尺立起来，才能汇聚起坚守初心的信仰和力量。

原文刊载于《经济日报》2019年7月11日。

在理论坚定中坚守初心

夏锦文[*]

初心的本意是人在接触事物最开始时所形成的原初含义上的本心，后延伸为初始的心愿、信念、期待和目标。它启示人们无论做什么事情，都不要随意改弦易辙，更不能半途而废，而要始终如一地保持当初的信念。中国共产党是一个为了理想而不畏艰险、不懈奋斗的先进政党，在革命、建设和改革中一如既往地保持着初心。这个初心和使命就是为中国人民谋幸福，为中华民族谋复兴。它成为激励一代代中国共产党人前赴后继、英勇奋斗的根本动力。

对于中国共产党来讲，坚定的初心首先来自长期的革命斗争实践。今天虽然不再像过去一样面临残酷的硝烟战争，但是我们始终没有忘记这段艰苦卓绝的革命历史"是中国人民用鲜血、汗水、泪水写就的，充满着苦难和辉煌、曲折和胜利、付出和收获，这是中华民族发展史上不能忘却、不容否定的壮丽篇章，也是中国人民和中华民族继往开来、奋勇前进的重要思想和现实基础"。因而，无论何时何地都要保持建党时的奋斗精神和对人民的赤子之心，始终做到"不能忘记走过的路，不能忘记走过的过去，不能忘记为什么出发"这三个"不能忘记"。

---

[*] 夏锦文，江苏省社会科学院党委书记、院长、教授。

对初心的坚守不仅源自革命斗争实践,而且浸润在深厚的理论滋养之中。对于在中国这样一个有着14亿人口大国执政的中国共产党而言,更是如此。面对纷繁复杂的国内外环境,如果缺乏理论思维、理论上不坚定,不仅难以战胜各种风险考验,而且难以坚守初心、完成使命。这就意味着坚守党的初心、肩负党的使命必须不断加强理论学习、提高理论素养、坚定理论根基。正如此,中国共产党自始至终都强调要重视理论学习。进入新时代,习近平总书记对理论学习更加重视。2016年,在哲学社会科学工作座谈会上,他指出,"改革开放以来,我们坚持不懈地推进理论建设,正确回答了什么是社会主义、怎样建设社会主义,建设什么样的党、怎样建设党,实现什么样的发展、怎样发展等重大课题,不断根据新的实践推出新的理论,为我们制定各项方针政策、推进各项工作提供了科学指导"。2019年年初,在中央党校(国家行政学院)中青年干部培训班开班式上,他寄语广大年轻干部,"政治上的坚定、党性上的坚定都离不开理论上的坚定。干部要成长起来,必须加强马克思主义理论武装"。在刚刚召开的"不忘初心、牢记使命"主题教育工作会议上,习近平总书记进一步强调指出"要坚持思想建党、理论强党,坚持学思用贯通、知信行统一,推动广大党员干部全面系统学、深入思考学、联系实际学,不断增强'四个意识'、坚定'四个自信'、做到'两个维护',筑牢信仰之基、补足精神之钙、把稳思想之舵"。这些都清晰地告诉我们,做到理论坚定既是广大党员干部的必备素质,也是保持政治上坚定的思想基础。

对于共产党人来讲,保持理论上的坚定,最重要的基础在于坚持不懈地钻研马克思主义经典著作。马克思主义经典著作不仅包含着经典作家所汲取的人类探索真理的丰富思想成果,而且还蕴含着经典作家坚定的政治立场、政治信仰和政治品格。阅读这些经典著作,能使我们在潜移默化中感受其崇高风范和思想境界,又能培养高瞻远瞩的战略洞察力和系统分析问题能力。在新时代,我们更应该在读原著、学原文、悟原理等方面狠下功夫,学深悟透习近平新时代中国特色社会主义思想。特别是面对纷繁复杂的国内外形势,我们要熟练掌握和运用辩证唯物主义和历史唯物主义以及贯穿其中的马克思主义立场、观点、方法，深刻认识共产党执政规律、社会主义建设规律、人类社会发展规律，加深对习近平新时代中国特色社会主义思想和党中央大政方针的理解，提高运用党的创新理论指导实践、推动工作的能力，自觉在思想上、政治上、行动上同以习近平同志为核心的党中央保持高度一致，始终忠诚于党、忠诚于人民、忠诚于马克思主义。

原文刊载于《新华日报》2019年6月4日。

初心呼唤实干　实干才能兴邦

夏锦文*

为中国人民谋幸福,为中华民族谋复兴,是中国共产党人的初心和使命,是激励一代代中国共产党人前赴后继、英勇奋斗的根本动力。但是,做到不忘初心、牢记使命,并不是一件容易的事情,必须始终秉持实干精神,拿出实际行动。

一切事业和工作都是干出来的。共产党人是注重实干的楷模,一直以来将求真务实作为基本的政治品格和必备的工作作风。早在改革开放之初,邓小平同志就提出,"世界上的事情,都是干出来的。不干,半点马克思主义都没有"。正是这一振聋发聩之声,激发了广大党员干部奋力拼搏的精气神,也奠定了共产党人坚守初心继续奋斗的重要基础。党的十八大以来,习近平总书记多次强调,"空谈误国,实干兴邦""一分部署,九分落实""撸起袖子加油干""坚持知行合一、真抓实干,做实干家""做起而行之的行动者、不做坐而论道的清谈客"。从党的群众路线教育实践活动到"三严三实"专题教育,从"两学一做"学习教育到"不忘初心、牢记使命"主题教育,贯穿其中的一个重要指向就是着力解决一些干部作风中存在的不实在、不上心、不尽力、干事创业精神不振、担当劲头不够等突出问题。历史和实践证明,实

---

* 夏锦文,江苏省社会科学院党委书记、院长、教授。

干是成就事业的必由之路。今天,我们比任何时期都更接近、更有信心和能力实现中华民族伟大复兴的目标。但是,中华民族伟大复兴,绝不是轻轻松松、敲锣打鼓就能实现的。我们必须准备付出更为艰苦的努力,必须崇尚实干精神,以实干成就美好未来,用实际行动肩负初心使命。

空谈没有希望,实干铸就辉煌。在奋力实现中华民族伟大复兴的征程中,从事任何工作都要注重实干。开展调查研究也是如此。历史和实践证明,调查研究是谋事之基、成事之要。正如习近平总书记强调指出,重视调查研究,是我们党在革命、建设、改革各个历史时期做好领导工作的重要传家宝。领导干部不论阅历多么丰富,不论从事哪一方面工作,都应始终坚持和不断加强调查研究。调查研究知易行难,关键在于脚踏实地,以实的作风取得实的效果。在这方面,习近平总书记是全党的楷模。在福建宁德地区工作期间,习近平同志为了行之有效地推动当地脱贫工作,1989年7月19日他带领宁德地区相关部门负责人乘车5个小时,步行4个半小时,头戴草帽,肩搭毛巾,顶着炎炎烈日,深入下党村登门入户、访贫问苦。回到县城招待所,许多干部发现脚底、脚趾都磨出了血泡。习近平同志后来用"异常艰苦、异常难忘"来形容此次"下党之行"。正是依靠这种脚踏实地的作风,他掌握了大量一手材料,也逐渐摸索出解决脱贫问题的思路和对策。这些感人肺腑的例子说明,只有脚踏实地、一步一个脚印地真抓实干,才能推动工作,才能取得实际成效。

调查研究是这次主题教育的一项重要内容。在"不忘初心、牢记使命"主题教育工作会议上,习近平总书记告诫全党,"要教育引导广大党员干部了解民情、掌握实情,搞清楚问题是什么、症结在哪里,拿出破解难题的实招、硬招"。"要防止为调研而调研,防止搞'出发一车子、开会一屋子、发言念稿子'式的调研,防止扎堆调研、'作秀式'调研。"实践证明,"一语不能践,万卷徒空虚"。唯有以实的作风和行动,才能逐渐加深对党的创新理论领悟,才能凝聚推动事业发展的磅礴力量,才能托举起中华民族伟大复兴的梦想。

原文刊载于《新华日报》2019年7月8日。

赋予"四千四万"精神新内涵

章寿荣[*]

"四千四万"精神诞生于改革开放、植根于群众实践,是从江苏大地生长出来的原生型精神形态,富有穿越时空的旺盛生命力。如今,"四千四万"精神以及富有时代气息的新"四千四万"精神,依然是我们宝贵的精神财富,是江苏进行基本现代化探索、建设"强富美高"新江苏的强大精神动力。

"闯"字当头,在新的市场环境中闯出新天地。改革初期,苏南早期创业者们不仅敏锐地洞察到历史性机遇澎湃而至,而且极富胆识、极为睿智地找到了抓住机遇的办法,书写了江苏发展史上的辉煌篇章,也留下了影响深远的精神财富。今天,江苏的经济家底早已今非昔比,但摆在新一代江苏人面前的挑战还很多。更要继承发扬"四千四万"精神中"闯"字当头的宝贵品质,敢"闯"善"闯",迎难而上,在风云激荡的市场环境中勇拓新局、制胜未来。

"创"字为先,将创新基因植入高质量发展新实践。基层创业者们身上有那么一股舍我其谁的创业激情,有那么一种不达目的绝不罢休的魄力和勇毅。当前,江苏致力于推进高质量发展走在全国前列,创新是"华

---

[*] 章寿荣,江苏省社会科学院副院长、研究员。

山一条路"。省委提出新"四千四万"精神，其中关键一条就是主动经受创新的"千锤万炼"。要汲取丰厚的创新养分，涵养深厚的创新底蕴，用更强的创新能力去适应时代的"千变万化"，创造发展前沿的"千姿万态"。

干在实处，传承重视实业的厚重文化。"四千四万"精神的形成，基本是围绕实体经济展开的。这种重视实业的文化力量、精神力量支撑起江苏制造的筋骨。在新的历史条件下，江苏尤其需要传承好重视实业的优良文化，不断赋予"四千四万"精神新内涵。

原文刊载于《新华日报》2019年9月24日。

着力提高机关党的建设质量

章寿荣 张和安 王 婷[*]

党的十九大报告明确提出"不断提高党的建设质量"的要求。2019年7月,习近平总书记在中央和国家机关党的建设工作会议上强调,建设让党中央放心让人民群众满意的模范机关。机关党的建设是党的建设新的伟大工程的重要组成部分,提高机关党支部的建设质量,对于巩固党的执政基础、加强党的执政能力具有重要意义。

近年来,江苏省级机关党组织围绕问题导向和需求导向,抓重点、补短板、强弱项,着力提高省级机关党组织建设质量,进行了卓有成效的探索和实践。

凸显政治建设在机关党建中的统领地位,提高理论教育的实效性。江苏省委高度重视省级机关党建工作,不断强化党组(党委)对机关党建工作的领导,创新思想引领方式方法,有效提高了理论武装工作质量。围绕习近平新时代中国特色社会主义思想和党的十九大精神等主题分领域、分层次有针对性地学习贯彻。充分运用"机关讲坛""党员大家讲""书香机关"等学习品牌和阵地认真组织开展专题教育,不断提升教育的实效

---

[*] 章寿荣,江苏省社会科学院副院长、研究员。
张和安,江苏省社会科学院机关党委副书记。
王婷,江苏省社会科学院《学海》研究员、中国特色社会主义理论体系研究中心特约研究员。

性。注重学用结合、学以致用,把机关党建与业务工作结合起来,切实解决党建、业务"两张皮"的问题。江苏省海事局把机关党支部建设与海事"三化"建设紧密结合起来,根据当前海事改革新形势和江苏海事"二次创业"实际,深入港航单位和基层一线,围绕基层党建、监管服务、职工思想等方面开展工作。

强化基层基础和整体推进,实现机关党组织建设四个"全覆盖"。江苏省级机关工委所属120多个机关党委(总支),始终重视基层基础和整体推进,实现了机关党组织按期换届全覆盖、机关党支部书记培训全覆盖、机关纪委设立全覆盖,消除了机关基层组织建设中的"空白点"和"盲区",并注重把规范化建设作为提高机关党组织质量的重要抓手。江苏省广播电视局把党支部规范化建设作为提升党组织组织力的重要抓手,出台了《关于进一步规范党支部建设的意见》,明确要求从支部班子健全、制度完善、活动丰富、服务中心、管理规范等五个方面着手,有力地增强了党支部的功能,提高了党员队伍素质。

以密切联系群众为核心,改进机关党员干部的作风。近年来,省级机关党组织深入拓展各种渠道深入基层、深入群众、倾听民声、了解民意,不断增强为民服务的意识、提高为民服务的质量。一是组织党员干部进行大走访大落实活动。深入对口部门、基层单位、服务对象等,走访调研,摸实情、办实事、出实效。二是开展"乡情微调研"活动。自2015年起,组织机关党员干部每年利用节假日探亲回乡的机会,在与亲戚朋友、乡亲邻里交流过程中了解社会普遍关心的热点问题、党政机关政策落实的情况、群众现实利益诉求等,并注重宣传改革发展方针政策,以实事求是的作风和行动取信于民。三是连续多年开展万人评议机关作风活动。将评估工作与机关绩效考核紧密联系起来,有力提升了机关的工作效能。

完善党建绩效考核管理,提升机关党员干部的责任担当。自2015年起,逐年增加省级机关年度绩效考核中机关党建工作的权重。从考评重点、考评项目、考评要素、考评程序等关键环节出发制定机关党建工作考核评价办法,根据机关党建工作重点,不断完善考核的计算方法与分值权重,优化机关绩效考核机制。坚持集中考核与经常性督查相结合,围绕机关党组织书记抓基层党建开展评议考核工作,"述、问、评、测"紧密结合,层层落实党建工作。强化考核结果的应用,健全评优、反馈、奖惩和整改机制。把考核结果与全省机关党建工作先进集体和先进工作者评选活动、与领导干部的奖惩挂钩,充分发挥机关党建绩效考核的激励和鞭策作用。

提高机关党组织建设质量,既要遵循党建工作的一般规律,又要结合机关党建工作自身的特征,以更加科学、更加严密、更加有效的思路举措,不断提高机关党建工作的质量。

发挥先锋模范作用,提高政治建设质量。习近平总书记在总结党的十八大以来中央和国家机关党建工作积累的重要经验时强调:"实践证明,做好中央和国家机关党建工作,只有坚持和加强党的全面领导,坚持党要管党、全面从严治党,以党的政治建设为统领,才能永葆中央和国家机关作为政治机关的鲜明本色。"各级机关具有共产党员集中、执政骨干集中、权力责任集中的突出特点,作为政治机关,旗帜鲜明讲政治是其根本要求,必须以政治建设引领机关党建方向。新时代加强机关党的建设的首要任务就是带头做到"两个维护"。广大党员、干部特别是党员领导干部、一把手要强化带头意识,时时处处严要求、作表率,密切联系和紧紧围绕党的政治路线来开展工作,确保党的路线方针政策的贯彻执行,确保党中央权威和集中统一领导的充分实现,开展严肃的党内政治生活,将理想信念内化于心、外化于行,筑牢广大机关党员干部的政治灵魂,把"两个维护"体现在坚决贯彻党中央决策部署的行动上,体现在履职尽责、做好机关本职工作的实效上,体现在党员、干部的日常言行上和工作中。

深化理论武装工作,提高思想建设质量。坚持以习近平新时代中国特色社会主义思想为指导,高举思想旗帜、强化理论武装,始终确保机关党建工作的正确方向。一方面,创新理论学习模式。组织党员在进行理论学习的同时,突出目标引领和问题导向,处理好统筹谋划与重点突破的关系,推广学以致用的学习模式。机关党组织要在机关工作中营造浓厚的学习氛围,建立健全学习培训激励约束机制,推动机关党员干部做乐于学习、善于学习、终身学习的楷模和表率,促进党员干部健康快速成长。另一方面,创新理论学习方法。在继承传统学习方式的基础上创新发展,积极探索自主式学习、集中式学习、合作式学习、情境式学习等多元互动的学习方法,把分散自学与集中讨论结合起来;采取传授式与互动式相结合、请进来与走出去相结合等方式,切实增强机关党的思想建设的方向性、目标性和主动性。

推进改革创新发展,提高组织建设质量。党的力量来源于组织,组织力是党组织生命力的重要体现。在新的形势下,机关党建工作需要强化"大党建"意识,紧紧围绕中心、服务大局,在机关工作的总体规划布局中定位机关党建工作。根据机关工作的业务特点和岗位职责,科学设置机关党建的工作内容,实现党建工作与行政业务工作的深度融合、相互促进。要正确处理机关党建规定动作和自选动作的关系,在贯彻落实党的基本组织制度的同时,坚持有利于党组织教育管理、有利于党员发挥作用的原则,创造性地开展党建活动,在管理教育上坚持分类指导,在活动开展的时间上、活动内容上分层次采取灵活多样的形式。要围绕机关党建工作总体目标,优化基层党组织架构,加强对不同单位、不同基础的机关党支部的分类指导,扩大先进支部增量、提升中间支部水平、整改落后支部问题,"抓两头带中间,推动后进赶先进、中间争先进、先进更先进,实现基层党组织全面进步、全面过硬"。

激发干事创业动力,提高队伍建设质量。加强机关党的建设,必须认真贯彻落实习近平总书记"服务中心、建设队伍"的要求,确保机关党建工作落地生根。必须选好配强党支部书记,加强支部书记能力培养,引导他们认真履行支部"领头雁"的职责,充分发挥示范引领作用。加强对机关党员的教育和服务,突出问题导向,立足于针对性原则和实效性原则,对党员进行教育培训,引导广大机关党员干部深入基层、深入群众,不断激发党员干部干事创业的动力、提高其服务群众的本领。

原文刊载于《新华日报》2019年9月24日。

守住廉洁自律这个关口

陈 朋[*]

习近平总书记强调:"一个人廉洁自律不过关,做人就没有骨气。要牢记清廉是福、贪欲是祸的道理,树立正确的权力观、地位观、利益观,任何时候都要稳得住心神、管得住行为、守得住清白。"谆谆话语,告诫广大党员干部要守住廉洁自律这个关口。

唯物辩证法的原理告诉人们,内因是事物发展的根本原因,外因往往通过内因对事物发展起作用。为官从政者手上大多掌握着一定权力。能不能秉公办事、能不能抵挡外在诱惑,首先就在于内心能否坚守廉洁自律。过不了廉洁自律这一关,就很难保证做一名清官、好官。古往今来,概莫如此。

一部反映清朝廉洁官吏的电视剧《于成龙》,引起很多人对为官廉洁自律的思考。于成龙在从政生涯中,始终廉洁奉公、刚直不阿、一尘不染、勇于担当,深得各地民众爱戴,甚至被康熙盛赞为"天下廉吏第一"。东汉名臣杨震也是廉洁自律的典范,有人深夜怀金相赠,认为晚上没人知道,但杨震正色以对:"天知,地知,我知,子知。何谓无知?"于成龙为官一世始终坚守清廉,杨震在"暮夜无知"中扛住金钱诱惑,都是对为政者恪守廉

---

[*] 陈朋,江苏省社会科学院马克思主义研究所副所长、研究员,江苏省中国特色社会主义理论体系研究中心特约研究员。

洁的生动写照。

廉洁自律也是一种人生的大智慧。正所谓,"金玉满堂,莫之能守。富贵而骄,自遗其咎"。大凡有所成就的人,对待财富荣誉都有一种超脱的人生态度。在他们看来,廉洁自律能让人一生平安。反之,则会带来灾祸。古代士大夫尚且懂得廉洁是为政之基、为人之本,今天的共产党人更应将为官清廉作为更高境界和自觉追求,常修为政之德,常思贪欲之害,常怀律己之心。

守住廉洁自律这个关口,离不开制度约束。习近平总书记强调,"反腐倡廉的核心是制约和监督权力。我国古代很早就有监察、御史、弹劾、谏官等方面的制度。这些制度有不少在历代反腐倡廉中发挥了重要作用,对我们推进反腐倡廉制度建设具有借鉴意义"。我们应坚持制度治吏,让制度充分发挥管权管人管事的效力,用制度激发廉洁的最大效能。

"打铁还需自身硬。"制度定得再好,还得靠人去执行。从根本上讲,清正廉洁是一种道德觉悟、道德情操、道德准则。为官者要守好廉洁自律这个关口,不仅需要外在制度约束,还要在思想和灵魂深处恪守老老实实做人、清清白白为官的道德信念。唯有常补理想信念这一精神之"钙",才能避免得"软骨病"。同时,保有对权力的敬畏,审慎地看到权力的本质属性是公共性,用之为公众谋福利才是正途。唯有将"廉洁乃为政之魂,勤政乃公仆之本"的政治品格坚守到底,将"勤廉者平安一世,贪婪者自毁一生"的警训牢记于心,才能做到心底无私天地宽,只留清气满乾坤。

原文刊载于《人民日报》2019年9月18日05版。

事者，生于虑，成于务，失于傲

陈　朋[*]

"事者，生于虑，成于务，失于傲。"习近平总书记在庆祝改革开放40周年大会上引用《管子·乘马》中的这句古语，告诫人们要用深谋远虑的眼光、真抓实干的精神和自我警醒的忧患意识来干事创业，将改革开放进行到底。

世界上的万事万物都是发展变化的，不是一成不变的。这种变动不居的特性正是谋事要"生于虑"的深刻背景。正所谓，"人无远虑，必有近忧"。这句古老的谚语充满了先人的智慧，告诫人们不要盯着眼前的事物，而忘却了远景期待。孔子一再警醒世人，"虑之不远，其忧即至"。荀子说得也很通俗，"先事虑事，先患虑患。先事虑事谓之接，接则事犹成。先患虑患谓之豫，豫则祸不生"。虽然今天的时空环境同先贤们所处的时代大不相同，但是凡事预则立，不预则废的道理并无二致。在瞬息万变的当今时代，要想掌握推动事物发展的主动权，就必须未雨绸缪。对于改革开放来讲，更是如此。它本身就是一项前无古人的创新性探索，其间难免会面临诸多不确定性因素，遭遇诸多意外情况。特别是当前我们所处的，"是一个船到中流浪更急、人到半山路更陡的时候，是一个愈进愈难、愈进

---

[*] 陈朋，江苏省社会科学院马克思主义研究所副所长、研究员，江苏省中国特色社会主义理论体系研究中心特约研究员。

愈险而又不进则退、非进不可的时候"。在这种关键时刻,更应有超强的远见意识,能对未来的发展态势洞若观火,而不能"临时抱佛脚",更不能寅吃卯粮。唯有怀以深谋远虑的洞察,才能在纷繁复杂的世事万物中站稳脚跟、求得先机。

事情不仅在于善谋,更要"成于务",注重实干。无数事实清晰地证明,"世界上的事情都是干出来的,不干,半点马克思主义都没有"。马克思也有句名言:"一个行动胜过一打纲领。"反对空谈阔论,崇尚真抓实干,是改革开放取得巨大成就的奥秘所在。早在改革开放之初,面对一些争论,邓小平同志就以"不管黑猫白猫,能捉老鼠的就是好猫"的通俗说法告诫人们不要争论,而要实干。他一再强调,"没有一点闯的精神,没有一点'冒'的精神,没有一股气呀、劲呀,就走不出一条好路,走不出一条新路"。进入新时代,习近平总书记指出,"空谈误国,实干兴邦"。"真抓才能攻坚克难,实干才能梦想成真。"回顾改革开放40年的发展历程可以体会到:"40年来取得的成就不是天上掉下来的,更不是别人恩赐施舍的,而是全党全国各族人民用勤劳、智慧、勇气干出来的!"正是凭着实干精神,我们用几十年时间走完了发达国家几百年走过的工业化历程,也让很多"不可能"变成了"可能"。九层之台,起于累土。在改革开放的伟大征程中,要把美好的蓝图变为现实,就不能驰于空想、骛于虚声,而要一步一个脚印、踏踏实实地抓好落实,扭住关键、精准发力,敢于啃硬骨头,抓出成效。正所谓,"惟其艰难,才更显勇毅;惟其笃行,才弥足珍贵"。伟大的梦想不是等得来的、喊得来的,而是拼出来、干出来的。改革发展的任务越艰巨、前景越广阔,就越要"撸起袖子加油干"。

注重深谋远虑和崇尚实干的人,往往具有强烈的忧患意识,能深刻地体会到事情之所以失败大多"失于傲"。中国人民在革命、建设和改革的实践中,始终把"祸兮福之所倚,福兮祸之所伏"的感悟、"生于忧患,死于安乐"的警言、"忧劳可以兴国,逸豫可以亡身"的教训等道理铭记在心。20世纪70年代,我们之所以奋力推进改革开放,一个重要因素就是"落后就要挨打"的强烈忧患意识在警醒着人们要奋起直追、善作善成。实践证明,正是凭着这种不骄不躁、忧患自省的精神,才让改革全面发力、多点突破、蹄疾步稳,不断向纵深推进。历史总是不以人的意志为转移向前不断推进。当前,改革开放已走过千山万水,但仍需跋山涉水,摆在全党全国各族人民面前的使命更光荣、任务更艰巨、挑战更严峻、工作更伟大。在这个千帆竞发、百舸争流的时代,我们绝不能有半点骄傲自满、固步自封,也绝不能有丝毫犹豫不决、徘徊彷徨,必须统揽伟大斗争、伟大工程、伟大事业、伟大梦想,勇立潮头、奋勇搏击。总之,在改革开放的伟大征程中,面对人民的信任和重托,面对新的历史条件和考验,唯有增强忧患意识,谦虚谨慎,戒骄戒躁,才能始终保持清醒头脑,勇立潮头。

"功崇惟志,业广惟勤。"当前,我们有信心、有能力将改革开放进行到底。但是,我们也面临复杂的改革发展环境:改革深水区,盘根错节的困难要破题;发展攻坚期,纷繁复杂的工作要推进。正因此,我们既要高瞻远瞩,做好顶层设计,也要脚踏实地,一步一个脚印往前走,还要不骄不躁,永葆忧患意识。凭着对"生于虑,成于务,失于傲"的笃定,必定能创造中华民族新的更大奇迹,创造让世界刮目相看的新的更大奇迹!

原文刊载于《光明日报》2019年1月4日。

走深走心走实，理论学习才能有收获

陈　朋[*]

近期，第二批"不忘初心、牢记使命"主题教育中央指导组、巡回督导组培训会议召开，要求以高度的政治责任感和历史使命感推动整个主题教育善始善终、善作善成，取得实实在在的效果。

在主题教育工作中，"理论学习有收获"是重要目标任务。实践证明，政治上的成熟源于理论上的坚定。只有不断加强理论学习，才能经得起风浪。然而，近期一项大型调研数据显示，当前部分党员干部在理论学习上存在畏难情绪，"一走深就害怕、一走心就发慌、一走实就发虚"，从而导致理论学习难以深入、理论武装浮于表层、具体实践流于形式。

客观而言，这种情况虽然不是普遍现象，但在有些地方确实客观存在。笔者在日常调研中同样发现了类似情况，"理论学习太难、学不了""时间紧、工作多，没法学习""年龄大了，没有精力学习""理论学习考核压力大，不知道如何学习"等问题在不少地方不时显现。显然，这些问题不符合主题教育所强调的"理论学习有收获"的目标任务。这说明，当前亟须重视理论武装何以走深走心走实这一重大现实问题。

我们之所以需要走深走实、主动自觉的理论武装，是因为历史和实践

---

[*] 陈朋，江苏省社会科学院马克思主义研究所副所长、研究员，江苏省中国特色社会主义理论体系研究中心特约研究员。

一再证明，政治上的坚定、党性上的坚定都离不开理论上的坚定。马克思强调："理论一经掌握群众，也会变成物质力量。理论只要说服人，就能掌握群众，而理论只要彻底，就能说服人。"列宁则说得更为直接："只有以先进理论为指南的党，才能实现先进战士的作用。"这些经典论述都以通俗易懂的方式告诫人们理论武装所具有的极其重要性。中国共产党革命、建设和改革的实践对此也作出了清晰说明：一个政党不仅要有坚定的理想信念和顽强的革命斗志，还要以非凡胆识、持之以恒地推进理论武装。如果缺乏有效的理论武装，不仅无法正确认识经济社会发展规律，还会因为思想落后而迟滞不前、干不成任何事情。

理论武装的重要性不言而喻，但它确实是一项复杂的系统工程。推动党员干部在理论学习过程中走深走心走实、避免心生畏惧，需要从多方面着手。首先至关重要的是激发党员干部加强理论学习的内生动力。对于党员干部来说，理论学习的内在动力来自哪里？主要来自持之以恒的理论学习能帮助党员干部体悟到理论所展现的理性之美、创造之美、信念之美和价值之美，让其不会有"书到用时方恨少"的懊恼和悔恨，进而敦促党员干部主动自觉地夯实理论功底。这就意味着理论武装要在满足党员的需求方面多下功夫，让广大党员干部真正体会到"学有所获""思有所用"，进而从"要我学"向"我要学"转变。

同时，还应注重理论武装的方式方法创新。诚如恩格斯所言："马克思的整个世界观不是教义，而是方法。他提供的不是现成的教条，而是进一步研究的出发点和供这种研究使用的方法。"这就告诉我们，要通过灵活多样的方式和行之有效的方法让党的创新理论"飞入寻常百姓家"，切实增强理论武装的有效性。如可以通过主动吸纳、巧妙融合和交相呼应的方式，一改过去抽象化的意向表达，转而寻求一种既有思想品质，又有温度温情的通俗表述。同时，还应与时俱进地提炼出一些标识性的"思想金句"，打造既能传达党的政策主张，又能说出群众想听、听得懂、接地气的话语表达，以此真正实现坚持正确导向与通达社情民意的有机统一。

原文刊载于《光明日报》2019年9月16日。

肩负实现中华民族伟大复兴的历史使命

陈 朋 黄 科*

不忘初心,方得始终。为中国人民谋幸福、为中华民族谋复兴,是中国共产党人的初心和使命。这个初心和使命始终贯穿于中国共产党带领广大人民群众进行的革命斗争、建设实践和改革开放的历史进程之中,并随之展现丰富内涵。对于共产党人来讲,初心和使命是一个永恒课题,不会随着时空环境的改变而褪色。进入新时代,我们比历史上任何时期都更接近、更有信心和能力实现中华民族伟大复兴的目标。在大好机遇与风险挑战同步并存的当前,我们要依靠党的领导指引民族复兴的方向,依靠人民群众凝聚实现民族复兴的磅礴力量,依靠真抓实干奋力推进民族复兴伟业。

依靠党的领导指引民族复兴的方向

历史的选择绝非偶然。大浪淘沙沉者为金,历史和人民选择了中国共产党,并使其成为领导中国人民不断推动事业发展的核心力量。

---

* 陈朋,江苏省社会科学院马克思主义研究所副所长、研究员,江苏省中国特色社会主义理论体系研究中心特约研究员。
黄科,江苏省社会科学院马克思主义研究所副研究员。

中华民族是一个具有悠久历史的民族，为人类社会创造了彰显中华民族特质的物质文明和精神文明，对推动世界文明进步作出了不可磨灭的重大贡献。但是，鸦片战争后，外敌入侵逐渐使中华民族陷入战乱频仍、民不聊生的苦难深渊。为了挽救民族危亡，一批仁人志士开始思考"中国向何处去"这一关乎民族命运的重大问题。在这个过程中，政治改良运动、农民运动和旧民主主义革命纷纷走上历史舞台。但是，它们都以失败而终。辛亥革命虽然结束了腐朽的君主专制制度，但是同样没有改变中国人民身陷水深火热的悲惨命运。这些都说明，要想改变中华民族和中国人民的命运，实现民族独立、促进民族复兴，就必须产生新的领导力量，并寻求新的社会变革。

历史的荣光总会眷顾伟大的民族。正当中国人民苦苦探索民族复兴之际，十月革命一声炮响，给中国送来了马克思列宁主义。面对这一崭新的思想理论成果，具有聪明智慧的中国人民从中国国情出发，将其与中国实际相结合，不断探索民族复兴的可行路径。在这个过程中，中国共产党应运而生。自此，中华民族伟大复兴就有了主心骨和掌舵人。历史和实践证明，中国共产党一经成立就把挽救民族危亡、解救人民危难、实现民族复兴作为自己的神圣使命。通过走农村包围城市、武装夺取政权的革命道路，中国共产党带领广大人民群众打败了日本帝国主义，推翻了"三座大山"，建立了中华人民共和国，确立了社会主义基本制度，进行了改革开放新的伟大革命。

对于这段波澜壮阔、沧桑巨变的历史图景，习近平总书记形象地用"雄关漫道真如铁""人间正道是沧桑""长风破浪会有时"三句诗词来形容。这正是在中国共产党的领导下，中国人民完成的中华民族有史以来最为广泛而深刻的社会变革，也正是它奠定了民族复兴伟业的坚实基础。当前，中国特色社会主义进入新时代，实现中华民族复兴具有更充分的条件和更稳固的基础。我们更要毫不动摇地坚持党的领导，矢志不移地紧密团结在以习近平同志为核心的党中央周围，以最大效能解放和发展生产力，共同推动中华民族伟大复兴。

依靠群众凝聚实现民族复兴的磅礴力量

坚定的马克思主义者往往把人民群众作为最稳固的支持力量。1873年,恩格斯在分析普鲁士的革命斗争形势时就提出,"在十七世纪的英国和十八世纪的法国,甚至资产阶级最光辉灿烂的成就都不是它自己挣得的,而是广大工人和农民为它挣得的"。后来,列宁对此也作出了深有感触的评析,"马克思最重视的就是群众的历史主动性"。根植于广大人民群众、紧紧依靠人民群众的中国共产党,更是把获取最广大人民群众的支持作为自己的最大底气。

事实证明,把人民群众作为真正的英雄,作为决定党和国家民族前途命运的根本动力,中国共产党才取得了事业成功,创造了历史伟业。正如习近平总书记反复告诫全党,"人民,只有人民,才是创造世界历史的动力"。"忘记了人民,脱离了人民,我们就会成为无源之水、无本之木,就会一事无成。"这就告诉我们,唯有把最广大人民群众凝聚、团结起来形成磅礴力量,才能构筑实现中华民族伟大复兴的最有力支撑。

依靠人民创造伟业、实现民族复兴,关键是在理念上要牢固树立以人民为中心的思想,在行动上要最大限度地激发广大人民群众的创造热情,满足广大人民群众的切身利益。"治国有常,而利民为本。"中国共产党来自人民、服务人民,坚持以人民为中心是党的一切工作都必须坚持的最高准则。习近平总书记反复强调,"人民是创造历史的动力,共产党人任何时候都不要忘记这个历史唯物主义最基本的道理"。中国革命、建设和改革的历史进程一再告诉人们,任何一次认识和实践的突破、任何一个新生事物的诞生、任何一项改革创新的突破,无不来自广大人民群众的聪明智慧。因此,在实现中华民族复兴的征程中,必须深刻把握群众所思所想所盼,凝聚民心民智民力。同时,还要充分激发广大人民群众的创造力,满足其切身利益诉求。正如习近平总书记所言,"中国梦不是镜中花、水中月,不是空洞的口号,其最深沉的根基在中国人民心中"。这就要求我们把广大人民群众对更好教育、医疗、住房,以及更健全的社会治理、更优美的生态环境等民生期盼,作为一切工作的出发点和落脚点。实践证明,只有坚持以人民为中心,始终把人民群众放在心上,把人民群众的期待作为一切工作的出发点和落脚点,充分激发广大人民群众的创造热情,切实维护人民群众的合法权益,才能把党的正确主张变为群众的自觉行动,凝聚起推动民族复兴伟业的磅礴力量。

依靠真抓实干奋力推进民族复兴伟业

"空谈误国,实干兴邦。"这既是历史经验教训,也是实践经验总结。实现中华民族伟大复兴,是一项光荣而艰巨的事业,需要每一个人付出艰苦努力,用实干托起中国梦。

无论在什么样的时代环境下,共产党人都相信这样一个道理:"世界上的事情都是干出来的,不干,半点马克思主义都没有。"进入新时代,习近平总书记更是多次强调,"社会主义是干出来的,要撸起袖子加油干"。"要坚持知行合一、真抓实干,做实干家,做起而行之的行动者、不做坐而论道的清谈客。"70年来,中国共产党带领广大人民群众依靠拼搏实干精神,成功走出了一条国家振兴、民族富强的强国之路,让忍饥挨饿、缺吃少穿、生活困顿的日子彻底成为历史。诸多事实证明,无论是"站起来"的崛起,还是"富起来"的腾飞,抑或是"强起来"的历史性飞跃,中国共产党和中国人民靠的都是实干。

当前,我们比历史上任何时候都更接近、更有信心、更有能力实现民族伟大复兴的目标。但是,"道虽迩,不行不至;事虽小,不为不成"。为政之道贵在行。诚如习近平总书记指出,"面向未来,全面建成小康社会要靠实干,基本实现现代化要靠实干,实现中华民族伟大复兴要靠实干"。只有付诸实际行动,才会让梦想变成现实。

原文刊载于《新华日报》2019年10月22日。

用坚实的理论武装固守初心

陈 朋[*]

古人有言,治天下者先治己,治己者先治心。治心的最直接方法,就是用科学理论武装头脑。

在"不忘初心、牢记使命"主题教育工作会议上,习近平总书记指出:"要坚持思想建党、理论强党,坚持学思用贯通、知信行统一,推动广大党员干部全面系统学、深入思考学、联系实际学,不断增强'四个意识'、坚定'四个自信'、做到'两个维护',筑牢信仰之基、补足精神之钙、把稳思想之舵。"这不仅明确了主题教育的重点,而且指出了理论武装对坚守初心的基础性作用。

历史和实践一再证明,政治上的坚定、党性上的坚定离不开理论上的坚定,理论上的成熟是政治上成熟的基础。一个成熟的政党往往非常重视理论武装,把理论武装作为坚实的"垒基工程"。正是通过不断强化的理论武装,我们党才逐渐从弱小走向强大。当前,世情国情党情发生深刻变化,唯有强化理论武装,才能坚定主心骨、把稳"定盘星",才能守住初心、担当使命。

任何一个政党在加强理论武装过程中,必定要鲜明地体现其使命诉

---

[*] 陈朋,江苏省社会科学院马克思主义研究所副所长、研究员,江苏省中国特色社会主义理论体系研究中心特约研究员。

求。对于中国共产党而言，加强理论武装最重要的是抓住两点。其一，坚持老祖宗不能丢，刻苦研读经典原著。马克思主义经典著作不仅包含丰富的知识含量、思想资源和理论精华，而且还蕴含着经典作家坚定的政治立场、政治信仰和政治品格。这些都是我们共产党人坚守初心的重要思想营养。今天，我们要矢志不移、坚守初心，就必须通过深入系统的理论学习，熟练掌握和运用辩证唯物主义和历史唯物主义。其二，坚持与时俱进，掌握最新理论成果。习近平新时代中国特色社会主义思想是党和人民实践经验和集体智慧的结晶，是中国精神的时代精华，是当代马克思主义的最新理论成果，是国家政治生活和社会生活的根本指针。当前坚持不懈抓好理论武装，就是要把深入学习领会习近平新时代中国特色社会主义思想作为首要任务，更好地武装头脑、指导实践、推动工作。

加强理论武装，对于党员领导干部来讲，首先需要宁静致远的精神境界。在抓理论学习时，要有"望尽天涯路"那样志存高远的追求，有耐得住"西风凋碧树"的清冷和"独上高楼"的寂寞，静下心来刻苦钻研。一些人在理论学习过程中，容易受外界影响而浅尝辄止、半途而废，或者带有强烈的功利心态，其主要原因就在于缺乏这种精神境界。因此，对于理论学习，要舍得花精力，要有"不积跬步，无以至千里；不积小流，无以成江海"的锲而不舍的精神。

加强理论武装要掌握行之有效的方法。古人云："学而不思则罔，思而不学则殆。"学习的过程实际上是一个不断思考、深化认知的过程。善于思考是学懂、弄通理论的关键。在理论武装过程中，要善于拿起批判的武器，在思考中仔细辨别真伪，发现新问题，形成新认知。

历史告诉我们，"只有以先进理论为指南的党，才能实现先进战士的作用"。当前，我们党带领全国各族人民实现光荣梦想、赢得伟大斗争，离不开强有力的理论武装。唯有始终保持理论上的自觉与透彻，才能固守初心，才能始终保持共产党人对理想信念的执着追求。

原文刊载于《群众》2019年7月10日。

全面提升城乡基层党组织的组织力

孙肖远[*]

党的十九大提出加强基层党组织建设要以提升组织力为重点,凸显了基层党组织组织力建设在党的基层组织建设中的重要地位。今年以来,中共中央印发了《中国共产党农村基层组织工作条例》、中共中央办公厅印发了《关于加强和改进城市基层党的建设工作的意见》,对加强新时代城乡基层党组织组织力建设提出了明确要求。城乡基层党组织组织力主要表现为政治领导力、组织覆盖力、群众凝聚力、发展推动力和自我革新力。这既是城乡基层党组织全面进步全面过硬的必然要求,也是新形势下充分发挥党的全面领导政治优势的迫切需要。

突出政治功能,提升政治领导力

提升政治领导力是加强城乡基层党组织组织力建设的核心。这是指农村、街道社区党组织在宣传党的主张、贯彻党的决定、领导基层治理、团结动员群众、推动改革发展等方面所表现出来的能力。政治领导力强不强,主要看政治功能突出不突出。

---

[*] 孙肖远,江苏省社会科学院马克思主义研究所所长、研究员。

一方面,突出政治功能是提升政治领导力的必要条件。突出政治功能,首先要强化对基层党员的党性教育,把坚定理想信念作为理论武装的首要任务,确保基层党员在思想上、行动上同党中央保持高度一致;其次要严格履行党章赋予基层党组织的职责,把工作重心从具体事务中脱离出来,转移到对各类基层组织的政治领导上来,发挥好"把方向、管大局、保落实"的领导作用;再次要加强对遵守党规党纪的检查监督,督促党组织和党员发挥应有作用,让党旗在基层一线处处飘扬。

另一方面,提升政治领导力是突出政治功能的必然要求。全心全意为人民服务是党的根本宗旨,这一宗旨要求基层党组织以高超的政治领导力贯彻执行党的路线方针政策和决策部署;民主集中制是党的根本组织原则和领导制度,规定了基层党组织政治领导力在政治自觉基础上的组织性要求;党的政治纪律是党组织和党员政治言论、政治行动、政治立场的行为准则,为基层党组织实行政治领导提供了有力的制度保障。

严密组织体系,提升组织覆盖力

提升组织覆盖力是加强城乡基层党组织组织力建设的基础。这是指农村、街道社区党组织通过创新党组织设置方式和工作方式,推动党的组织和党的工作有效覆盖城乡基层的能力。坚持党对一切工作的领导,在城乡基层各领域发挥基层党组织的领导作用,提升组织覆盖力是基础工程,要求构建严密的组织体系。

一是推进城乡协建。主动适应城乡融合发展的新形势,协调推进城乡基层党建一体化建设,街道社区党组织与农村党组织开展结对共建,在人才资源、活动阵地、教育培训等方面进行城乡资源整合利用,实现城乡基层党建优势互补。二是推进区域联建。依托各类园区、商圈市场建立党建工作机构,推动入驻企业、社会组织单独或联合建立党组织,构建区域统筹、条块协同、共建共享的基层党建工作格局。三是行业统建。依托行业监管部门建立行业党组织或行业协会党组织,统一管理律师、会计师等行业党建和重点互联网企业党建工作,提升新兴领域党的组织和工作覆盖质量。四是互联网助建。广泛应用现代网络信息技术,利用大数据做好基层党建工作分析研判,利用微信、微博、移动客户端等新媒体,丰富基层党建工作内容和形式,巩固和扩大党组织的网上阵地。

强化服务功能,提升群众凝聚力

提升群众凝聚力是加强城乡基层党组织组织力建设的动力。这是指城乡基层党组织履行宣传群众、组织群众、服务群众的职责,凝聚带领群众为实现奋斗目标而表现出来的能力。群众凝聚力强不强,主要看基层党组织能不能通过服务把群众吸引到身边,引导群众听党话、跟党走。

提升群众凝聚力主要取决于两方面因素:一方面,城乡基层党组织具有较强的服务群众能力,能够让广大群众产生获得感。为此,要综合区位特点、人群特征、服务半径等因素,整合党建、政务和社会服务等各种资源,统筹建设布局合理、功能完备、互联互通的党群服务中心。并且,把服务窗口下移到党群服务中心,推行"一站式"服务和"最多跑一次"改革,让党员群众在家门口就能找到组织,享受便利服务,打造党员和群众的共同园地。另一方面,城乡基层党组织具有较强的战斗力和公信力,能够赢得群众的广泛信任。为此,要坚持党建带群建,培育公益性、服务性、互助性社会组织和群众志愿服务团队,支持承接政府转移职能和服务项目。

聚焦重大任务,提升发展推动力

提升发展推动力是加强城乡基层党组织组织力建设的关键。这是指农村、街道社区党组织贯彻落实党的路线方针政策和决策部署,推动城乡基层经济、政治、文化、社会、生态等各领域发展的能力。习近平总书记强调:"基层党组织组织能力强不强,抓重大任务落实是试金石,也是磨刀石。"抓重大任务落实是城乡基层党组织服务中心工作的重要体现,城乡基层党组织服务的中心工作,既包括贯彻落实党的路线方针政策和党中央重大决策部署的全局性中心工作,也包括贯彻执行本地区党委政府根据自身发展实际而部署的具体性中心工作。

聚焦实现乡村振兴的重大任务,更好地服务乡村振兴这一中心工作,在县域层面就要着力提升城乡基层党组织的发展推动力。一是以村党组织为纽带组建乡村振兴"党建联盟"。可以吸收相关职能部门为指导单位,以精准指导、典型示范、联盟共进为主要方式,以党建项目整合各种资源,实施抱团联合发展、异地错位发展,推动乡村旅游和休闲农业高质量融合并进。二是整合县域党建资源。开展机关事业单位、企业、社区党组织与村党组织结对共建活动,有针对性地开展个性化服务,帮助村级组织解决乡村振兴中的突出问题。三是强化乡村振兴"整体推进"党建责任考核。对乡村振兴工作目标进行任务分解,将其作为乡镇、部门、单位党组织书记领办项目,纳入抓基层党建专项述职评议考核的重要内容,跟踪问效问责,形成抓党建促乡村振兴的整体合力。

加强自身建设,提升自我革新力

提升自我革新力是加强城乡基层党组织组织力建设的保障。这是指农村、街道社区党组织以正视问题的自觉和刀刃向内的勇气,实现自我净化、自我完善、自我革新、自我提高的能力。当前,要以"不忘初心、牢记使命"主题教育为契机,以落实《中国共产党支部工作条例(试行)》为抓手,抓好党支部自身建设,着力解决软弱涣散等突出问题。

第一,加强党支部标准化建设,夯实城乡基层党建工作高质量的组织基础。重点围绕活动阵地、队伍建设、组织生活、为民服务、运行机制等方面,建立标准化制度体系,使党建责任由"虚"变"实";将党建工作具体化为清单、流程和图表,并制定每项工作"说明书",使党建标准由"粗"变"细";建立标准化记实管理系统,形成过程记录、流程管控、技术保障的智慧考评体系,使党建考核由"软"变"硬"。

第二，把好带头人选用关，选优配强管好村（社区）党组织书记。拓宽选配视野，从现任优秀村（社区）干部、乡镇（街道）后备干部、区县（市）机关年轻干部中遴选村（社区）书记，并纳入区县（市）委组织部管理；针对城乡基层工作综合性强的特点，围绕乡村振兴、城市基层治理的重大任务，由区县（市）委党校进行系统性培训；深入推行"三项机制"，为基层松绑减负，为基层干部担当争先撑腰鼓劲。

第三，明确村（社区）党组织党建主体责任，实施支部组织生活质量提升行动。以先进基层党组织为示范点，建立支部组织生活开放日制度，以"主题式、体验式、互动式"方式开展组织生活，实行"党员点单、支部接单"的组织生活项目认领制，提升党组织和党员队伍建设质量，引导党组织和党员更好地发挥战斗堡垒和先锋模范作用。

原文刊载于《群众》2019年第19期。

大力推进江苏廉洁社会建设

张春龙　鲍　雨*

党的十八大以来,以习近平同志为核心的党中央十分重视反腐倡廉工作。近年来,江苏在坚决惩治腐败的同时,更加注重治本、预防及制度建设,拓展从源头防治腐败工作。

建立党风廉政建设责任制。江苏省各级党委、政府坚持把落实党政建设责任制作为反腐倡廉建设的基础工程,不断推进责任制落实。积极推进党风廉政建设责任制向基层延伸,形成了省、市、县、乡自上而下的党风廉政建设责任体系。

构建惩治和预防腐败体系。改革开放以来,按照"江苏经济建设要走在全国前列,廉政建设也要走在全国前列"的要求,江苏积极探索构建"教育在先、约束在先、监督在先"的惩治和预防腐败体系,制定出台了《江苏惩防体系实施意见》,率先在全国着力构建具有江苏特色的惩治和预防腐败体系制度框架。目前,江苏省惩防体系基本框架构建工作评价指标体系等5+1文件,已经于2010年年底以中共江苏省委文件形式颁布实施,标志着江苏构建惩防体系基本框架工作取得了明显成效。

---

* 张春龙,江苏省社会科学院社会学研究所副所长、研究员,江苏省社会科学院中特中心特约研究员。
鲍雨,江苏省社会科学院社会学研究所副研究员。

持续开展机关效能建设。2000年以来,江苏积极推进机关效能提升,既抓廉政又促勤政,形成了贪庸并治、勤廉共促的良好工作格局。主要突出了三点:一是通过教育,引导树立人民利益至上的理念,树立全面、协调、可持续发展的理念,树立行政必须依法、用权必须监督的理念。二是通过制度建设,进一步完善岗位责任制、首问负责制、限时办结制等制度。三是抓规范。严格规范涉企收费,切实减轻企业负担。深入推进党务公开、政务公开和公用事业单位办事公开制度,扩大群众的知情权、参与权、监督权。

推进廉政文化建设。江苏省委制定了《江苏廉政文化建设实施意见》,对廉政文化建设的内容、目标、原则、要求等作出规划和部署,把建设廉政文化纳入建设江苏文化大省的整体规划,统一规划,统一部署,统一落实,并在目标、措施、财力等方面给予保障。江苏目前已经具有丰富的廉政文化建设形式,广泛开展的廉政文化"六进"(进机关、社区、家庭、学校、企业、农村)和示范点创建活动,对于普及廉政文化发挥了重要作用。

近几年开展的坚决惩治腐败工作以及相关制度建设等,为江苏建立廉洁社会奠定了良好的基础,但仍存在一些问题。比如信仰危机与理想信念缺失、缺乏整体系统科学的推进规划、对廉洁社会建设仍存在模糊认识等。推动廉洁社会的建设,需要通过廉洁政府引领和推动,构建多层次的教育体系,促进权力公开透明运行,建立全方位的监督格局并持之以恒地推进廉洁文化建设。

制定系统长远的建设规划。廉洁社会的建设非一日之功,最终可能需要十几年乃至几十年。因此必须立足长远,放在全社会的层面去思考和规划,而不能仅仅停留在反腐倡廉的层面。规划的目的是要营造"以廉为荣、以贪为耻"的廉洁社会氛围,这就需要充分发挥廉洁文化的基础性作用,不断提高廉洁建设整体水平。需要结合目前正在开展的党风廉政建设和反腐败工作要求,用全社会的、整体性的视野去谋划,从而达到立足长远、整体布局的效果,同时又能够有重点、全方位、多层次地开展廉洁社会建设活动。

发挥廉洁政府的推动作用。政府廉洁与社会风气存在重大关联：一方面，廉洁的社会风气有利于产生廉洁政府；另一方面，好的政府在塑造廉洁社会中具有重要的引领和推动作用。我们长期以来都有"以吏为师"的政治传统，社会风气形成的逻辑正如俗语所说，"村看村，户看户；群众看党员，党员看干部"，党员干部的示范带动作用不言而喻。廉洁政府建设能够推动廉洁社会建设，公共权力分配的资源信息完全公开，分配过程按照可见的规定方式运作，有利于建立廉洁政府，也能促进一个守规矩的廉洁政府形象进入群众的内心并逐渐扎下根来。

构建多层次廉洁教育体系。廉洁的社会建立需要社会的各类主体具有廉洁意识。廉洁意识的树立离不开廉洁教育。廉洁教育通过引导干部员工树立正确的世界观、人生观和价值观，营造守廉、尊廉、崇廉、廉洁奉公、诚信守法的社会氛围，以达到规范和约束个体行为的目的。基础性的工作包括在学校开展科学系统的廉洁教育，丰富青少年思想道德实践活动。同时，要根据教育对象权力和责任的不同，有针对性地对党员领导干部、一般党员干部、普通党员、公职人员、社会公众等开展廉洁教育。

促进权力公开透明的运行。要健全权力运行制约和监督体系，让人民监督权力在阳光下运行，确保国家机关按照法定权限和程序行使权力。要对照有关法律法规，对权力行使情况进行全面清理，进一步优化权力运行路径，简便办事程序，减少中间环节，严格办理时限。要对经过核定的权力事项，统一编制权力运行流程图，进一步规范程序，固化流程。要在权力运行的决策、执行、监督等各个环节制定严密的运行程序，明确规定权力运行的方法步骤，做到权力运行的各个环节在时间上相互衔接，在功能上相互协同，确保权力在规定的程序和规则范围内活动。

形成多层次全方位监督格局。要加强对权力运行的制约和监督，把权力关进制度的笼子里，形成不敢腐的惩戒机制、不能腐的防范机制、不易腐的保障机制。必须进一步探索提高监督整体效能的有效途径，不断增强监督合力。强化对权力的制约监督。要明确监督程序，把监督检查纳入权力运行的过程中。运用网络技术强化对权力运行的制约和监督，科学编制权力网上运行流程,明确并公开每项权力的行使条件、承办岗位、监督制约环节等内容,统一工作标准,规范行政权力的自由裁量,努力形成对权力监督制约的整体合力。

　　持之以恒推进廉洁文化建设。廉洁文化具有主体大众性、指向权力性、实施职业性、组织公共性的特征,主要表现为在全社会营造良好的廉洁氛围,以健康向上的廉洁文化充实社会公众的精神世界。加强廉洁文化建设,是反腐败斗争的基础性工作。要充分发挥传媒、教育等机构的优势,面向全社会大力推进廉洁文化建设。要在廉政文化建设的基础上继续发挥廉政教育基地、新闻舆论阵地等教育载体的作用,努力营造崇尚廉洁的社会氛围。要开拓寻找出一些新的领域载体,不断扩大廉洁文化建设空间,走进学校、走进家庭、走进社区、走向全社会。

　　原文刊载于《新华日报》2019年8月13日。

把爱国奉献作为知识分子的精神标识

曹晗蓉[*]

尚贤者,政之本也。尊重人才、信任知识分子是我们党的优良传统和宝贵经验。在党的领导下,一代又一代知识分子以浓厚的家国情怀和强烈的社会责任感,重道义勇担当,为我国革命、建设、改革事业贡献了卓越的聪明才智,有的甚至献出宝贵生命,留下了可歌可泣的事迹。进入新时代,以黄大年、南仁东为代表的广大知识分子把爱国之情、报国之志融入祖国改革发展的伟大事业之中,融入人民创造历史的伟大奋斗之中,谱写了新时代优秀知识分子爱国奉献的新篇章。爱国奉献既是知识分子必须坚守的精神标识,也是国家发展民族复兴的重要支撑。

早在170多年前,马克思就告诉人们,"个人只有在集体中才能获得全面发展"。知识分子虽然掌握一定知识和技术,对自然和社会了解得比较深入,但只有融入国家事业发展之中,才能更好地彰显人生价值,实现目标追求。

历史总是不断向前。当前,中国特色社会主义进入新时代,中华民族迎来伟大复兴的光明前景,广大知识分子面临前所未有的成长成才机遇。面对这一千载难逢的大好机遇,"广大知识分子、广大劳动群众、广大青年

---

[*] 曹晗蓉,江苏省社会科学院马克思主义研究所助理研究员,中国特色社会主义理论体系研究中心特约研究员。

要紧跟时代、肩负使命、锐意进取,把自身的前途命运同国家和民族的前途命运紧紧联系在一起,努力为全面建成小康社会贡献智慧和力量"。因此,广大知识分子要把爱国奉献作为人生底色,把践行效国之行、实现强国之梦作为应有的价值追求。

把爱国奉献作为应有的精神标识,首先需要知识分子补足精神之"钙"。"古之立大事者,不惟有超世之才,亦必有坚忍不拔之志。"坚定的理想信念既是知识分子安身立命之根本,也是其实现人生抱负之关键。"修身齐家治国平天下""为天地立心、为生民立命、为往圣继绝学、为万世开太平""先天下之忧而忧,后天下之乐而乐"等古训传递的就是一代又一代知识分子所尊崇的坚定信念。古代圣贤尚能如此,今天的知识分子更应在坚定理想信念上下功夫,勤补精神之钙、常固思想之元,真正做到无论何时何地都把"坚持国家至上、民族至上、人民至上,始终胸怀大局、心有大我"放在至高位置。

天下为公、担当道义。广大知识分子不仅应有坚定的理想信念,还要有强烈的担当精神,不负青春之"华"。不可否认,当前一些青年人才面临着工作的焦虑、生活的重担和现实的压力等各种各样的成长烦恼。在这种情势之下,何以让青春无悔?就是要在坚定理想信念的基础上,以时不我待的紧迫感、舍我其谁的责任感和冲锋陷阵的担当作为,自强不息、百折不挠,想国家之所想、急国家之所急,用自己的努力推动国家发展,实现自身价值,努力创造经得起历史和实践检验的实绩,不虚度青春年华,不辜负时代使命。

坚定的理想信念和强烈的担当精神,最终都要落脚在实干有为之上。"劳动才是人的第一需要,任何一个民族,如果停止了劳动,不用说一年,就是几个星期也要灭亡。""少说些漂亮话,多做些日常平凡的事情。"马克思主义经典作家早就告诫人们要用实干来创造生活。行进在推动中华民族伟大复兴的征程中,习近平总书记更是反复强调,"空谈误国,实干兴邦"。无数事实证明,好日子都是奋斗出来的,实干才能梦想成真。广大知识分子只有将刻骨铭心的爱国之情、忠贞不渝的报国之志和至死不变的爱国之情转化为一点一滴的实际行动，才能真正实现个人价值与国家进步的有机统一。

原文刊载于《光明日报》2019年7月2日。

历史文化

四書文話

古老运河,如何一展文化新姿

夏锦文[*]

【智库答问·探寻中华文化典型意象】

嘉　宾　大运河文化带建设研究院院长,江苏省社会科学院党委书记、院长　夏锦文
　　　　南京大学文化与自然遗产研究所所长、历史学院教授　贺云翱
　　　　上海交通大学城市科学研究院院长、中国商业史学会中国大运河专业委员会主任委员　刘士林
　　　　洛阳师范学院大运河研究院教授　曹玉涛

编者按

大运河是中华民族建设的伟大工程,是祖先留给我们的宝贵文化遗产。9月27日,以"运河文化的保护传承与利用"为主题的2019年世界运河城市论坛暨世界运河大会在扬州举办,中国大运河博物馆(筹)正式开工,大运河国家文化公园标志同期亮相。当日下午,大运河国家文化公园建设推进会在扬州召开。对古老运河而言,国家文化公园的建设意味

---

[*] 夏锦文,江苏省社会科学院党委书记、院长、教授。

着什么？通过建设大运河文化带和国家文化公园，大运河文化如何更好滋育万物、连通世界？光明智库特邀嘉宾深入解读。

让人们听到、听懂大运河的文化之声

光明智库：当前，我国大运河历史文化遗产的保护现状如何？在您看来，中央决定建设大运河国家文化公园的目的有哪些？

贺云翱：目前，大运河历史遗产保护成效显著。一是大运河沿线文化遗产保护和利用工作得到显著加强。如北京、浙江、河北等地遗址腾退、文物保护修缮步伐加快。二是大运河沿线文化遗产生存环境质量和沿岸群众幸福指数显著提升。三是大运河沿线文化遗产保护和合理利用融合工作登上新台阶。在遗产得到有效保护的同时，文旅融合产业、文创产业发展迅猛，新业态新品种不断出现。

夏锦文：近年来，大运河沿线各地持续发掘新遗产、修复旧文物，同时积极探索因地制宜的创新保护模式。以江苏为例，扬州的运河三湾风景区利用湿地生态配合人文景观保护，展示运河水工遗迹。但从大运河文化带建设全局来看，目前仍存在遗产保护对象多、范围大，统筹协调难度大等问题，亟待通过动员社会力量、推动地方立法、建立跨区域跨部门的横向联动保护机制等方式予以解决。

大运河文化对感知、阐释、研究中华文明具有独一无二的价值。以广博丰厚的大运河文化资源为支撑的大运河国家文化公园，是讲述中国故事、传承优秀文化的生动课堂，要让人们听到、听懂大运河的文化之声，坚定文化自信，并向世界展示中国闪亮的文化形象。

刘士林：截至2017年年末，我国城市公园已有1.6万个，但多数仅着眼于城市景观、市民休憩等功能，缺乏优秀传统文化的展示、教育功能。有一些在规划设计上盲目模仿西方，媚洋、贪大、求怪，成为我国城市空间的治理对象。

国家文化公园将空间规划设计与优秀文化传承发展紧密联系起来，

为大运河文化带核心空间规划建设确立了文化主题,对扭转一个时期以来盛行的"洋大怪"设计和建筑风格,重建运河两岸历史形成和积淀的空间布局、建筑样式、文化特色、审美风格,彰显其内在的中华文化理念、精神、生活方式和价值体系具有重要意义。

大运河文化是跨地域、跨时代的文化融合体

光明智库:在您看来,作为中华文化重要象征的大运河,镌刻着怎样的文化特质、民族性格和国家形象?

夏锦文:从空间形态来看,大运河文化是"水、岸、城"三位一体的文化。"水"是灵魂,"岸"是脉络,"城"是明珠。滴水穿石、上善若水,水文化内涵丰富厚重,是大运河文化的精髓。大运河两岸贯通了从北到南的京津文化、燕赵文化、齐鲁文化、中原文化、淮扬文化、吴越文化等六个文化区,形成了大运河文化带。沿岸8个省市的35个城市应运而生、因运而兴,因大运河的贯通形成了特有的城市文化、工商文化、园林文化、盐商文化、饮食文化以及科教文化。

从其反映的民族性格和国家形象的精神内核上看,大运河文化是"通、统、容、合"的文化。一是融通,大运河实现了水系连通、地域沟通、南北交通、国际贯通,密切了地区间的联系,既促进了中华民族内部跨区域商贸的开展、文化的交融,也成为中外文明互动互鉴的前沿地带,在推动南北融合、东西交汇、中外交流的过程中,形成了融通的文化观念。二是统一,大运河在维护国家信仰、民族精神大一统方面发挥了重要作用,中国主要河流均为东西走向,贯穿南北的大运河连接不同自然流域,有效维护了国家政权的一统。三是包容,大运河文化是跨地域、跨时代的文化融合体,兼容并蓄,焕发出更强大的生命力。四是和合,大运河文化是中国人追求天人合一、和谐共生境界的体现,是中国智慧的生动体现。

刘士林:大运河是中华优秀传统文化的富集区,也是展示当代中国国家形象和精神面貌的时空平台。古人有云,"燕赵多慷慨悲歌之士",讲的

是燕赵文化特有的崇尚英雄、热烈奔放、豪爽阳刚的英雄主义精神。古人又云"杏花春雨江南",讲的是江南文化特有的温文尔雅、多愁善感、细腻阴柔的审美主义气质。此外,还有中原文化的谨厚、京津文化的包容、淮扬文化的融会等,在中华优秀传统文化体系中都占有一席之地。这些被运河"串"起的区域文化不仅有明显的互补性,也是治疗当代文化问题的重要方剂。

贺云翱:大运河开凿、发展、兴盛的历程就是一部中华文明的持续演进史,也是中华民族文化不断丰富、联动、升华的历史。它巧妙地连接我国各大东西向河流,实现了涵盖人力工程与天然水道的一体化交通,其中蕴含着大量的科学智慧、工程技艺、治理经验,是中华文明"天人合一"理念的生动实践。

大运河通过五大水系的流动,让草原高原区域、长江流域、黄河流域、淮河流域、钱塘江流域的物产、人员、文化等得以交流,体现了不同区域合作共享的中华文明追求。它北接秦汉至明清时代的政治中心,南至江南经济发达地区,有力促进了多元一体的中华文明持续发展。

此外,大运河还传达了包容开放的价值观。大运河通江达海,为古代中国与世界的文化往来架设了便利的桥梁。一端联系海上丝绸之路,另一端衔接陆上丝绸之路,形成了一个使中国与世界、内陆与海洋联动贯通的交流网络。

集中展示大运河文化魅力的点睛之笔

光明智库:大运河国家文化公园与大运河文化带是什么关系?

刘士林:大运河国家文化公园与大运河文化带是部分和整体、重点突破和全面发展的内在关系,彼此互动共生。从发挥引领示范作用的角度看,大运河国家文化公园的选址必须满足文化资源富集、生态环境良好和文化旅游具备优势等基本条件,既是文化带建设的重点,同时也能实现与旅游带、生态带的功能叠加,成为展示"魅力运河""多彩运河"的文化标识。

贺云翱：大运河文化带建设的提出和规划，先于大运河国家文化公园建设。前者空间范围更加宽广，与中华优秀传统文化传承发展工程、长江经济带建设、京津冀区域协同发展等高度关联，有望开创文化带动区域空间结构优化的新格局。后者应更多致力于文化遗产保护、展示和共享，其公共性更加突出，项目边界也应当相对清晰，管理方面要更加规范和统一。

夏锦文：大运河国家文化公园与大运河文化带彼此依托、交相辉映。在实际工作中，一要注重文化引领，以代表性文物和文化资源为依托，形成主题明确、内涵清晰、功能完善的文化展示空间。二要注重保护优先，将国家文化公园建设过程作为维护遗产本体、彰显其文化价值的过程。三要注重合理利用，根据文化遗产资源的价值和分布状态划定国家文化公园的具体空间形态，在建设中协调好自然生态与文化生态的关系；梳理代表性文化资源，挖掘代表性文化价值，形成对受众有强大吸引力的观阅、体验、感悟文化场景和旅游线路，让大运河国家文化公园成为集中展示大运河文化魅力的点睛之笔。

为世界线性文化遗产保护提供借鉴

光明智库：建设大运河国家文化公园应注意哪些问题？我国的做法将为世界运河文化遗产的保护、传承、利用提供哪些经验和智慧？

曹玉涛：近年来，我国在大运河文化遗产的保护、传承、利用方面取得了显著成就，国家统筹、政府主导、政策激励、部门协作、社会参与等方式相结合的中国经验值得世界运河文化遗产和其他线性文化遗产保护国家学习借鉴。

夏锦文：大运河国家文化公园是国家建设的公共文化空间，其建设和使用要解决好两个方面的问题：一是要成为公众对大运河文化标识的认知区，形成具有区域特色的文化地标。二是要成为沿线城市文化形象的展示区。通过国家文化公园建设改善城乡风貌,优化沿线城乡基础设施,使之成为人民群众感受文化记忆和美丽乡愁的忘返之地。

刘士林:大运河国家文化公园作为大运河文化带建设的试验田和示范区,在选址、建设、使用方面需要研究和解决的问题很多,除了通常要注意的选址不能破坏资源、建设不能超越保护红线、使用不能超出"点段本体"的承受力等之外,最重要的是要建立科学合理、符合大运河文化带保护传承利用要求的规划理论和方法。

事实上,我们不应忽略城市规划应有的"分散""疏解"功能,在规划布局大运河国家文化公园时,有必要换一种思路,在合理布局空间和功能的同时,尽可能避免因过度集中、集聚和集约而导致新的城市病。

在求同存异中推进跨文化理解

光明智库:当前,应如何用好大运河文化符号,讲好中国故事,推动构建人类命运共同体?

夏锦文:用好大运河文化符号,讲好中国故事,首先要着力加强文化遗产保护传承、河道水系治理管护、运河生态修复等工作,推动运河文旅融合、城乡统筹发展,创新保护传承利用机制,从而与世界运河国家、运河城市分享中国经验。其次,要将大运河打造为传播中国文化的重要平台,办好大运河文化主题活动,向世界传播大运河形象;同时注重传播内容的创新,创作运河主题的影视戏剧、工艺美术等作品,既要展现中国特色,又能引发世界共鸣。

曹玉涛:大运河历经数千年依然生生不息、绵延不绝,向世界展示了中国致力于绘就的美美与共、天下大同的文化图景,呼应了人类命运共同体建设中平等相待、合作共赢的文化追求。我们既要挖掘大运河在数千年历史中逐步凝练、升华的中华优秀传统文化,讲好讲活大运河的历史和当代故事,深化全社会对大运河文化的认知,切实增强文化自信,也要大力推动大运河文化走出去,展现中国风貌,增进世界认同,勾勒出一幅各国携手奔向美好世界的新图画。

贺云翱：作为世界遗产，中国大运河不仅自身有着极其丰富的文化内涵，还与中国海上丝绸之路申遗项目，与部分陆上丝绸之路的世界遗产内容，与杭州、苏州、南京、扬州等城市已经成功申报为世界遗产或者已经列入中国国家申报世界遗产预备名录的项目有着内在相关性，它们共同构成了具有世界性意义的宏大文化体系，为讲好中国故事提供了大量鲜活素材和可开发资源。同时，向世界讲好中国保护管理及合理利用大运河的真实故事，也有助于展现当代中国社会文明程度及法治水平。

原文刊载于《光明日报》2019年10月10日07版。

如何认识和理解大运河文化

夏锦文[*]

当下,大运河文化带建设正在持续深入地推进。一个关键问题是,何谓大运河文化?大运河文化带的内涵是什么?学界尚缺深入研究,尚未形成共识。那么,如何认识和理解大运河文化呢?

这里拟提出观察与思考的三个维度。

从大运河文化的性状特征来看,大运河文化是流动的文化。大运河是我国宝贵的文化资源,在地理脉络上,大运河从南流向北、从北流向南,从江苏流向南北,从南北流向江苏;在历史脉络上,大运河从古流到今,有着2500多年的运河文化积淀和历史传承。南通州,北通州,南北通州通南北;古运河,今运河,古今运河运古今。因此,大运河文化从传统走来,向现代奔去;从历史走来,向未来奔去。其流动性与传承性便决定了大运河文化不仅是一种传统文化,更是一种文化传统。

从大运河文化的空间形态来看,大运河文化是"水—岸—城"三位一体的文化。水是大运河的灵魂,我们要从水的性质特征上去认识大运河文化。水文化内涵丰富厚重,是大运河文化的精髓。大运河两岸从北到南贯通了六个文化区,文化区因大运河的流动而交融互动,形成了大运河

---

[*] 夏锦文,江苏省社会科学院党委书记、院长、教授。

文化带。大运河沿岸共有8个省市、20多个城市，它们借助大运河完成了城市化进程，因大运河的贯通形成了它们的城市文化、工商文化、园林文化、盐商文化、饮食文化，甚至科教文化、现代文明。认识和理解大运河文化，离不开对"水—岸—城"三位一体文化的体认和把握。

从大运河文化的精神内核来看，大运河文化是"通、统、容、合"的文化。一是融通。无论是军事目的还是经济原因，大运河的开通带来了地域的沟通、水系的联通、南北的交通，甚至国际的贯通，而这些也都导致了文化的融通。融通包含着开放，包含着创新。二是一统。中国的河流大多东西走向，而大运河贯通了南北，于是多样性便在此统一，形成了多元化集成与多样性统一的文化格局。从政治文化角度来讲，体现了一种大一统的民族精神，包含着一个民族的向心力与凝聚力。三是包容。大运河因为贯通南北，沟通五大水系，实现了黄河精神和长江精神的融合。因此，大运河文化精神与中华民族精神同根同源。一条大运河驾驭南北、总揽全国、兼容并包，具有"包孕吴越"之包容性。四是和合。大运河的开凿与整修，串联起了南北，沟通了黄河长江，从而间接地连接起了更为广阔的空间，大运河文化的通达、灵动、滋润和融合对中国人口的转移、民族的融合、文化的复兴，以及中国文化大格局的形成具有重要作用，对中国经济版图变化和发展也有着重要影响。

原文刊载于《中国社会科学报》2019年7月5日007版。

文化为魂 提升大运河江苏段城市发展品质

陈爱蓓[*]

民因水而居,城因文而兴。大运河(江苏段)沿线流经徐州、宿迁、淮安、扬州、镇江、常州、无锡、苏州 8 个设区市,加上泰州、南京、南通等市,江苏 13 个城市与大运河直接相关,以大运河为纽带形成了贯穿江苏南北的水动脉,将江苏已有规划的三大都市圈——苏锡常都市圈、南京都市圈和徐州都市圈串连起来,对区域空间重构具有重要的战略价值。大运河(江苏段)沿线城市群都市圈建设应进一步挖掘大运河历史文化资源,使之在江苏的城市群都市圈层级体系建设和区域一体化中发挥文化引领作用。

加大投入,提升城市群文化品质

党的十九大报告提出,要以城市群为主体,构建大中小城市和小城镇协调发展的城镇格局。在当前及今后一个时期内,发展都市圈和城市群都将是扩大内需及经济转型的重要引擎,应顺势打造江苏段的大运河城市群,建构具有分工关系的高品质文化型城市群,形态上"组团发展",机

---

[*] 陈爱蓓,江苏省社会科学院副院长、研究员。

制上"共生互动"。大运河流经的地区发展差距大,应借助大运河文化带建设的相关项目实施,改善生态环境,提升文化气质,让"一条河尽显江苏人文之美"。

文化立市,建设文化型城市群。文化型城市群是相对于经济型城市群而言的,以文化、生态、生活质量为建设的主要目标,也是国际上一些城市群区域经济发展正在探索的方向。以金融、设计和高科技为竞争优势的东京圈城市群,以潮流和产业设计中心为目标的意大利城市群等,都具有鲜明的文化特色。目前,我国已经规划和在建的城市群有30多个,尽管规模和水平不同,但是在不断增大和消耗生态环境资源等方面是殊途同归,发展模式亟待改进。大运河城市群需以文化立群,一方面要注重生态保护修复和沿线环境建设,创建低碳环保型城市,解决流域内日益突出的土地、江河湖泊等环境与资源的瓶颈问题;另一方面在大运河文化带建设的背景下,全面梳理沿线城市历史文脉,复兴大运河文化资源,培育具有积极协作关系的城市群都市圈文化机制,使之发挥文化引领发展的作用。

加大大运河文化资源保护、传承、利用的力度,强化江苏省内大运河与长江生态环境、河道水系、航运等方面的协同管理。对接长江经济带建设,聚焦"共抓大保护、不搞大开发"的目标,融入国家"一带一路"整体布局,凸显大运河江苏段独特的文化底蕴,发挥大运河重要节点城市的窗口作用,促进交流。江苏的"1+3"重点功能区战略,已经将淮安、宿迁和部分里下河地区城镇划为江淮生态经济区。大运河文化带江苏段规划作为新的战略补充,需立足于更好地推动江淮生态经济区建设,打造富有文化气质的大运河城市群,提升文化品位。大运河沿线淮海经济区的苏北、鲁西、皖北、豫东等地区经济相对落后,而徐州是大运河沿线的中原文化高地和"一带一路"的重要节点城市、淮海经济区中心城市。新一轮发展要通过整合大运河文化资源,形成高品位、高效益的文化带,增强徐州中心城市对周边城市的文化引领和辐射效应。

提炼特质,打造国际化影响力城市

根据城市辐射空间不同,国际化城市分为两大类:第一,在世界范围内拥有全面影响力的国际化城市,像伦敦、巴黎、纽约、东京和上海等世界城市;第二,具有国际区域性影响力的中心城市,比如米兰、京都、波士顿等城市。大运河(江苏段)流经南京都市圈和苏锡常都市圈,中心城市南京和苏州,按照城市资源禀赋、发展水平及其影响力等,发展目标可以定位为第二类文化功能凸显型的国际化中心城市。

进一步凸显南京在城市群中的首位度。在《长三角城市群发展规划》中,南京被定位为特大城市,也是唯一的特大城市。作为区域中心,南京地处长三角富庶地区的边缘,南京的城市国际化要服务于大运河文化带建设,在长三角城市群中发挥更大的引领作用。南京应以现代交通为抓手,推进高铁、地铁快速通勤网络的形成,联合镇江、扬州、淮安以及安徽的淮北、宿州等市,以大运河为基础建立一个协作发展带,对接徐州都市圈大运河中原文化高地,发挥南京在城市场所、星级宾馆等方面的优势,做大、做强运河会展经济。同时,利用科教优势,增进国际教育和文化交流,推动大运河文化的国际交流。

进一步凸显融合创新的吴文化优势。从产业发展、产城融合的角度,苏州城市国际化可以从休闲、旅游、会展以及智慧产业、文化创新产业取得突破。苏州是同时拥有世界非物质文化遗产和世界文化遗产的"双遗产"城市,连续多年被评为国内最宜居城市。在《大运河文化保护传承利用规划纲要》中,苏锡常要以苏州为中心,建设长三角文化现代化示范区,成为大运河沿线的吴文化高地,让世界的主流文化在苏州都能找到与吴文化的对接口。同时,发挥大运河的空间载体功能,构建一条生态绿色发展和创新资源集聚带,在创新产业发展、沿线环境建设等方面高标准定位,推进国际化创新型人文城市建设。

用好资源,处理好全域规划和分段建设的问题

大运河文化带建设首先是文化遗产的保护传承和利用,也是大运河文化在新时代的发展和创新。要把大运河建成一座流淌的博物馆,将每个城市不同的运河文化资源完整地展现出来,也要面向未来,切合城市发展定位,服务于新时代文化建设的需要。

加快体制、机制创新,实现文化事业一体化发展。区域一体化最根本的还是利益分配问题,如果不能形成合理的利益分享机制,一体化就很难持续。大运河城市群的文化一体化建设,关键在于处理好上下游运河城市的关系,实现城市间的一体化错位发展。运河节点城市旅游项目建设与上下游周边文化旅游项目的开发,均需统筹考虑,形成互补、互动关系。一是遵从市场机制,从人口流动趋势入手,对大运河城市群都市圈与文化事业相关的建设,在空间布局、空间结构上都要有精细的研究;二是依法治理,制定地方性法律、法规,将城市间生态文化发展合作与城市政府的政绩考核问责挂钩;三是签订城市间合作协议,对于为确保大运河沿线城市群整体发展保护资源环境导致自身发展受限的城市,要根据发展的机会成本进行补偿,通过双边或多边协议,以法定形式固定下来。

整合环境资源,打造互联互通、宜居乐业的城乡生活圈。打造适宜居住和生产的美丽乡村,是大运河文化带建设和城市群发展的题中应有之义,城镇化的过程不能忽视对农村地区的投资。大运河(江苏段)沿线共有19座中国历史文化名镇,7座中国历史文化名村以及大量的省市县级历史文化遗产。沿运河形成的乡镇,粮棉桑果等传统农业富有地方特色,需要根据自然禀赋,进行科学定位,一二三产业融合发展,打造互联互通的城乡,活化历史文化资源。要从根本上改变将农业视作低端经济部类的政策预设,不断融合多种业态,推进乡村现代化。同时,尽量保留乡土建筑,尊重大运河沿线原住民的生活形态和传统水乡环境,各类特色小镇和田园乡村建设等都要因地施策。当前,大运河沿线的环境状况欠佳,要

全面开展沿线的人居环境综合整治,提升乡村建设水平。低强度开发,保持田园风光和特色乡村形态,构筑河道水系、农田、村庄相互依偎,鸡犬相闻的生态景象,方能保持乡村美丽景观。

原文刊载于《群众》2019年第19期。

为时代立言立信立命　用明德引领社会风尚

樊和平[*]

中国知识分子历来秉持家国情怀、讲求道德文章,始终将承担社会责任、引领道德风尚作为自己的使命和责任,也作为人生的理想追求。《左传》提出"太上有立德,其次有立功,再次有立言,虽久不废,此之为不朽"。这就是后来传统文人士大夫追求的"立德立功立言三不朽"。其中,立德是最高的价值追求和理想人格。今年全国"两会"期间,习近平总书记强调指出,哲学社会科学工作者"肩负着启迪思想、陶冶情操、温润心灵的重要职责,承担着以文化人、以文育人、以文培元的使命",哲学社会科学工作者要"为时代明德""用明德引领风尚"。这是对整个社科界的殷切期望,更是伦理学研究工作者义不容辞的社会责任。

中国特色社会主义进入新时代,伦理学工作者贯彻落实习近平总书记"勇于回答时代课题""用明德引领风尚"的要求,应当首先在理论和实践上"明"两种"德"。一是"明"新时代中国社会"德"的光明本性,科学揭示中国伦理道德发展的时代精神状况,为其"立信",建构中国伦理道德发展的文化自信;二是"明"经济全球化背景下中国社会"德"的转型轨迹和发展规律,实现中国伦理道德发展的文化自立。总体来说,应当以深植于

---

[*] 樊和平,江苏省社会科学院副院长、研究员。

"家国情怀""勤业精业"的"立言",为新时代中国社会的伦理关系和道德生活"立信",为伦理道德的历史发展"立命",以伦理道德发展的文化自信和文化自立引领社会风尚。

如何完成这一历史使命?我们认为,应当在科学持续的大规模调查研究中发现真正的中国问题,履行文化传承和服务国家重大战略的双重使命。

关于中国伦理道德状况的科学揭示和理论阐释,不仅关乎对中国人民精神风貌的认知,而且关乎中国伦理道德发展的文化自信。改革开放以来,学界和社会对于中国伦理道德到底"滑坡"还是"爬坡"进行了长期争论,这也是伦理学工作者持续跟踪的课题。为了攻克这一时代难题,东南大学的伦理学团队依托"道德发展高端智库"和"公民道德与社会风尚"协同创新中心,进行了持续十年的伦理道德大调查,先后在全国29个省区市进行了三轮调查,在江苏进行了五轮调查。不同时间、地点、方法得到的海量数据表明,社会大众对当今中国社会的伦理道德状况大多满意或基本满意,满意率在75%左右。值得关注的是,对伦理关系或人际关系的满意率低于对道德生活的满意率,甚至出现了"道德上满意—伦理上不满意"的伦理—道德悖论。"用明德引领风尚",一方面,必须持续发布调查的客观信息,引导社会大众建立新时代伦理道德发展的文化自信。2010年和2018年,我主持的国家社科基金重大项目成果《中国伦理道德报告》《中国大众意识形态报告》《改革开放40周年"中国伦理道德发展数据库与研究报告"》公开发布,以真实的数据、翔实的情况和比较令人信服的结论,受到社会各界广泛关注。另一方面,必须对持续调查所发现的"中国问题"进行新解释、探索新理论,进行伦理型文化背景下的特殊规律研究,推进文化传承创新。中国文化历史上是一种伦理型文化,新中国成立70年来,中国文化虽然发生诸多深刻变化,但伦理型文化这一传统文化基因仍然影响着当代生活。伦理型文化以伦理道德为终极关怀和终极忧患,即孟子所说"近于禽兽"的失道之忧和"教以人伦"的终极关怀。在此背景下,社会理性和社会情结的文化逻辑就是:因为终极价值,所以终极忧患；因为终极忧患，所以终极批评。当下存在一些对伦理道德的批评，说明中国社会确实在一定程度上面临伦理道德的挑战，但我们要对伦理道德乃至中国文化保持应有的自信。

新中国成立70年，中国伦理道德发生重大转型，伦理学研究应当树立文化自觉，推进中国伦理道德在经济全球化背景下的文化自立，由此引领社会风尚。在世界文明史上，伦理道德及其理论是中华民族对人类所作的最杰出贡献之一。自轴心时代始，以孔孟老庄为代表的中国哲学家便建立起以伦理道德为核心、伦理道德一体的精神哲学体系。可以毫不谦逊地说，伦理学的故乡在中国，伦理学是最应建立文化自信、学术自信的学科。

调查数据表明，现代中国伦理道德转型的文化轨迹是"伦理上守望传统，道德上走向现代"，出现伦理与道德现代转型的"同行异情"。改革开放以来，中国伦理学引进康德的道德哲学理论，然而正如黑格尔所批评的那样，康德哲学"完全没有伦理的概念"，是真空中飞翔的鸽子。"无伦理"的康德理论的移植导致了不少误区，实践上突出表现为"道德信用"的问题意识，"伦理信任"成为潜在和深刻的"中国问题"，"老人跌倒扶不扶"等现象便体现了这种问题轨迹。伦理学研究要真正做到"为时代明德"，一方面要研究"中国问题"的转型轨迹，建立伦理道德一体的问题意识和价值取向，引导社会大众在捍卫道德信用的同时呵护伦理信任，建构社会的伦理凝聚力。另一方面，必须走出西方学术依赖，回归中国传统，建构关于伦理道德一体的中国精神哲学形态和现代伦理学理论形态。

在哲学乃至整个人文学科体系中，伦理学是应用性比较强的学科之一，康德称之为"实践理性"，不仅承担"为时代明德""用明德引领风尚"的文化天职，而且内含"回答时代课题"的学术条件和学科基因。作为哲学的二级学科，作为中国文化传统的内核和人的精神世界的核心构造，伦理学应当深觉自己的学术责任，在回答时代课题、破解时代难题的同时，进行关于现代中国伦理学理论和人的精神世界的宏大高远的建构，在调查研究中发现真正的中国问题及其理论前沿，切实履行文化传承与服务国家战略的双重使命。

原文刊载于《光明日报》2019年6月19日。

由"尚武"向"崇文"吴文化千年流变

王 健[*]

我们常用"吴韵汉风、南秀北雄"来代表江苏文化,吴文化与汉文化作为江苏省南北区域不同特质的区域文化,在江苏大地上神奇地碰撞与融合。由于所处的自然地理环境的影响,两种文化在历史发展过程中形成了各自区域内人与自然协调发展的文化内核,呈现出"秀美"与"雄豪"两种迥然不同的文化特质,并为区域经济社会的发展提供了重要精神支撑。

那么,究竟何为吴文化?《江苏吴文化志》主编王健研究员为我们详述吴文化的滥觞与发展——

吴文化的空间范围和发展历程

吴文化地区,即通常所称的"吴地",是中国区域文化研究中一个具有独特历史文化内涵的区域概念。吴地的空间范围有广义和狭义之分。广义的吴地,应以春秋时期吴国稳定的疆域为基础,大致包括今长江三角洲以南、钱塘江以北的大部及皖南部分地区和江苏长江北岸到淮河流域。狭义的吴地,即今天的吴地,应以太湖为中心,大致包括今江苏省的苏州、

---

[*] 王健,历史学博士,现任江苏省社会科学院历史研究所研究员,大运河文化带建设研究院副院长。

无锡、常州3市,浙江省的嘉兴、湖州市的全部,一共5个地级市以及镇江、杭州的个别县区。

古代的江南,所指地域因时代而异,空间范围多有不同。明清以下,在文人士大夫的笔下,多指太湖流域,即苏常松杭嘉湖地区。这个范围,应指长江在今江苏境内东流入海的约400千米黄金岸线以南的长江三角洲地区,包括江苏省的苏南、上海市全部、浙江省东北部。吴地正是江南的主体和核心地区。无论从人口、面积、生产力发展水平、历史文化源流、人才分布与数量、对周边文化的影响等各方面考察,吴地都是江南的核心。

先吴文化是吴文化的滥觞或孕育时期,最早应当从距今30万年前的南京汤山猿人算起。太湖地区发现的属于旧石器时代晚期的三山文化大约距今1万年,是迄今发现于吴地核心地区最早的人类文化遗址。吴地新石器文化序列比较清楚,太湖流域有马家浜文化—崧泽文化—良渚文化,吴地以玉器文化、稻作文化在中华早期文化中独领风骚。新石器时代,吴地文化曾达到历史上的第一个文化发展台阶,成为长江流域文化的重要代表。

商末周人南下,在吴地建立了吴国,中原文化与吴地土著文化融合,使吴地进入了国家文明时期。七百年吴国的发展,奠定了吴地文化发展的基石。太伯奔吴,创造了勾吴文化,开启了江南文明,使无锡成为最早的吴文化中心。后来,吴地中心扩展到宁镇地区,到阖闾时期迁往苏州,确定了以太湖为吴地中心的历史地位。吴国的政治疆域奠定了吴地的区域空间范围。春秋后期,吴国打败强楚,开凿邗沟等运河,北上争霸,盛极一时。

吴国被越国灭亡之后,吴地先属越后入楚,吴地文化一度衰落。秦统一后,吴地成为中央王朝的直辖郡县,历史进入吴地文化时期。六朝经隋唐五代至两宋是吴地文化融合发展期,晋永嘉之乱后,北方人民大举南迁,政治中心转移到吴地,吴地得到初步开发。

隋唐十国宋元时期,吴地得到全面开发,大运河沟通了吴地与中原的联系,安史之乱、靖康之难两次北方衰落,人民南迁,给吴地带来发展契机,吴地得到完全开发,水利事业得到大力发展,水患解除,吴地成为肥田沃土,"上有天堂,下有苏杭""苏湖熟,天下足",吴地经济全面发展,城市发达,中国经济文化重心完成了由北方向东南,主要是向太湖流域的转移。吴地已经成为中央政权赋税的主要供给地区。

明清是吴地文化发展的鼎盛时期。近代以后,吴地文化进入转型时期,吴地在中外文化冲突中适时应变,顺应时代发展,特别是在近代工业化方面走在前列,成为中国民族工商业的主要发祥地之一。

江河湖海,水滋养孕育了吴文化

从整个历史发展过程看,吴地文化有一个由"尚武"向"崇文",由重政治文化争全国中心地位向重经济、文化、教育等物质精神文化的发展流变过程。早期,吴地民风尚武好斗、勇敢豪气。吴地政权多次积极北上向中原进攻。良渚文化的突然消失,恐怕与北上中原竞争失败有关。吴地文化的转变,一方面是由于在多次主动、积极地向北方进攻屡战屡败后,逐步扬长避短,趋向于发展经济、文化、教育,形成了后来的"崇文"。另一方面,古代中原政权对吴地严厉打压和控制,极大地削弱了吴地的政治力量和进取精神。此后,吴地基本上作为全国经济、文化中心而存在。

从人才结构看,吴地的人才绝大多数是经济、文化类人才。吴地政治人才多是通过考试踏上仕途的科举人才,作为全国政权的参与者加入国家政治活动中去。吴地文人或独善其身,埋头著书立说,或明哲保身,隐退逸居。

集江河湖海水文化之大成是吴地文化的另一突出特点。吴地处在长江下游冲积平原,集江、河、湖、海及运河于一体,呈典型的水生态文化特征。水是吴文化发展的自然基础。她孕育和滋养了吴地的鱼文化、稻文化、船文化、桥文化、井文化、茶文化、蚕桑文化、丝绸文化、陶器文化、园林文化等物质文化,也孕育和滋养了吴语文化、吴歌文化、吴俗文化、吴派经学、吴门医派、吴门画派、昆曲评弹等精神文化。

水利是吴地发展的命脉。历史上的吴地并非天然的鱼米之乡,"锦绣江南""太湖明珠""人间天堂"和"苏湖熟,天下足"等赞美之词不是一开始就有的,而是千百年来吴地人民与自然灾害作斗争、用智慧和汗水浇灌出来的结果。

吴地曾多次遭遇海侵水扰,外灌内涝,造成汪洋泽国、地毁人亡。面对太湖流域的洪涝灾害,吴地人民不畏艰险,不断发展水利事业。著名者,如连接太湖和长江的胥溪,沟通江淮的邗沟,贯穿太湖平原的江南运河,连接苏州和周边地区的常熟塘、吴江塘,常州的孟渎等。

在吴地,无论是人们的生产劳动还是日常生活起居,似乎一切都跟水有关系。主要的农事活动是种植水稻,从下稻种、拔秧苗到莳秧、耥稻,每道工序都离不开水。养鱼、捕鱼、卖鱼以及养鸭、养鹅、采菱、采莲、种藕等与水有关的活动则成了农民的主要副业。吴地的饮食基本上还是以传统的"饭稻羹鱼"为主。在居住方面,无论城乡,房屋大多临水而建,呈现出江南特有的"小桥、流水、人家"景象;出行方面,开门就见水,逢河就有桥,在现代交通工具尚未面世以前,吴地的人们多以舟代步,"桥"和"船"就成了江南水乡的特色象征。古人云,"处处楼前飘管吹,家家门外泊舟航"(白居易诗),就是对吴地船文化的生动写照。

明清吴文化代表世界区域文化的高水平

中国古代文化发展的顶峰是明清时期,而吴地则是这个文化鼎盛时代中最高水平的主要代表,从世界范围来看,吴地实际上是当时世界文化最为发达的区域之一。

在物质文化上,吴地农业生产是水稻和桑蚕的主要产地,产量高,比重大;棉花大面积种植,为纺织业提供原料;手工业方面以棉纺织、丝绸业、陶瓷、工艺品、造船为主要特色;商业方面,有统一市场下的生产与销售的网络体系,富商大贾云集,钱庄、当铺、商行、会馆林立,吴地是全国大米、蚕茧、桑叶、茶叶、丝绸、棉纺织品、陶瓷、盐、木材、文化用品等的主要产地或集散地。

吴地是中国城市化进程的先进地区。自古以来，吴地的发展都有中心城市的崛起和带动。吴地是古代全国城市化水平最高的地区，达到近10%。对外文化交流方面，海外贸易比较发达，太仓是郑和七下西洋的起锚地和返航港口，也是下西洋物资的集中地，郑和七下西洋空前绝后的壮举，代表了当时世界航海技术与造船技术的最高水平。

在精神文化上，吴地科举人才数量多、质量高，为全国之最；教育发达，书院林立；思想文化方面，明朝以江南知识分子为主的东林党人与强权抗争，维护社会正义。明末清初三大思想家是中国古代思想的杰出代表，其中尤以昆山顾炎武经世致用思想影响最大、最深远。后期的常州学派开近代改良思想之先河，学术文化方面，以清朝乾嘉考据学水平最高，成果最丰富。

吴地学术流派众多，吴学、皖学、常州学派、扬州学派各家学术渊源深厚，经学家、小学家、史学家、文学家等，一流大师云集，传世名著不胜枚举；吴地方志、诗文、小说、戏曲、曲艺、评弹、园林艺术、琴棋书画等名家辈出，成果斐然；印刷与书籍出版业兴旺，藏书名家多，数量丰富……吴地绚丽多彩的文化面貌，展示了繁荣盛世的辉煌与荣耀。

今天，吴地已经成为我国三大沿海城市群中最大的长江三角洲城市集群重要组成部分，现在已经确定了要在未来建成世界最大城市群的目标。吴地城市作为这个城市群中的重要组成部分，将起到越来越重要的作用。

原文刊载于《新华日报》2019年8月23日。

大运河与长三角一体化的空间创新

王 健[*]

水运的枢纽中心是发达的城市所在,大运河带来了城市的繁荣兴盛。大运河的优势不仅在于本体的运输状态,还在于沟通的水系最多、支线配套最好的水运主通道,与长江构成十字交叉、四通八达的黄金水道。如今,常年仍有来自十三个省市的船舶进行繁忙的运输活动,将各种货物分流到江浙沪皖的四面八方,这种繁荣现状的形成,既是优越自然地理条件所赐,也是历代特别是1949年后长期艰苦奋斗的结果。

当前,随着长三角一体化上升为国家战略,以大运河文化、江南文化引领长三角区域高质量发展成为时髦话题。但目前看,很多还停留在概念研讨阶段。那么,未来引领长三角一体化发展的主动力是什么?需要什么样的江南文化?我们认为,首先,传统江南文化具有"与时俱进、智巧灵活、开放包容、海纳百川"的特质,这种文化需要经历学习、引进、消化、吸收、模仿再创新的过程,要站在巨人的肩膀上进行创新。其次,江南发展的重要经验是不断拓展新空间。未来,要将江南文化(包括吴文化、越文化、海派文化)的优势潜能转化成为区域发展的新动能,这需要一个区域空间,最佳的应是一个长三角各省市共同参与、共享共管具有政区性质

---

[*] 王健,历史学博士,现任江苏省社会科学院历史研究所研究员,大运河文化带建设研究院副院长。

的独立空间。

千百年前,京杭大运河经平望沟通浙江,20世纪60年代当地百姓开凿的太浦河经平望汇入上海,两条运河"大动脉"在平望十字交汇,奠定了平望交通重镇、枢纽名镇的优势。在今后的发展中,平望应继续发挥中枢交通的优势,注重水运交通与水运网络,恢复江南乡村水运网络生态系统,再现"江村生态"。同时,随着长三角生态绿色一体化发展示范区建设迈入了全面"施工期",平望更需要瞄定"示范区建设"这一新坐标,借助独特的地理优势和发展契机,站在更高的平台上谋求广阔的发展空间。

原文刊载于《新华日报》2019年11月22日。

推动大运河国家文化公园江苏段建设

王　健　王明德　孙　煜*

建设国家文化公园是千年大计、国家大事,意义重大、影响深远。《国家"十三五"时期文化发展改革规划纲要》提出,要依托长城、大运河、黄帝陵、孔府、卢沟桥等重大历史文化遗产,规划建设一批国家文化公园,形成中华文化标识。大运河江苏段是全线历史最为悠久、文化遗存最为丰富、活态利用最好的段落,具备开展大运河国家文化公园建设试点的良好条件,应注重强化运河文化内涵、底蕴、特色与亮点,协调好相互之间的关系,建立统筹保障机制。

在战略定位上强化大运河国家文化公园的内涵与特色

首先,深入把握大运河国家文化公园建设的主题和内涵特质。有针对性地选择大运河文化带中那些在全国乃至世界范围内具有突出文化价值、鲜明文化特色、重要文化影响的元素,充分体现其真实性、完整性、延

---

* 王健,历史学博士,现任江苏省社会科学院历史研究所研究员,大运河文化带建设研究院副院长。
王明德,大运河文化带建设研究院研究人员。
孙煜,大运河文化带建设研究院研究人员。

续性。其次,深入把握大运河国家文化公园与国家公园之间的区别与联系。国家文化公园兼具国家公园和文化公园两类空间的特性,除了国家公园基本功能外,还包括遗产保护、文化传承利用、科普教育功能等,而且更加讲求家园建设。最后,深入把握大运河国家文化公园的文化功能。文化公园是依托原有的文化遗产和文化故事资源,以"文化"为主的设计理念和设计实践,通过文化主题,结合各种文化元素在景观上的运用和表达,构建集文化传播、休闲为一体的新型公共空间。国家文化公园倡导建设与民共享的公共文化空间,具有保护、科研、宣教、旅游等多元功能。

明晰大运河国家文化公园建设中的江苏运河文化内涵与底蕴。大运河国家文化公园建设强调对运河文化内涵的挖掘和提炼,要将大运河文化遗产的精华及其人文生态环境在一个广阔的、相对固定的空间区域内完整保留下来,有效解决大运河保护与沿线地方、部门经济社会发展之间的矛盾。江苏运河文化内涵丰富,保存了大运河从开凿迄今最为完整的文化遗产类型,由运河有机串联,形成了兼收并蓄、包容多样、独具魅力的江苏运河文化。

抓住大运河国家文化公园展示的江苏运河文化特色与亮点。第一,江苏大运河是历史发展的贯通之河,镌刻着社会演进的悠久年轮。第二,江苏大运河是区域文化的纽带之河,串联了地域文化的多元类型。吴文化、金陵、淮扬、徐海等四大文化区域,南北八个运河城市,几乎涵盖了主要文化区域。大运河是江苏文化的母亲之河,以大运河文化贯通、整合区域文化,使之形成彰显江苏文化高峰的代表性文化。第三,江苏大运河见证了古今江苏城市的兴衰变迁。苏州(吴)、扬州(邗)都有 2 500 年的建城史,与大运河同生共进。徐州(彭城)、淮安(末口)、淮阴、高邮、镇江(朱方)、常州(延陵)等都曾是运河重要的节点。明清更是诞生了以同里、周庄、盛泽等为杰出代表的大量市镇。第四,江苏大运河是中华文脉的传承之河,引导着文明的繁衍传播。大运河沿岸是文化繁衍传播的交融之地,在国内及中外文化交流中亦可圈可点。同时,江苏大运河是统一交流之河,支撑着国家政治与经济重心分离状态下的民族融合。今天,江苏大运河仍然对北煤南运、南水北调等区域协调发展具有重要作用。

在全局构架上协调好大运河国家文化公园建设的五种关系

协调好文化公园建设与运河文化带建设之间的关系。大运河国家文化公园建设应与大运河文化带建设紧密相关,是总体与重点的关系,如果说运河是文化带,是珍珠成串,国家文化公园应是带上的明珠,是精品经典,两者相辅相成。文化公园应是运河文化带建设的重要组成部分,主要应以运河本体为中心的园、带、点等建设为重点,以文博园馆展示区为载体,展示运河文化的代表性文化。要将国家文化公园试点纳入大运河文化带建设规划之中,以省级统筹协调为基础,以沿线设区市为单元,以国家文化公园建设为突破口,带动大运河文化带的建设,为改革和完善我国文化遗产保护体系探索一条保护传承利用大型线性遗产的中国道路、经验和模式。

协调好运河传统文化与革命文化、社会主义先进文化之间的关系。大运河的航道、船闸等,集中体现了大运河古代文化、近代文化和社会主义文化的时代印记,也是展示新时代大运河文化带新风貌的创新舞台,弘扬航运人艰苦创业精神的平台。规划重点展示了古代运河文化遗产。大运河文化公园建设要以优秀传统文化为基础,以红色文化和社会主义先进文化为统摄,使之成为弘扬优秀传统文化、展示从古至今的水工水利文化的综合平台。

协调好大运河自然生态保护与文化生态保护之间的关系。大运河国家文化公园建设应注重文化生态和自然生态的双重保护。文化公园的周边环境包括自然生态和文化生态,即孕育文化的时代环境。大运河活态文化遗产需要维持传统的水上运输、水上生活、水上渔业等人文生态。如果只允许建旅游项目而完全禁绝运输或渔业,那样就会破坏运河的文化生态。文化的流动要靠运输,要鼓励发展绿色水运,宜水则水,宜路则路。防止一些地方在"国家文化公园""生态保护区"等名义下,强行拆迁,改变运河两岸长期形成的人文景观。

协调好重点建设与一般建设之间的关系。江苏作为大运河国家文化公园的试点省份，要打造出具有国际影响力、国家代表性的示范点。对于一些重点打造的点线包括地标设计等，需要结合目前运河点线的设施基础、周边环境、人文历史积淀、政府投入力度等层面统筹考虑，建立相关指标体系，进行取舍。针对目前大量运河点线都争取进入建设第一梯队的现状，要做好重点和非重点的平衡，制定甄选的标准，分阶段分步骤推进运河文化公园建设。应科学选择试点建设2～3个具有代表性的核心展示园区，在省际、长江与运河交汇点等重要端点门户建立展示点，形成园点结合的展示带。慎重初战，避免全面开花。将重点建设项目与一般建设项目结合起来，统筹协调两种建设。要将文化公园重点工程打造成为中华文化的亮丽名片。

协调好国家公园模式的世界经验与中国实践之间的关系。大运河流经东部人口最密集的区域，涉及各行政区、行业部门、企业单位、个体等，使用权分散。在这种情况下，如何建设国家文化公园，实现公共性、公益性和国家所有，采取什么样的模式，需要认真调查。既不能简单采取北美澳洲模式，又不能采取英国等欧洲国家的模式。这就需要我们学习世界上其他国家的建园经验，汲取其经验教训，探索出符合中国国情，特别是符合大运河沿岸实际情况的管理模式。根据我们国家的具体国情，可探索实行国家委托地方管理，形成"政府主导、多方参与、省市统筹、分区管理、经管分离、特许经营"的管理新模式。

在实践运作上建立四种大运河国家文化公园建设统筹保障机制

建立统筹管理机制。国家层面上，《大运河文化保护传承利用规划纲要》设计了国家文化公园统筹机制，省级层面上，已经设立了省级和大运河沿线的设区市、县（市、区）大运河文化带建设工作领导小组。从实际需要看，可设立或成立大运河国家文化公园建设项目组功能区协调机构，各市设立分项目组,定期召开协调会议,加强顶层设计。

建立科学评价机制。首先,从规划开始就需要对文化遗产保护、人文生态保护、自然生态保护、文化特色挖掘、主题定位设计等模块进行规划评估打分,实行文化公园的准建立项制度,保证宏观把控基础上的细节规划,这将有利于自上而下统筹规划,防止公园开发的无序、同质和低效。其次,运河文化公园建成后,需要一系列的审核,对于建设结果与审批规划不符的项目,限期整改才能对外开放。最后,在运河文化公园的展示运营过程中,应定期进行考核评价,保证有效保护和形态可持续性。

建立数字化信息管理机制。建立国家运河文化公园的基础数据资源平台。支持设立专家库,整合与运河文化公园建设相关的专家资源,分类建设运河文史专家、生态管理专家、文化产业专家等专家资源库。设立运河航线的水利文化数据库,梳理历史数据,更新现代数据,为现代航运、文旅产业及科普教育等提供基础信息支撑。设立运河词条、故事库,整理口述史,深挖运河文脉内涵的资料,选择其中具有突出意义、重要影响、重大主题的题材建设"文化元库"。

建立多主体广泛参与的协同管理机制。建立常态化的城市间河段间交流合作协调机制,并引入地方政府、企业和社会团体、志愿者队伍等参与政策的制定和执行环节,加强内部合作,推动大运河国家文化公园的一体化管理和运行。专门成立公司,作为运河文化公园资源整合的运行主体。构建统一的运营平台和投融资平台,使文化展示和文旅相关产业的投资主体和经营方式日益多元化。

原文刊载于《群众》2019年第10期。

大运河让徽商"从边缘走向中心"

王 健 瞿凌锋[*]

　　长三角地区的大运河,包括苏北运河、江南运河和浙东运河等,是迄今为止整个大运河中航道等级最高、货物运输量最大、运输效率最好的河段。大运河的优势不仅在于本体的运输状态,还在于沟通的水系最多、支线配套最好的水运主通道,与长江构成十字交叉、四通八达的黄金水道。江南的明清工商业、近代民族工业、当代乡镇企业等,都是依托大运河的水运优势发展起来的。如今,常年仍有来自13个省市的船舶进行繁忙的运输活动,将各种货物分流到沪苏浙皖的四面八方。

　　隋唐以后至今,长三角始终是中国人流、物流最活跃的地区之一,人员往来、文化交流、商业贸易,都取决于便捷低廉的水路支撑。清末日本人论中国商业地理,特别重视水路交通,胜部国臣编著的《中国商业地理》对水路有深刻认识:"中国商业之要津,概得利涉之方便,故水路者,实其天然交通之机关也。计其域内,无论江河运河,皆脉络相通,所以搬运货物,渡济人民,鼓楫扬帆,瞬息百里。"近代中国由于现代交通不发达,水路的运输成本很低,比较成本优势明显,帆船运输仍然占货物运输的 90%

---

[*] 王健,历史学博士,现任江苏省社会科学院历史研究所研究员,大运河文化带建设研究院副院长。
瞿凌锋,江苏省交通厅港航中心主任科员。

以上。

水运的枢纽中心是发达的城市所在,大运河带来了城市的繁荣兴盛,也吸引了大量商人。苏州洞庭商人活跃在长江沿线;晋商明清时在两淮盐业生产运输销售上形成垄断,获得巨额财富;而知书达理、具有儒雅气息的徽商最为活跃,在盐业、茶叶、山货、木材、土特产、钱庄、典当、文化商品等方面经营有道,优势明显。

徽商从边缘山区进入长三角腹地大运河沿岸,四处出击,形成了"无徽不成镇"局面,已然居于中心地位。徽州人与大运河沿线人民共同创造出灿烂的城镇文化,涌现了许多引领思想文化发展的思想家、政治家和学问家,演绎了至今为人津津乐道的富商大贾、才子佳人传奇故事,创造了古朴典雅的徽派建筑,以及无数戏剧文学、诗文歌赋、琴棋书画、文房四宝等,与此同时,徽州民风习俗对运河也有着深刻的影响。

明清人有专门介绍交通线路的商事书,记载各条水陆路的《天下水陆路程》等,就是熟悉交通线路的徽商所作。杭州、苏州和扬州是徽商聚集的主要城市。而皖南芜湖、宣城的人流,从青弋江、水阳江流域进入长江,最先到达南京。宁国商人(宣城为宁国府)活跃在南京等地,再向运河沿线发展,规模声势远不如徽商。那么地处偏僻山区、远离大运河水路的徽州人,何以能够造成这种局面?这与大运河及其沟通的水路有密切关系。

新安江航线是明清徽商走出封闭山区、走向大运河、落脚于各个运河城市的主要交通线路。来自古徽州(歙县、黟县、休宁、祁门、绩溪、婺源)的徽商在运河沿线的分布应是由南而北,从江南运河到江北运河,杭州、苏州、上海、扬州、泰州、淮安等都有徽商活动,其中杭州、苏州和扬州最多。这条线路与吴越古道、徽杭古道等都是明清徽州人经商、任官、科考、旅游、宗教活动等进入长三角地区最重要的交通线路。

徽州秀才到南京参加举人考试,多经过这条线路前往,《畏斋日记》中的清康熙时期婺源人詹元相多次往返于这条线路,他从江南运河到镇江丹阳登陆,由句容陆路前往南京。从丹阳弃舟陆行,由句容至南京,实为至南京的捷径。如果仍然走运河,出镇江至长江,溯江而上,绕道不说,江阔流急，行船不易，时间也较长。故一般旅客不再选择水路，而转陆路骑驴走。从城东的通济门进入秦淮河东水关，到达夫子庙的江南贡院。沿途很多城市都有他的亲戚、朋友。他们也曾经从徽州经宣城往南京的道路返回，但路途虽近，可山道艰难，成本高，甚至有人付出生命代价。

然而，并不是徽州人都有闯荡天涯的决心和勇气。对于大多数古徽州人来说，生活在崇山峻岭、群山环抱的封闭世界里，徽杭古道、吴越古道等道路崎岖，高地不平，延展数十百里，只有越过激流险滩，顺新安江绕水转山，十天半月之后才能够来到下游平原，与其吃这样的辛苦，还不如安稳生活在老家，经营几亩田地，过着艰难却又快乐的日子，并非不可。詹元相在科举失利后，便在家享受快乐生活，日记中记载小日子其乐融融。

"前世不修，生在徽州，十三四岁，往外一丢"，行商坐贾几十年离乡背井、远离父母妻小的游子生活，更不是人人都能承受的。只有少数不甘困顿、不畏艰苦的创业者才能勇于进取，不懈奋斗。而只有走出封闭隔绝的连绵群山，来到大运河这个大舞台，徽州人才能大有作为，留下浓墨重彩的一笔。

原文刊载于《解放日报》2019年11月20日。

千里大运河，激活多元一体中华血脉

王健 金华[*]

大运河由京杭大运河、隋唐大运河和浙东运河三条河段组成，在长达2 700公里的河段中，列入世界文化遗产名录的点段长约1 100公里，涵盖北京、天津、河北、山东、江苏、浙江、河南及安徽8个省市的27个城市。另外，陕西的关中平原，隋初就开凿了与渭河平行的广通渠，东出黄河与隋唐大运河沟通，都城长安实际上是隋唐大运河的终点，理应是大运河的重要组成部分，加上这一段，大运河长度延展到3 200公里。

大运河文化依托大运河这条交通大通道，通过水运（不仅仅是漕运）、陆路（许多陆路交通线沿运河大堤而建）等交通方式，从其发生地繁衍、传播，由此带动沿线区域文化的发展，辐射、影响到全国乃至世界。大运河沟通了海河、黄河、淮河、长江和钱塘江五大水系，并通过这些水系与珠江水系沟通，早在隋唐时期，就已经形成了长江、江南运河、海外来的船舶从仪征、瓜洲进入运河，最终汇聚到长安的庞大水运网络，唐玄宗时曾在长安广运潭举行盛大的船舶货运博览会。

历史上，大运河是统一沟通之河，是文化宝库、生活的家园、沿岸众多

---

[*] 王健，历史学博士，现任江苏省社会科学院历史研究所研究员，大运河文化带建设研究院副院长。
金华，江苏交通运输厅港航中心副主任。

城市的生母乳娘。随着大运河文化带建设的展开,其辉煌灿烂文化和丰富精神价值不断得到弘扬,将成为展示中华文明的金名片。

演绎"多元一体"气质

大运河文化的传播是双向甚至多向度的,文化传进来,播发出去,有在运河沿线流动,有从海外传入或流出。跨越沿线多个不同文化区域,将各区域文化串联起来,呈现丰富多彩而又相互联系的"多元面貌",将费孝通先生论述的中华文化"多元一体""和而不同"表现得淋漓尽致。

随着大运河的开通,南北方文化的流动频繁,不断强化南北联系,极大改变了古代中国的政治、经济和文化的地理结构,使中国内部的东西之争,在隋唐以后逐步转为南北对峙,元明清后走向南北统一,以南方强大的经济文化实力,支撑着北方的政治军事中心,对幅员辽阔、统一的多民族国家形成和巩固起了不可替代的积极作用。明初永乐帝诏令修建北京城,通过大运河将南方建材物资工匠输送到北京,就有了"漂来的北京城"之说。北京本地虽然物产并不丰盈,可由于有了相对廉价的水运,保障了百万京城军民生活。没有漕运和其他货运,很难想象北京能够长期成为都城。而只有定都北京,才能背燕山依太行,守长城扼塞外,才有与草原民族的大融合,形成空前辽阔疆域的统一国家。明清时期,漕粮之外的许多基本生产、生活资料、文化用品的运输,赈灾漕粮的调配,中原麦棉豆饼的南运,帝王及军政官员的公务、士子文人的旅行,这些绝非海运可以解决,同时,广大的京畿地区,也要通过水道陆路将物资运送到北京城,以运河为主轴的运输通道起了重要作用。

差异鲜明又和而不同

大运河在北方很多地方的运河已经断流,江苏段如今是运输繁忙的水上通道,而江南古运河则多显小桥流水风光。不同地域呈现出不同风貌,也会带给人们不一样的文化感受。大运河的保护传承利用不是贴标签的同质化,文化带建设一定要与地方文化的整体风貌结合。在大运河文化带建设中,既要有对整体文化的把控,又要有展现各个点段不同阶段文化经典、呈现出"和而不同"的群体文化风貌。

　　大运河经过的地区,既是大运河文化的发生的基础,也是文化衍生的沃土。京津、燕赵、齐鲁、中原、淮扬和吴越等,还仅仅是大运河沟通文化的主体部分。明人王士性就论述了浙西太湖与浙东沿海、浙中南山区文化的鲜明差异。江苏省面积不大,平原比重最高,文化却因淮河、长江、太湖等分割,呈楚汉、淮扬、金陵、吴越多元格局。直到民国,江苏省内仍然有人提出分省要求,在苏北建淮海省,理由是文化不同,江南人说话听不懂,加之南北诉求迥异,开会时说不到一块儿。在沿运省市之外,徽州文化、皖江文化、湖湘文化、楚文化等都与大运河文化互动影响。我们讲漕运文化,涉及空间不仅是大运河沿线的八省市,还应该包括东南其他有漕省份,"湖广熟,天下足",皖赣湖广是明清漕粮的主要供应地,所谓"江漕"并非仅指京口瓜洲间的20里长江航线,而应指上千公里的长江干线。比漕粮更多的上江粮食大量运往江南运河沿线城镇,更扩散到福建广东。

　　便捷的水路给商帮活动带来了极大的便利,徽商和徽州文化对大运河沿线城镇的兴盛影响很大,所谓"无徽不成镇",徽派建筑影响无处不在。徽州商人沿着新安江、兰溪江、富春江、钱塘江水系和古徽杭古道等,来到浙江,在杭州立足,沿大运河北上扩散,从江南运河发展到江北运河沿岸,包括上海,把茶叶、竹笋、纸张等贩运到运河沿线。盐商麇集扬州,塑造了扬州的盐商文化、园林文化。淮安河下也是盐商的活动地,淮北盐场的盐利造就了古镇的繁华。茶商越江后在泰州经营,通泰扬古盐运河发挥了重要作用。徽州秀才科举考试也多由江南运河在丹阳登陆,从句容前往南京夫子庙的江南贡院。而皖南芜湖宣城的商人,则沿青弋江、水阳江向长江扩散,与南京关系更为密切。苏州的洞庭商人,则从江南运河往长江流域分散。

奠定长三角文化基础

"东南财赋地,江浙人文渊薮",明清大运河的畅通给明清江苏带来了空前的繁荣。济宁以北的山东段,早在1855年后就大运河因地势高亢而淤塞断航。美国传教士丁韪良回忆,当时"从济宁起,我便坐上了设施完备的住家船,优哉游哉地逐流而下,一路上我心情想着怎样用诗意般的语言来描述这一前一后的天差地别"。"江苏与海相邻,有大运河和全帝国最长的扬子江从中川流而过,农业、渔业和商业都很发达,在十八行省中毫无争议地享有'王后'的地位。"一方面,江苏赋税沉重、盐税贡献最大,大量财富从江苏的运河沿岸流向北京;另一方面,为保大运河而实行的挽黄保运、蓄清涮黄等措施,虽然加重了淮河流域的水患,但河道治理、漕运、盐运等带来的大量投入,真金白银,江南的制造业也获得大量皇家订单,这都给运河城镇注入了资金,带来了极大的繁荣,受益最多的如苏州、扬州、淮安等。在上海崛起之前,苏州是全国的工商中心、水运中心和金融中心,辐射力非常强大,上海的物资要通过苏州运往全国。明清到民国,江南运河成了湖丝的外贸通道,南浔诞生了腰缠万贯的"四牛八象七十二金狗"湖商群体,他们走出国门,走向海外、欧洲,发财之后,回家乡反哺文化,建造了嘉业堂这样民国规模最大、藏书最丰富的私人藏书楼。

1843年上海开埠之后,形成了海派文化。其内生源头之中,江南文化是主流,除了本地因素之外,苏州和宁波是两个重要来源,这是千百年来根植于太湖流域的吴文化和宁绍平原的越文化融合发展的结晶。这两个城市分别在太湖的中心和运河与海洋的交汇处,早就联结着海上丝绸之路。江南文化及其大运河文化,应该成为今天长三角一体化的文化基础。

原文刊载于《解放日报》2019年5月15日。

长三角新支点在哪里

王 健[*]

古希腊物理学家阿基米德说过,给我一个支点,就能撬起整个地球。考察近代以后中国现代化的历程可知,名扬天下的"大上海"是撬起江南、长三角乃至中国发展的支点之一。如今,长三角是我国经济发展最活跃、开放程度最高、创新能力最强的区域之一,在全国经济中具有举足轻重的地位。长三角一体化发展具有极大的区域带动和示范作用,要紧扣"一体化"和"高质量"两个关键,带动整个长江经济带和华东地区发展,形成高质量发展的区域集群。

撬动长三角区域发展的新支点可能在哪里?不妨先了解一下上海发展的三个空间维度。

第一个维度:海洋与长江的支点。回眸历史,从古代到上海开埠前,长江早期与海洋的交汇点处于变动之中,从扬州、镇江一线,之后向江阴、太仓、宝山方向推进。隋唐的扬州正处在大运河与长江、长江与海洋的交汇点上,全国的水路中心,成就了国际性都市的地位。

南宋以后,杭州成为都城,也是南部中国的水路中心。元统一后,重开大运河,裁弯取直,但并没有真正通航,漕运走海路,临海的太仓刘家港

---

[*] 王健,历史学博士,现任江苏省社会科学院历史研究所研究员,大运河文化带建设研究院副院长。

成了海运中心和国际码头,有"六国码头"之称。明初永乐宣德年间,郑和七下西洋,庞大船队就是从这里起航。这是因为刘家港依托了娄江,有著名的至和塘,从太仓经昆山水路直达苏州;那时苏州已经成为太湖流域水路的中心,上海则是苏州的沿海"边缘地带"。

外贸港口,宁波的地位也很突出。早在鸦片战争前,苏浙一带的商人,从停泊于宁波、杭州湾钱塘江口的英美走私趸船上,将英国毛织品、鸦片等,用帆船经上海县(今上海市闵行区)南部河道辗转输运到上海县城。当时外国船只不能直接开进吴淞口,进入上海。

然而,即便是东南沿海的宁波,也是以苏州为"中心"的。鸦片战争后不久到宁波的美国传教士丁韪良回忆说,宁波的银铜价格是由苏州决定的。"刚到宁波不久的时候,有一次我偶尔来到浮桥附近的一条街上。那儿挤满了一群情绪激动的人,他们发疯似地大叫大喊并且打着手势。我以为是遇上了骚乱,便转身问别人在这儿的吵闹究竟是为了什么,此时我才意识到自己来到期货交易所。交易都是口头完成的,一旦交易完成,双方便握一下手,然后退到旁边去完成交易的细节。当时正在进行的是用西班牙银圆兑换铜钱的交易,其牌价是从约 300 公里之外的苏州用信鸽带过来的。眼前那熙熙攘攘的场面使我清晰地回想起巴黎证券交易所那震耳欲聋的嘈杂声。"宁波的钱庄业一向发达,但仍然要看苏州的脸色。收购生丝有所谓的"苏州制度",就是宁波商人杨坊为怡和洋行设计的。

上海开埠之后,19 世纪 50 年代中期以前,虽然外国船舶已纷至沓来,但是,东南沿海航线还没有形成以上海为聚会点的南中国海航运网络,已出现过以广州一带为聚会点的东南沿海网络。直到 1857 年后,凭借长三角广大的腹地,丝、茶等出口大增,以上海为聚会点的东南沿海航运网络,终于在 19 世纪 60 年代初基本形成。

第二个维度:黄浦江与长江的支点。上海的兴起与黄浦江有关,黄浦江与长江形成了 T 字形结构。开埠之后,从吴淞口进入黄浦江,在西岸兴建码头、仓储,建立洋行,搞地产,上海兴起。根据光绪十三年(1887年)游历日本及美洲的清朝外交官浙江德清人傅云龙的说法,当时上海海关管辖的范围很大，大致今上海、江苏泰州、常州以东的长江两岸各口岸，都在上海海关的管辖范围。这些口岸的南岸，大多有河流与江南运河相通，北岸则有通扬运河与江北运河相通。江苏长江南北腹地，特别是苏南江南运河以北的各水道可入长江，再由长江经上海吴淞口进入上海或入海下南洋，或者由黄浦江、苏州河进入上海，再由黄浦江出海。沙船贸易和漕粮海运很早就在上海兴起，就是由于四通八达的水道沟通了上海港口与腹地的联系。

第三个维度：黄浦江与吴淞江的 T 字形支点。傅云龙指出："南洋之要害在上海，上海之要害在黄浦，黄浦之要害在吴淞，吴淞之要害在李家口。"这是上海与长三角，特别是沟通太湖流域最紧密的支点，也是上海在1895年后持久发展的重要支撑之一。黄浦江发源于太湖的淀泖地区，原本是吴淞江的支流，但"后来居上"，黄浦江因淀泖之水而疏浚贯通，成为长江入海处的最大支流，吴淞江反而成了其支流。

吴淞江与黄浦江水道都伸入江南腹地，吴淞江直接与江南运河沟通，沟通了上海与苏南。吴淞江之口原在吴淞口，后来为黄浦江所夺，实际成了黄浦江之口，由此出长江，由长江通海，前往南洋。显然，真正深入长三角腹地的不是黄浦江沿岸，而是溯苏州河而进入的苏州。五口通商之后，内河航运权并没有对列强开放。在条约中规定，禁止外商到乡村任意游行、常住，更不可远入内地贸易。原因是清政府害怕外国列强深入自己的经济腹地。当时严格禁止外国船只进入江苏腹地，苏州的开放相对比较晚，曾有一些传教士从上海乘船前往太湖，是偷偷摸摸行动的，并引发了纠纷。后来，上海通往苏州、嘉兴的内河航路被打开，上海获得新的发展空间。

这三个维度对上海的发展各有其意义。第一个维度，上海沟通中国与世界；第二个维度，黄浦江沟通长江与上海；第三个维度，吴淞江沟通上海与长三角，特别是太湖流域。吴淞江从吴江松陵鲇鱼口东流，与运河平交，而吴淞江在松陵沟通大运河，形成北上南下，在平望交汇后，可往浙江的湖州南浔等地，或到杭州。民族资本从江南运河沿线向上海转移。

值得注意的是，由于太湖淀泖地区地势低洼，湖荡众多，近代黄浦江上游沿岸并非上海发展的腹地，特别是松江府所在地区，像往浙江嘉兴方向的地区，发展明显不如苏州河方向，这与水路有关，也与行政区划及苏浙腹地的发展水平有关。1958年后，江苏多县划入上海，上海的发展空间成倍扩大，上海的宝山、松江、金山等区县不断工业化。改革开放之初的第一轮发展，长三角企业依托邻近上海的地缘之利，通过四通八达的水运，逐步发展起来。苏南乡镇经济的异军突起，一跃而成为县域经济最发达的地区。长三角的第二轮大发展是20世纪90年代，浦东大开发，上海的空间由浦西向浦东扩展，由此形成黄浦江两岸与吴淞江两岸的均衡发达格局。苏浙呼应浦东开发，积极跟进浦东新区建设，苏州建工业园区，从交通建设等方面主动积极接轨上海，形成长三角区域开放的整体优势，使之成为世界制造业的聚焦区。

未来的竞争，世界级的大城市群建设成为新的发展目标。长三角城市群要立足于世界级城市群之林，既要有国际化中心城市上海的引领，也要靠南京、杭州、合肥、宁波、苏州、无锡等城市的鼎力支撑。未来长三角的优势在哪里？在于上海国际化大都市的品牌，在于上海在交通、航运、金融、高端制造业、服务业，以及教育、科技、人才等方面的综合实力，更关键的是，苏浙皖的广阔空间和经济、文化和人才支撑。目前，区域发展正在向更加广阔的纵深发展，长三角生态绿色一体化发展示范区、上海自贸试验区新片区建设正加快推进，未来可能成为撬动长三角一体化发展的新支点。

原文刊载于《解放日报》2019年6月14日。

《晋察冀画报》：记录抗战生活 激发战斗意志[*]

赵　伟[**]

　　1942年7月7日,抗战全面爆发五周年之际,由晋察冀军区政治部出版的《晋察冀画报》正式发声。边区物资匮乏,为何还要抽调人力、物力办报？发刊词抚今追昔,指陈缘起:"整整五年了,晋察冀边区的人民与八路军,站在抗日的民族解放战争的最前线","从日寇的铁蹄践踏之下,收拾起这一片祖国的山河",继而通过"不断的斗争,建设,使这块根据地成长壮大","使它成为华北敌后抗战的坚强堡垒"。"这是伟大年代的斗争的史诗！这是伟大人民的斗争的史诗！我们需要把这些现实的运动,现实的生活,记录出来,反映出来,用以激发战斗意志,坚固胜利信心。"战时,宣传亦属斗争,基于此,"边区的摄影工作者,美术工作者,文艺工作者,以及科学技术专家们"立足地方,着眼全局,"在这民族抗战的节日,我们献出这第一件礼物"。

以"新闻摄影"为主体

　　因属"画报",创刊号在形式上自然以"新闻摄影"即"图像"为主体,此

---

[*] 本文系国家社科基金重点项目"20世纪中国反侵略战争小说研究"(17AZW015)阶段性成果。
[**] 赵伟,江苏省社会科学院文学研究所副研究员。

外还开设美术、文艺等栏目,前者包括木刻、漫画,后者则涵盖诗歌、小说、报告、通讯等作品,这一整体格局在日后基本保持不变。内容方面,刊物自创办始就力争从军事、政治、经济、文化等角度全面展示边区,信息量大,涉及面广。以"新闻摄影"为例,仅创刊号就发布照片100余张,主题包括:"坚持华北敌后抗战保卫晋察冀边区的八路军""一千五百万人民在战斗中生活在战斗中锻炼""团结·抗战·民主""生产进行曲""新民主主义的文化运动""纪念国际反法西斯伟大战友诺尔曼·白求恩博士""烈士之血革命之花""血的控诉""在华日人反战同盟晋察冀支部与华北朝鲜青年联合会晋察冀分会活动特辑""狼牙山五壮士的故事"。这些图片,既有作战场面又有生活景象,既含生产运动又含文化生活,既表我方牺牲亦写敌人凶残,既讲中国军民亦拍国际友人,题材、人物丰富多样,场景及表情真实、生动,边区近况如在眼前。在报社同人的努力下,《晋察冀画报》与现实紧密贴合。通览各期,封面、封底之摄影多战斗或劳作场面,诸如《塞上风云》《沙源铁骑》《冀中平原上的爆炸战》《滦河晓渡》《农家之夜(纺纱图)》《八路军帮助人民收割》《夺堡(冀中平原战斗写真)》《破浪前进(白洋淀水上游击队战斗写真之一)》等,客观再现了边区日常生活。也正因生存环境的紧张、艰苦,《晋察冀画报》采取不定期出刊的策略,1943年1月、5月、9月发行第2、3、4期,1944年3月、8月、11月发行第5、6、7期,1945年4月、12月发行第8期及第9、10合期。

以"画"为手段

《晋察冀画报》以"画"为手段,其性质仍属强调新闻性的"报",故刊物注意反映与边区关系密切的时事要闻。例如,1943年晋察冀边区第一届参议会召开,刊物予以高度关注,相关报道由三部分组成。首先,编者介绍大会召开背景及意义:"五年来,我们人民的抗日民主政权,执行了各种正确的政策,建立了各种正确的制度,从这里我们望见了新中国的远景。而边区参议会大会的开幕在边区民主政治的发展与政权建设上是走上了新的阶段。"第二部分为核心,有摄影作品 30 余幅,或展示会场情形,如《隆重的开幕典礼》《严肃紧张的大会场》,或聚焦参会代表,如《文艺界参议员》《妇女参议员之一部》,或拍摄会中活动,如《参议员检阅子弟兵》《参议员参观工矿局创制的弹羊毛机》。总之,大会全景与局部、议程概况与细节、参会集体与个人,尽在其中。同时,这组图文还有一亮点值得注意,《参议员检阅子弟兵》配文非寻常简介,而是一首情绪饱满、节奏铿锵的新诗,这与照片里"铁的子弟兵"相得益彰。第三部分系两篇书写会议见闻感受的文章,报道由此收尾。整体来看,编者利用文字、图片交替报道大会情形,图片具体、可观,文字细致、可感,图文互补,其宣传效果应胜过单一模式。

报道时政,《晋察冀画报》不仅新闻嗅觉敏锐,政治站位亦高。1943年 9 月,刊物特辟"'八一'纪念特辑",通过十余幅图片回顾"红军时代的生活"以"纪念八路军新四军诞生十六周年"。这些照片大致按时间排列,内容主要为红军将士的军事训练、生活娱乐、军民关系、长征影像及"改编东渡出师抗日"的场面,借此,八路军的成长经历与光荣传统可见一斑。更为关键的是,编者以纪念"八一"为契机,推出《中国共产党领袖毛泽东同志》《八路军总司令朱德同志》及《八路军将领》等人物摄影,同时另配《毛泽东同志略历》一篇,图文并茂地展示了中国共产党、八路军领导人风采。

记录边区抗战影像

记录边区抗战影像,《晋察冀画报》不只紧盯八路军,广大群众亦是拍摄焦点。《生产战线上的妇女儿童》共计照片 7 张,分别聚焦活跃在纺纱、修渠、运输、种植、饲养等工作中的边区妇孺,她们形象质朴、表情自然,整个画面充满泥土气息。类似场景,在边区并不少见,这里的"妇女和儿童,几年来在坚持敌后抗战,在反'扫荡'、反'蚕食'与敌人进行剧烈的斗争中都起了伟大的作用;在建设根据地的事业上、在后方勤务上、在家庭生活与经济建设上也建树了辉煌的成绩"。民众之于抗战的贡献绝不局限于生产,《钢铁的团结　反扫荡中的八路军与老百姓》就反映了当地百姓在对敌作战时所起到的积极作用。"晋察冀的人民除了配合军队作战,在紧急情况中进行收获耕作之外,还积极承担了战地救护与担架运输等抗战勤务。愈是在艰苦严酷的关头,我军队与人民的团结愈是坚强牢固。"窥一斑而见全豹,上述两作不仅展现了晋察冀民众保家卫国的爱国热情,同时也是边区军民鱼水关系的真实写照。

高举爱国大旗　立足本土放眼世界

《晋察冀画报》的新闻摄影主要取材于本土,但也不乏国际元素。《强大的苏联红军》含照片6张,镜头对准参加红场阅兵的斯大林及陆海空各兵种将士。其附文从十月革命谈到世界反法西斯战争,顺势宣传社会主义及民族解放,中国共产党的奋斗目标一望而知。创作思路大致相同,即以边区医疗卫生事业为背景,通过展示外国友人的工作场景讲述其事迹,进而赞颂其国际共产主义精神。《援助盟邦飞行员白格里欧》是一则体现国际人道主义的新闻。第十四航空队为中国而战,其迫降飞行员白格里欧又被晋察冀军民救助、照顾,在边区,他深切感受到八路军"大无畏的精神,因而完成极多,所用甚少",由此,对世界反法西斯战争的胜利愈发充满信心。上述报道,或直击外国现场,或发掘当地的外国人故事,以之提倡国际合作,宣传世界进步思想,显示出刊物开阔的眼界、思路。当然,这些蕴含国际元素的新闻、事件落脚点仍在本土,它们同样也折射出共产党、八路军艰苦奋斗之精神。

《晋察冀画报》创刊之际,晋察冀军区司令员聂荣臻为之题词:"五年的抗战,晋察冀的人们究竟做了些什么?一切活生生的事实都显露在这小小的画刊里:它告诉了全国同胞,他们在敌后是如何的坚决英勇保卫着自己的祖国;同时也告诉了全世界的正义人士,他们在东方在如何的艰难困苦中抵抗着日本强盗!"边区行政委员会主任宋劭文则题曰:"晋察冀的活报。"带着这样的嘱托与期望，刊物同人克服困难、不怕牺牲，努力拍摄这里的战斗与生活、士兵与民众。借助这些影像，它展示了当地军民的英勇无畏，暴露了侵略者的凶残狠毒。同时，作为宣传战线的尖兵，技术日益精进的《晋察冀画报》不忘初心，始终立场鲜明地高举爱国大旗，立足本土，放眼世界，为抗战事业写下光彩一笔。

　　时过境迁，当年鲜活的画报或许有些褪色，然而，照片定格时那一副副坚毅的面孔、一队队前进的身影、一片片蓬勃的土地，所有这些用光影镌刻的动人情景，早已成为中华民族记忆的一部分，它至今提醒来者，牢记历史，勿忘自强。

原文刊载于《中国社会科学报》2019年7月9日。

什么是江南：从观念区域到江南共识

姚 乐[*]

江南文化是当今江浙沪等地学界和社会共同关注的热点话题。谈江南文化，绕不开对"江南"的解读。"江南"一词有着丰富的历史和现实内涵，却也导致人们无法果断框定它的外延。那么，究竟什么是江南？

江南文化不能与吴文化画等号

有一派意见主张，把江南文化同吴文化画等号，这符合大多数人对"江南"和"吴地"两个意象的共通联想：白墙黑瓦、市廛临河、小桥流水、朦胧烟雨、吴侬软语。前述联想很大程度上是来自人们的苏州印象。明清两代，直到上海兴起以前，苏州作为全国最大的商业都市，以发达的商品经济为基础，同时得益于苏籍仕宦群体的话语加持，得以拥有极高的知名度，在国内城市中发挥着数一数二的文化影响力，毫无疑问地成为吴方言区和江南的文化代表。

可深入吴方言区就会发现，"吴侬软语"基本只限于对苏州话的描述，即使同属吴语太湖片苏沪嘉小片的无锡、嘉兴和上海西郊，方言的"温软"

---

[*] 姚乐，南京大学中国古代史博士、江苏省社会科学院历史研究所助理研究员。

程度也难与苏州比肩。吴语太湖片内,常州话和杭州话因历史时期受北方移民影响较大,都明显比苏州话"硬",至于海港城市宁波,方言更以"石骨铁硬"著称,乃至流传有"宁听苏州人吵架,不听宁波人讲话"的说法。太湖片以外的吴语城市,浙江的金华、衢州、温州、台州,安徽的宣城,方言音调和苏州差别更大,也更不为外人所熟悉。

至于"人家尽枕河"的苏州式水乡市镇,则主要分布在水网密集的太湖平原及宁绍平原,与吴语太湖片重合度较高,太湖片之外罕见类似城镇景观。因此,如以苏州的方言和景观为标准来衡量江南,那么狭义的江南只剩苏沪嘉锡,广义的江南也不出太湖平原和宁绍平原之外。这样的江南,不仅将南京、镇江等今天使用江淮官话的城市排除在外,同时也排斥了吴文化区的许多成员,无论是从地理还是历史的角度来看,都太过狭隘了。

文化区域与区域文化

在谈文化时,有两个相似相关却不相同的概念需要谨慎区分:一个是文化区域,一个是区域文化。

文化区域是文化地理学研究的产物。文化地理学者一般是先选取某个特定的时间断面(例如 2018 年年底),然后在该断面下分析某些文化要素,如方言、景观、民间习俗的空间异同和地理分布,从而判别文化类型、勾勒类型边界,最终划定文化区域。例如吴方言区,就是以现代吴方言为主导因素划分的文化区域。

区域文化的研究,则是先选择特定的区域,然后研究区域内的文化分类、文化布局、文化演进、文化成就等等。这个事先选定的区域,可以是文化区域,也可以是自然区域、行政区域;可以是现实区域,也可以是历史区域、观念区域。例如吴文化,就是基于吴方言区的区域文化;草原文化,是立足草原这一自然区域的区域文化;江苏文化,则是以今江苏省的行政区域为范围的区域文化。

简要言之,文化区域内的文化须具备同质性,区域文化则无此限制。文化区域和区域文化并非一对一的关系,一种区域文化可以涉及多个文化区域:江苏文化就兼涉中原官话、江淮官话、北部吴语等三个方言区。

江南文化作为一种区域文化,它的空间基础"江南"是何种区域?将江南文化等同于吴文化,或视为吴文化的一部分,其实是把吴方言区当成了江南文化的空间基础。这当然行不通,因为江南不是单一的文化区域。

在划分文化区域时,方言是核心指标,上海及其周边的吴方言过去曾被称为"江南话",但此种片面的提法一来比较小众,二来已经过时,在严谨的方言分类里,更无"江南方言"一说。江南不止一种方言、一种文化,这是世所公认的。

"江南"是一种观念区域

江南文化的江南,既非文化区域,也非"长江以南"的同义词。早在先秦秦汉,华夏话语中的江南就不包括长江上游(当时以岷江为长江上游)以南的云贵高原、中游以南的岭南和下游以南的闽地,因为这些地方直到西汉中期甚至六朝时代才真正意义上融入华夏版图,而江南一词在此之前已有约定俗成的适用范围。宋代以降,受政区地名等因素影响,长江中游以南的两湖地区也不再被称作江南。江南和长江以南,自古就不是一回事。

江南不是自然区域。长江流域按自然要素划分的区域,大者如长江中下游平原、江南丘陵、东南沿海丘陵,小者如太湖平原、宁镇丘陵、宜溧山地,都不能等同或涵盖江南。

江南也不是官方划分的行政、军务或监察区域,当代没有以江南为名的政区、军区和巡视区,过去冠以"江南"二字的官方区域都和今天所说的江南有所不同。

就行政区域言,宋代的江南东、西转运使路,地括今江西、皖南、鄂东和南京周边,却不包含太湖平原。元末朱元璋设置的江南行中书省和清代的江南省,均领有江北和淮北的诸多府县,在长江以南,前者一度领有

377

嘉兴、湖州,后者则不辖杭、嘉、湖三府。

就军务区域言,宋代的江南东、西安抚使路,辖区和同名转运使路一样不及苏杭。明代为防御倭寇而在南直隶境内设置的江南副总兵,防区仅苏、松、常、镇四府。清代的江南提督,多数时候只分管江苏地方(含今上海)的军务。

就监察区域言,初唐的江南道,盛唐的江南东、西道,范围都大于今人所说的江南,不仅地涉荆湘,后来还包括福建。元代江南行御史台对口的江南十道地域更广,今两广、海南都在其中。

至于中心在长江以南而未冠以江南之名的其他官方区域,如宋代的两浙路,元代的江浙行省,明代以来的浙江,清代以来的江苏,民国以来的上海市,中华人民共和国成立初期短暂设立的苏南行署区,在空间上也都与今人眼中的江南存在差异。

所以,江南文化的江南,在自然和人为的区域中,在历史和现实的区域中,都找不到完全对应的事物,它仅存在于人们的观念之内,纯粹是一种观念的区域。

因人而异和求同存异

明末短篇小说集《醉醒石》第八回提到"江南地方"时,还点了"苏、松、常、镇、杭、嘉、湖"七府之名。李伯重先生的《简论"江南地区"的界定》据此认为两者在时人眼中是对等的,代表了明末的一种江南观念。可事实上,小说并没讲江南仅限苏杭七府,最多只能说苏杭七府从属于作者观念中的江南。李氏在苏杭七府外加上南京亦即明应天府、清江宁府,以及清代从苏州府划出的太仓直隶州,将八府一州之地界定为明清的江南,虽得到明清社会经济史学界的不少认可,但终究也不过是一种学术观念,反对的声音也不少。

观念必然因人而异:把江南混同于太湖平原,是一种观念;把扬州算入江南,是另一种观念。不同的观念难以相互说服,它们各有各的凭据,一切现实和历史的蛛丝马迹，财富多寡、民风文质、方言轻重、正史杂著、唐诗宋词，都能被援引来论证各自的想法。采用不同的标准争论何处是江南，争不出江南的共识。

共识应该求同存异：既然谁都无法垄断江南的解释权，那么面向全国的江南文化研讨，自应本着寻求合集的态度，把长江流域至今认同"江南"的所有地域、人群都囊括进来。为此，需要广泛征集意见和开展调研，才能最终达成当代的江南共识。

这一共识的江南，势将超出江浙沪，延伸到安徽、江西甚至湖北境内。这在江浙人看来也许是有违常识的，因为今天我们习惯了"沪宁杭工业区"和"江浙沪包邮"等公私宣传，日常生活中很少感受到本地和皖、赣的地域联系。

然而，常识和感受是不可靠的，也是会变化的。在长三角一体化上升为国家战略的今天，包含安徽部分省境的"长三角"已取代"沪宁杭"，成为人们日渐熟悉的跨省区域。这一背景下，把池州、宣城、芜湖、马鞍山等皖南城市计入江南，受到的争议正越来越少。

可以想见，随着交通、物流、信息网络的继续扩展，随着长江经济带发展战略的深入推进，经济一体化的范围未来还会突破长三角，扩展至江西等处。到时，广域的江南共识必能获得更加坚实的常识基础。

原文刊载于《新华日报》2019年10月10日。

突出文化现代化引领作用

岳少华*

作为国家现代化的一个重要组成部分,文化现代化一方面突出表现为文化的高度自信,另一方面是指器质和制度的现代化。江苏要着力突出文化现代化的引领作用,破除制约文化繁荣发展的藩篱。创新公共文化服务体制机制,建立以需求为导向的文化产品供给机制,着力深化"三个坚持",创新公共文化服务供给方式。加强整体谋划、做好科学规划,坚持有所为、有所不为,坚持大运河文化带建设的"惠民性",系统推进大运河文化带建设。构建多元化旅游投融资机制、低效用地向休闲旅游产业转型机制、文化与旅游融合发展机制,推动文旅经济迈上新台阶。加快培育新型乡贤文化,依托各级新时代文明实践中心(所、站)整合各种资源,建立乡贤人才资源数据库,加大对各地区本土文化的挖掘、整理与研究。

原文刊载于《新华日报》2019年10月29日。

---

* 岳少华,江苏省社会科学院社会政策研究所助理研究员。

话语创新

为谁立言是哲学社会科学研究的根本问题

夏锦文[*]

哲学社会科学研究首先要搞清楚为谁立言的问题,这是一个根本问题。习近平总书记在看望参加政协会议的文艺界社科界委员时指出,哲学社会科学工作者要多到实地调查研究,了解百姓生活状况、把握群众思想脉搏,着眼群众需要解疑释惑、阐明道理,把学问写进群众心坎里。这不仅强调了哲学社会科学研究要坚持以人民为中心的基本理念,而且赋予了新时代哲学社会科学工作者要为人民做学问、把学问写进群众心坎里的重大使命。

为谁立言的问题体现了唯物史观的基本要求。马克思主义唯物史观始终认为,人民群众是一切历史的真正推动者和创造者,要坚持人民群众在社会发展中的决定性作用。哲学社会科学研究必须坚持以人民为中心,为人民做学问。对于共产党人来讲,搞清楚为谁立言还是一个重大政治问题。习近平总书记鲜明提出,要坚持以人民为中心,"把学问写进群众心坎里",再一次指出了"为什么人"这个根本性问题的极端重要性。中国共产党来自人民、植根人民、服务人民,党的根基在人民、血脉在人民、力量在人民。失去了人民拥护和支持,党的事业和工作就无从谈起。坚

---

[*] 夏锦文,江苏省社会科学院党委书记、院长、教授。

持以人民为中心,是我们共产党人任何时候都不能忘记的历史唯物主义最基本原理。只有坚持这一基本原理,才能把握历史前进的基本规律,才能无往而不胜。哲学社会科学本身就是围绕人和社会发展进程中的重大问题做研究。一旦脱离人民,就会丧失吸引力、感染力、影响力和生命力。历史和实践反复证明,人民是创作的源头活水,只有扎根人民,才能获得取之不尽、用之不竭的源泉,才能树立"为了谁、依靠谁、我是谁"的价值取向。哲学社会科学工作者要想创造出经得起历史检验的优秀成果,就必须搞清楚为谁立言的问题,认真观照人民生活,表达人民心声,用心用情用功抒写人民,把学问写进群众心坎里。

常言道,知易行难。坚持以人民为中心,把学问写进群众心坎里,关键是要付诸实际行动。这个实际行动就是认认真真搞好调查研究。"纸上得来终觉浅,绝知此事要躬行"的道理,自古以来就非常清楚。调查研究,是谋事之基、成事之要。没有调查,就没有发言权。只有经常开展调查研究,才能把群众的真实想法和意愿搞清楚,把问题的本质和规律把握准确,把解决问题的方案和思路研究透彻。1927年,毛泽东同志为弄清楚湖南农民运动的真实情况,32天时间步行700多公里,实地考察了湘乡、湘潭、衡山、醴陵、长沙五县。最后,撰写了《湖南农民运动考察报告》这篇脍炙人口的调研报告。这种深入调查研究的态度告诉我们,只有不惜脚力,迈开步子,俯下身子,走进实践深处,倾听群众呼声,体察群众情感,总结群众经验,汲取群众智慧,才能搞清楚到底为谁立言,才能着眼群众需要解疑释惑、阐明道理,才能拿出真知灼见。

客观而言,当前绝大部分哲学社会科学工作者都能认识到深入调查研究之重要性。但是,仍有"雷声大雨点小"的情况,习惯于看材料、上网络,不愿意深入生产生活一线了解实际情况。有的自以为熟悉所在领域所在地区的情况,喜欢坐在办公室或书斋里搞研究,进而导致对实践中层出不穷的新情况新问题反应不敏锐,看不到经济社会的发展变化及隐藏其后的内在逻辑。有的虽然经常下基层搞调研,但是满足于只看"盆景式"典型、蜻蜓点水、浅尝辄止。凡此种种,都严重影响研究的科学性和准确性,都不利于回答现实课题、解决现实问题。

导致这些情况的原因固然很多,但归根结底还是"不走心、不用心"。诚如列宁所言,没有对人民群众的感情,就从来没有也不可能保持对真理的追求。因此,要想深入开展调查研究、做好哲学社会科学研究工作,就必须用心走心,始终把人民群众放在心上。反观一篇篇脍炙人口的鸿篇巨制、一个个感人至深的研究故事、一位位德高望重的知名专家,其成功成就成名不仅彰显出研究征途之"艰辛",而且蕴含着研究工作之"悉心""用心"。事实一再证明,要为人民群众立言,把学问写进群众的心坎里,就必须怀着赤忱之心、忠诚之心、敬畏之心,拜人民为师,虚心向群众学习,真心对群众负责,接地气、通下情,深入开展调查研究,真正把群众面临的问题发现出来,把群众的意见反映上来,把群众创造的经验总结出来。只有全心用心,不断增强"脚力、眼力、脑力、笔力",才能准确掌握实情,才能表达群众真实意愿,才能植根中国大地、立足中国特色社会主义伟大实践提出具有自主性、独创性的理论观点,才能成为对国家、对民族、对人民有贡献的理论家和学问家。

时代潮流奔腾不息。在滚滚的历史长河中,一切成就都归功于人民,一切荣耀都归属于人民。在奋力担当繁荣哲学社会科学重大使命的当前,广大哲学社会科学工作者唯有搞清楚为谁立言这一根本问题,牢固树立为人民做学问的理想,充分尊重人民主体地位,聚焦人民实践创造,多下苦功、多练真功,更好地用中国理论解读中国实践,说出人民群众的真心话,自觉把个人学术追求同国家和民族发展紧紧联系在一起,才能多出经得起实践、人民、历史检验的研究成果。

原文刊载于《新华日报》2019年3月12日。

为改革开放再出发用好社科理论研究"三支笔"

夏锦文[*]

在庆祝改革开放 40 周年大会上,习近平总书记以深邃的眼光和宽广的视野,深刻总结了改革开放 40 年来党和国家事业以"十个始终坚持"取得的伟大成就和"九个必须坚持"的宝贵经验,高度评价了改革开放对于实现中华民族伟大复兴的历史意义和重大作用,郑重宣示了坚定不移全面深化改革、扩大对外开放、不断把新时代改革开放继续推向前进、在新时代创造中华民族新的更大奇迹的信心和决心。省委、省政府召开庆祝改革开放 40 周年座谈会,省委书记娄勤俭要求从历史与现实相贯通、理论与实践相结合、中国与世界相比较三个维度深刻学习领会习近平总书记的重要讲话精神,坚持以习近平新时代中国特色社会主义思想为指引深入推进思想大解放,在新的时代推动改革开放再出发,不断开辟江苏高质量发展新境界。

改革开放 40 年来,在中国共产党的坚强领导下,中国特色哲学社会科学持续繁荣发展,江苏哲学社会科学人才辈出、成绩斐然。面对新时代改革开放的"总设计"和江苏推动高质量发展走在前列的历史使命,社科理论工作者应当努力用好"学术研究""理论阐释""决策咨询"这三支笔,

---

[*] 夏锦文,江苏省社会科学院党委书记、院长、教授。

用更高质量、更高层次、更高水平的研究成果为新时代江苏改革开放再出发提供有力支撑。

一是做强"学术研究",为改革开放再出发提供思想先导。"人类社会每一次重大跃进,人类文明每一次重大发展,都离不开哲学社会科学的知识变革和思想先导。"坚定不移全面深化改革、全面扩大开放,需要社科研究者用好"学术研究"这支笔,不断廓清思想迷雾、汇聚思想共识、发出思想先声;高质量发展走在前列,思想理论必须先行一步,构建起探索性创新性引领性发展的思想策源地,为持续奋进、再创奇迹的现代化"探路"征途提供思想先导;建设"强富美高"新江苏更要注重软实力建设,需要不断发展出与经济社会发展相匹配的哲学社会科学特色、风格和气派。社科研究者用好"学术研究"这支笔,必须坚持马克思主义的指导地位,加快提升学术命题、学术思想、学术观点、学术标准、学术话语上的能力和水平,构建中国特色哲学社会科学的学科体系、学术体系、话语体系,用高质量的学术研究成果,不断回答时代和实践给我们提出的新的重大课题。

二是做优"理论阐释",为改革开放再出发高举鲜明旗帜。"改革开放40年来,我们党全部理论和实践的主题是坚持和发展中国特色社会主义。"推动改革开放再出发,全党全国必须保持高度的思想自觉、政治自觉、行动自觉。社科理论研究是党的思想理论战线上的重要阵地,积极开展理论阐释研究是中国特色哲学社会科学的鲜明标志,是新时代社科理论工作者当仁不让的使命责任。用好"理论阐释"这支笔,要牢固树立"四个意识"、坚定"四个自信",坚决践行"两个维护",坚持以习近平新时代中国特色社会主义思想为指导,不断推进马克思主义中国化时代化大众化,不断开辟马克思主义发展新境界;要坚持守正创新,要有志不改、道不变的坚定,坚持理论阐释聚焦重点、提质增效,抓住新时代社会主要矛盾,紧紧围绕"以人民为中心"的发展理念,不断推出有思想厚度、情感温度的理论阐释成果;要强化问题意识、时代意识、战略意识,用深邃的历史眼光、宽广的国际视野把握事物发展的本质和内在联系,坚持理论联系实际,及时回答时代之问、人民之问,切实发挥好新时代"举旗帜、聚民心、育新人、兴文化、展形象"的作用。

三是做实"决策咨询",为改革开放再出发贡献科学谋划。习近平总书记指出:"我们现在所处的,是一个船到中流浪更急、人到半山路更陡的时候,是一个愈进愈难、愈进愈险而又不进则退、非进不可的时候。"改革开放走到新的历史关头,社科理论工作者用好"决策咨询"这支笔的意义更加重大。做好改革开放再出发的决策咨询工作,必须坚持辩证唯物主义和历史唯物主义世界观和方法论,增强战略思维、辩证思维、创新思维、法治思维、底线思维,加强宏观思考和顶层设计;要以完善和发展中国特色社会主义制度、推进国家治理体系和治理能力现代化的总目标为根本尺度,厘清改革发展稳定的逻辑关系,主动为全面深化改革、全面扩大开放贡献"睿智之言""务实之策";要聚焦江苏"为全国发展探路"的要求,抓住推动科学发展和高质量发展关键环节和主要矛盾,深入基层大兴调查研究,提出高水平的决策咨询建议,助力江苏高质量发展走在前列。

用好社科理论研究"三支笔",要正确处理"三支笔"之间的关系。学术研究是"潜功",应当具备"十年磨一剑"和"功成不必在我"的胸怀;理论阐释是"显功",强调社科理论研究成果要发挥引领社会共识、汇聚精神动能的作用;决策咨询是"实功",要求社科理论研究者拿出立足新时代改革开放实践、投身中国特色社会主义伟大事业的实际行动。新时代的社科理论研究者既要做"潜功",也要做"显功",更要发挥专业优势务"实功"。做"潜功"要坚韧,做"显功"要清醒,做"实功"要担当。在做"潜功"中坚守马克思主义的信仰,在做"显功"中坚持中国特色社会主义的信念,在做"实功"中坚定实现中华民族伟大复兴中国梦的信心。

用好社科理论研究"三支笔",要切实贯彻解放思想这一改革开放40年"活的灵魂"。必须坚持以习近平新时代中国特色社会主义思想为指引,深入推进思想大解放,大力弘扬伟大改革开放精神,在解放思想中践行"为人民做学问"的理念,在解放思想中突破社科研究的经验主义、思维定式、路径依赖,在解放思想中树立中国特色哲学社会科学的学术自信,不断拿出具有思想性的学术研究成果、具有引领性的理论阐释成果、具有前瞻性的决策咨询成果,为江苏建设现代化经济体系的殷实家底,形成市场化改革的突出优势,彰显高水平开放的鲜明特色,展现民生幸福的质感实景,焕发干事创业的澎湃春潮,提供强大的精神动力。

原文刊载于《新华日报》2019年1月8日。

用"三支笔"书写大文章

夏锦文[*]

学术铸魂,夯实祖国不能撼动、不可阻挡的底气。要深刻提炼党带领人民长期革命、建设、改革,开创和发展中国特色社会主义的伟大历史经验,为宣传和贯彻党的理论创新成果提供深厚的学理支撑。要系统总结和分析历史脉络、发展规律,赓续和彰显革命传统、红色基因,为创新和发展党的理论创新成果提供丰富的思想资源。要坚持以马克思主义唯物史观为指导,让学术研究植根中国大地、聚焦江苏正在做的事情,从党带领人民群众进行的伟大实践中描绘精神图谱、发现智慧源泉。

理论创新,筑牢迈上新的征程、创造新的历史伟业的信心。要深刻认识新时代党的建设、经济社会发展、国际关系形势的规律,善于从江苏改革发展稳定的实践中提炼标识性概念,构建体系的新理论、新范畴、新表述。要着力阐释中国特色社会主义道路、理论、制度、文化优势,更好地用中国理论向世界解读中国实践。要持续增强"四力",深入基层大兴调查研究,向群众学习,向实践学习,让理论沾露水、接地气、有温度,让基层干部群众听得懂、学得会、用得上,用心用情推动党的创新理论的大众化。

智库发力,贡献团结奋斗、圆梦中华民族伟大复兴的谋略。一是为实

---

[*] 夏锦文,江苏省社会科学院党委书记、院长、教授。

现"全国一盘棋"发展贡献谋略,聚焦新时代经济社会发展的重大问题、重大决策、重大改革,更好地服务于党和国家重大决策部署。二是为实现"以人民为中心"发展贡献谋略,用"务实之策"助力江苏各项民生工作,实现江苏人民对美好生活的向往。三是为实现"治理现代化"贡献谋略,推动国家治理急需的制度、满足人民日益增长的美好生活需要必备的制度日益健全完善。

原文刊载于《新华日报》2019年10月15日。

建构原创的哲学社会科学话语体系

韩璞庚*

哲学社会科学是人们认识世界、改造世界的重要工具,是推动历史发展和社会进步的重要力量,是一个国家综合国力与国际竞争力的重要表征,是一个民族思维能力、精神品格、文明素质的重要标志。随着中国特色社会主义进入新时代,我国哲学社会科学研究领域也日趋活跃,出现了诸多理论热点,其中当下特别值得关注的有以下几个方面。

新时代中国特色社会主义的哲学基础。中国特色社会主义进入了新时代,我们面临着百年未有之大变局,中国特色社会主义实践面临新的挑战,中国共产党人要跨越各种新的挑战,团结带领全国各族人民实现"两个一百年"奋斗目标,实现中华民族伟大复兴的中国梦,就必须不断接受马克思主义哲学智慧的滋养,更加自觉地坚持和运用辩证唯物主义世界观、方法论,强化理论思维、战略思维、创新思维,来认识现象与本质、内因与外因、形式与内容,增强对客观对象的把握能力;同时,要掌握历史唯物主义的基本原理与方法论,更好地认识国情,认识党和国家事业发展的大势,更好地认识历史规律和我国社会发展中的问题,推进各项工作有序开展。

---

* 韩璞庚,《江海学刊》杂志社社长、总编辑,教授,博导。

中华人民共和国 70 年成就的回顾与理论前瞻。在实践维度上，全面系统总结 70 年来中华人民共和国的建设历程，70 年来政治、经济、文化、军事、科技、教育各大领域所取得的伟大成就，理性反思我们在建设过程中出现的问题，科学总结我们在建设现代化国家实践中的经验；在理论维度上，系统检视哲学社会科学各个领域所取得的突出成绩，深入研究各学科领域的最新进展，梳理各学科从无到有、由浅入深的理论探究历史，进一步增强理论自信与文化自信。

中国哲学社会科学话语体系的建构。随着中国经济社会发展的巨大成功和现代化建设巨大成就的呈现，中国道路、中国经验为世界瞩目，如何总结中国经验、概括中国问题、阐释中国道路、解读中国价值就成为一个无法回避的问题。这就需要理论界做出回答。因此，建构中国特色的哲学社会科学的学科体系、学术体系、话语体系就显得尤为重要。习近平总书记指出，中国特色哲学社会科学的构建要体现继承性与民族性、原创性与时代性、系统性与专业性的统一。经过一百多年的译介实践和四十多年赶超逻辑下的引进与模仿，中国进入了热切呼唤原创学术的时代，原创学术需要原创话语，建构原创的哲学社会科学话语体系迫在眉睫。中国的知识界，在各大学科领域都进行了学术话语建构的努力，试图用中国立场、中国风格、中国方式来把握政治、经济、文化、科技等领域的重大问题，做出中国回答，形成中国方案，成就中国气派。

人工智能与人文社科。随着人工智能时代的到来，人工智能的应用场景日趋多样化，人工智能与人类生活渐渐深度融合，为人类发展带来了前所未有的机遇，同时，也使人类命运面临巨大挑战。因此，全面研究与深度反思人工智能的本质、特点、功能及其危险性，理性审视其利弊得失，对于匡正人类的智能理念、引领正确的人工智能观极为重要。哲学社会科学界要从不同视角对人工智能进行全方位的审视，如人工智能的本质、表现形式、功能及其影响，人工智能与人类智能的比较，人工智能的法律主体问题，人工智能生成物的版权问题，等等，一系列重要问题都需要进行深层回答。

《资本论》研究热。近年来,随着《资本论》第一卷出版150周年纪念活动的开展,《资本论》研究迅速升温,尤其是西方金融危机之后各种经济问题和矛盾的日趋尖锐,使得《资本论》研究的当代价值重新受到重视。马克思对资本逻辑的深度解析,成为当今人们分析资本主义矛盾的重要工具。马克思对商品本质的解读,廓清了人们对市场经济本质的认识。马克思对财富的认识纠正了西方经济学的效用价值论对财富的片面理解。马克思对资本逐利行为的理性审视,为我们理解解放和发展生产力,并在生产力高度发展的基础上,使广大人民群众享受自己劳动成果、全面消除异化、获得自由而全面的发展,提供了理论依据。

除此之外,如何以习近平新时代中国特色社会主义思想为指导,通过系统化、集成化的改革来解决中国经济社会发展中的重大问题,也是哲学社会科学需要持续关注的时代命题。其中,经济高质量发展、"一带一路"倡议、逆全球化与中美贸易、精准扶贫与民生问题、环境保护与生态哲学、治国理政与政治哲学、中国故事的国际传播、空间生产与空间哲学等,都是2019年上半年的讨论热点。

原文刊载于《新华日报》2019年7月23日。

强化为人民做学问的责任担当

胡国良[*]

作为一名社会科学工作者,践行为人民服务的宗旨就体现在牢固树立为人民做学问的意识,铸就为人民做学问的责任担当。

首先,要有忧国忧民敢于担当的情怀。中国学人自古有忧国忧民的家国情怀和担当精神,有先忧后乐的使命意识和责任担当。人民的实践创造为学术活动提供了源泉和动力。我国哲学社会科学工作者要始终坚持以人民为中心的研究导向,尊重人民主体地位,聚焦人民实践创造,自觉把个人学术追求与党和人民事业紧密结合起来,研究和解决人民实践面临的重大理论和现实问题,在时代发展和实践创新中不断做出新的理论创造。其次,为人民做学问必须以先进思想为引领,以科学理论为指导。习近平新时代中国特色社会主义思想是马克思主义中国化的最新成果,是哲学社会科学研究的重要指南。要把握习近平新时代中国特色社会主义思想的核心要义,从中领悟方法和智慧。最后,为人民做学问必须打牢自身的专业知识。为人民做学问仅有热情和理想是不够的,还必须筑牢研究能力基础。要提升专业把握能力,广泛学习专业基础知识,系统掌握学科知识体系、知识结构和话语体系,提升专业素养。要密切跟踪学

---

[*] 胡国良,江苏省社会科学院经济研究所所长、研究员。

科和专业发展动态,掌握学科和专业研究的重点、难点和热点,把握学科理论前沿,找准研究切入点。要深入了解世情、国情、党情、民情的新变化新特点,找准专业与社会实践的关节点、交汇点,做到在人民的实践创造中研究新情况、解决新问题、总结新经验、开拓新境界。

学术是一种执着、一种坚守。学术不是自娱自乐,而是勇立时代潮头、敢发思想先声,必须将社会责任置于首位,在为人民著书立说中成就自我、实现价值。要坚守安贫乐道的节操,耐得住寂寞、经得住诱惑、守得住底线,自觉遵守学术规范,自觉接受同行和社会监督,以自身学术修养赢得社会尊重。源浚者流长,根深者叶茂。哲学社会科学工作者唯有筑牢思想理论基础、研究能力基础、学术道德基础,才能真正做到为党和人民做好学问,达到"衣带渐宽终不悔"的境界。

为人民做学问的路径就是回到人民中去,倾听群众呼声。作为一名科研工作者,只有深入实践、深入基层、深入群众,才能拿出鲜活客观的有独创性有影响力的成果来。要掌握调查研究的方法,聚焦问题、抓住关键、找准对象,多方位、多层次、多渠道了解情况,在调查的基础上思考、比较,直到发现事物的本质规律、找到解决问题的科学方法。要增强与民交心的能力,善于用群众语言与人民交流,乐于倾听人民呼声,在与人民交朋友中听真话、察实情、获真知。

为人民做学问必须为人民的利益着想,写出让人民能看得懂的精品力作。精品的标准是什么?首先要有用管用、切合实际,能够抓住主要矛盾研究问题、解决问题,还要对研究成果负责,确保其经得起历史和实践检验。哲学社会科学工作者的研究不能以个人兴趣为导向,而是要时刻思考:人民最需要我研究什么?当前发展中涉及群众切身利益的"要害"问题是什么?

为人民做学问要服务于党和国家的根本利益。人民的利益不仅是指我们身边百姓的利益,经济社会发展中出现的种种问题也关系到人民利益。做学问要有更高层次的追求,从党和国家的根本利益出发做学问,站在党和国家事业发展全局的高度做学问。经济活动要坚持市场化原则,为人民做学问必须杜绝市场化导向,坚持正确而高远的价值追求。

为人民做学问要"为时代明德、为人民明德"。学术道德是做学问的底线,关乎科学发展和价值传承,也关乎学人的学术声誉乃至学术生命,是每一个学问人都应该坚守的学术操守。要真正为人民做学问,就必须树立良好的学术道德,自觉遵守学术规范,筑牢学术道德基础。做学问与做人具有内在一致性,没有良好的思想修养就不可能有良好的学术道德。广大哲学社会科学工作者必须首先加强思想修养,锤炼品格、塑造人格,实现做人、做事、做学问的真正统一。要大力弘扬社会主义道德风尚,自觉践行社会主义核心价值观和公民基本道德规范,切实提高道德修养和精神境界。

原文刊载于《新华日报》2019年7月16日。

专家眼中的 2018 年度理论热词
——社会主要矛盾转变

徐 琴[*]

党的十九大作出了一个新的重大判断,即当前中国社会主要矛盾已经转化为人民日益增长的美好生活需要和不平衡不充分的发展之间的矛盾。进入小康阶段的中国人民,对物质生活的品质要求越来越高、对优质公共服务的需求越来越强烈;对身体健康和精神富足的追求日益强烈;对各地区、各阶层均衡发展、共享发展成果的希冀越来越大。把握好社会主要矛盾的这种性质,就找准了改革再出发的新方位新起点新目标。这是未来各项政策设计、各项工作推进的关键依据。

原文刊载于《新华日报》2019 年 1 月 8 日。

---

[*] 徐琴,江苏省社会科学院社会政策研究所所长,江苏区域现代化研究院常务副院长。

做"有担当的学问家"

徐 琴[*]

全国政协十三届二次全会上,习近平总书记看望与会的文艺界社科界委员时指出,文化文艺和哲学社会科学工作担负着为国家和民族"培根铸魂"的职责,要"坚持与时代同步伐,坚持以人民为中心,坚持以精品奉献人民,坚持用明德引领风尚"。习近平总书记的讲话,传递着时代对文艺界社科界的期盼,传递着时代对有担当的学问家的呼唤。

中国进入新时代,站在新的历史方位,立足新起点。一方面,我们拥有40多年改革开放积累的丰富成果,综合国力不断增强;另一方面,中国也进入了一个形势更加复杂、挑战更加严峻的时代。向内审视中国发展,动力转换、三期叠加,前期积累的一些重大的深层次结构性矛盾亟待解决,经济发展与社会整合之间的内在张力有可能扩大。如何认识和理解改革开放以来中国所开创的发展道路?中国改革开放历程是否蕴含着人类社会发展的普遍规律性和内在科学性?中国改革开放再出发的方向如何、应当依托怎样的体制机制?这一系列时代之问,亟待理论的进一步发展,亟待科学理论提供支持。此外,新时代必然提出更多的新课题,需要哲学社会科学界系统分析、科学解释,提出切实可行的解决方案,需要一

---

[*] 徐琴,江苏省社会科学院社会政策研究所所长,江苏区域现代化研究院常务副院长。

大批反映现实、观照现实的有担当的学问家。

有担当的学问家,须有敢于面对现实问题的勇气。进入新时代的中国,最大的现实是致力于建设社会主义现代化强国。而现代化从来就不是一帆风顺和一蹴而就的,建设社会主义现代化强国的道路上必然会遇到更多的现实难题。在这样一个矛盾集聚、亟待破解的阶段,尤其需要哲学社科工作者勇敢直面现实问题,基于人类社会发展、世界现代化历程的一般规律,基于中国的具体国情、发展历程和时代特征,冷静分析矛盾性质和发生发展机理,提供合乎逻辑的科学阐释。不因某些方面的漂亮成绩单而回避深层次的矛盾,也不因局部短板的存在和矛盾的出现而简单否定改革开放的成就和基本方向。以科学思维应对纷乱的思潮和汹涌的舆情;以科学理性引导公众认知和社会情绪;以科学智慧解决现代化建设中的现实问题。

有担当的学问家,须有面向实践的务实精神。中国特色社会主义这一独特道路的开创和体制机制的创新,来源于党和政府实施改革开放的坚定意志,来源于全中国人民的实践创造,同样也来源于一代代学人立足现实、面向实践的孜孜以求、深入思索、高度提炼与阐释推广。中国进入新时代、踏上新征程,必将开创新实践,需要哲学社会科学工作者继续保持对实践的尊重和敬意,更加强化问题导向,充分掌握人类社会现代化进程中的丰富的实践样态及其经验得失;学人应经常走出书斋,走进实践;提升脚力和眼力,深入中国现实,敏锐发现问题,特别是深化改革与扩大开放中不断涌现的新动态新问题,积极探求各类实际问题的破解思路和解决方案。既要探索中国方案,奉献于中国的发展和现代化进程,又要及时总结中国经验,使其能够为人类社会诸多共同难题提供具有强大说服力的实践样本和宝贵经验,推动人类社会共同进步。

有担当的学问家,需以创造理论新知为天然使命。创造理论新知是科学研究的最高境界,也是每个当代中国哲学社会科学工作者的共同向往,更是确立理论自信的时代要求。中国有着世界上最古老的哲学史和思想史,拥有最为丰富的人文学科资源。同时,在诸多哲学社会科学研究领域,中国还是一个年轻的后来者和学习者。当代中国改革开放的实践形态如此丰富,社会变迁如此急剧和迅速,当西方经典遇到中国实践、中国经验时,出现了明显的乏力与疏离。当代中国学者必须当仁不让,挑起创造理论新知的重担。肩负这份时代使命,哲学社会科学工作者需要不断锤炼脑力,不懈磨砺笔力,深入思考、清晰揭示中国丰富的发展实践所蕴含的科学性和规律性;运用科学逻辑和学术话语,深化理论体系、重构理论范式,提出具有历史穿透力和现实解释力的理论概念和理论学说。

原文刊载于《新华日报》2019年5月14日。